VIVE CONFIADO EN UN MUNDO CAÓTICO

DR. DAVID JEREMIAH

VIVE CONFIADO EN UN MUNDO CAÓTICO

ESPERANZA CIERTA EN TIEMPOS INCIERTOS

DR. DAVID JEREMIAH

GRUPO NELSON
Desde 1798

ÍNDICE

INTRODUCCIÓN

Distingue las señales

En junio de 2020 —en plena pandemia de la COVID-19— la diminuta nación de Fiyi, situada en el Pacífico Sur, hizo una tentadora propuesta a un número muy pequeño de personas del planeta.

El primer ministro de Fiyi, Frank Bainimarama, anunció que buscaba a algunos vips para que se refugiaran en el paraíso insular durante la epidemia y ayudaran a restablecer la economía nacional.

«Digamos que es usted un multimillonario que quiere volar en su *jet* privado, alquilar una isla e invertir algunos millones de dólares en Fiyi durante su estancia entre nosotros —escribió Bainimarama—. Si ha tomado las necesarias precauciones de salud y satisfecho los importes correspondientes, puede encontrar un nuevo hogar en el paraíso donde refugiarse de la pandemia».[1]

¡Qué propuesta! Desafortunadamente, solo hay unos dos mil multimillonarios de este perfil en el planeta,[2] y esta es una de las razones por las que tú y yo nos hemos visto forzados a soportar las diferentes catástrofes de los últimos años en lugar de evitarlas.

Y hemos vivido acontecimientos perturbadores, aparte incluso de la pandemia mundial, que han dado un vuelco inmediato a nuestra vida «normal». Hemos visto crisis económicas y desesperación financiera, incendios que han arrasado el oeste de Estados Unidos, terremotos que han sacudido los cimientos de ciudades de todo el mundo y huracanes e inundaciones que han destruido casas y se han cobrado vidas. Hemos visto violencia en las calles y protestas por las injusticias en muchas sociedades. Y mientras escribo estas palabras, solo ha pasado un mes desde que Estados Unidos ha vivido las elecciones más divididas y tensas de los últimos tiempos.

¿Estás cansado? Yo también.

También hubo tiempos tumultuosos en el pasado. ¿Te acuerdas de la Primera Guerra Mundial, Pearl Harbor, el Día-D, la bomba atómica, las revoluciones de la década de 1960 y la caída del Muro de Berlín? ¿Recuerdas el 11-S, las guerras más recientes del Sudeste Asiático y Oriente Medio y el terrorismo? ¿Te acuerdas de la recesión económica de 2008? No hay duda de que en el pasado ha habido disturbios políticos, pandemias mundiales y crisis económicas, pero sugiero que nunca ha habido un periodo en nuestra memoria colectiva como el actual: el mundo entero está en un estado de agitación.

Pero no te desanimes ante la perspectiva de tiempos difíciles. La Biblia afirma que, inmediatamente antes de que Jesucristo cumpla la promesa que hizo a sus discípulos y regrese a este mundo, vendrán días perturbadores. Y, amigos, es bastante posible que hayamos entrado en las primeras etapas de estos acontecimientos.

En su primera carta a los tesalonicenses, Pablo nos dice: «Pero acerca de los tiempos y de las ocasiones, no tenéis necesidad, hermanos, de que yo os escriba. Porque vosotros sabéis perfectamente que el día del Señor vendrá, así como ladrón en la noche; que cuando digan: Paz y seguridad, entonces vendrá sobre ellos destrucción repentina, como los dolores a la mujer encinta, y no escaparán» (1 Tesalonicenses 5:1–3).

Con este pasaje en mente, no puedo dejar de pensar que la metáfora de los dolores de parto encaja perfectamente con los titulares que leo en la prensa. Una madre expectante soporta toda una prueba cuando se prepara para el nacimiento de su hijo. Tiene frecuentes náuseas, experimenta toda clase de cambios corporales drásticos, y después llegan los dolores de parto. Cuando el bebé está a punto de venir al mundo, la incomodidad de la madre aumenta; es un mensaje que Dios no quiere que pierda de vista. *¡Alégrate, tu pequeño va a nacer!*

De igual modo, en este momento nuestro mundo tiene dolores de parto. Es cierto que sentiremos los vaivenes y temblores de las naciones. Pero podemos alegrarnos porque nuestra «redención está cerca». Este dolor, esta confusión, esta ansiedad solo durarán un poco más.

Volvamos al término *catástrofe* que tanto nos aterra. Es una extraña palabra de cuatro sílabas. De hecho, representa la unión de dos palabras griegas: *cata*, que significa «movimiento hacia abajo», y *strofe* que significa «volverse». La idea completa es la de un derrumbamiento, todas las cosas desplomándose en un cambio súbito y violento.

Todos hemos experimentado este tipo de cambio, esta clase de violencia en que el mundo se derrumba en caóticos espasmos. Y cada vez que lo experimentamos, nos interpela la misma pregunta: «¿Hay alguna forma de vivir con confianza en un mundo caótico?».

Es una pregunta que requiere una respuesta. No podemos permitirnos el lujo de sentarnos en el sillón, rascándonos dubitativamente la barbilla, mientras analizamos este espectáculo a distancia. En nuestro mundo cada vez más interrelacionado, todos somos ahora actores en el gran escenario. Cuando una nación lucha, todos lo hacemos. Cuando se produce otra catástrofe, todos nos vemos afectados.

Necesitamos un plan y lo necesitamos lo más rápido posible. Afortunadamente, podemos encontrar este plan en las páginas de la Palabra de Dios. En mi minucioso recorrido por los libros del Nuevo

Testamento, he descubierto diez estrategias prácticas que nos ayudarán a vivir con confianza en medio de un mundo caótico. Cada una de ellas nos asegura el regreso de Cristo y nos muestra cómo hemos de vivir hasta entonces. ¡Qué bendición es saber responder cuando nuestros desafíos sobrepasan a nuestra valentía!

Ante las incertidumbres de nuestra atribulada generación, no podemos permitirnos prescindir del inestimable consejo de la Palabra de Dios. Lo necesitamos más que nunca porque nos proporciona un fundamento firme aun cuando el mundo parece atrapado por el remolino de las arenas movedizas.

Personalmente, siento la ansiedad de estos tiempos, pero también encuentro la profunda paz de la promesa de Jesús a sus discípulos —que nos incluye a ti y a mí— en el aposento alto. Jesús les dijo que no les dejaría nunca sin consuelo: «Mas el Consolador, el Espíritu Santo, a quien el Padre enviará en mi nombre, él os enseñará todas las cosas, y os recordará todo lo que yo os he dicho. La paz os dejo, mi paz os doy; yo no os la doy como el mundo la da. No se turbe vuestro corazón, ni tenga miedo» (Juan 14:26–27).

En estas palabras escucho a Jesús hablando a nuestra generación. Nos asegura que, digan lo que digan los titulares, no tenemos por qué vivir en un estado de temor. Podemos perder el trabajo o se puede derrumbar nuestra casa, pero el amor de Cristo es para siempre. Comprender esta verdad nos calma el espíritu y nos permite comenzar a pensar —pensar de verdad— sobre el nuevo mundo que nos rodea.

Pido a Dios que, durante nuestro estudio de estos diez capítulos, veas tus circunstancias de una forma nueva y busques en tu interior para encontrar un nuevo valor, no en tus propias fuerzas o capacidades, sino en los recursos ilimitados de Cristo, en quien podemos hacer todas las cosas.

Si es así, al terminar estas páginas no nos sentiremos tentados por la promesa de huir, ni siquiera a nuestra isla privada de un lejano paraíso. No, en medio de todo ello podemos poner nuestra confianza en las promesas, el poder y el amor de nuestro Dios todopoderoso, y *podemos* vivir con confianza en una era de caos.

—David Jeremiah
San Diego, CA
Octubre de 2020

CAPÍTULO 1

MANTÉN LA CALMA

Es curioso que nunca llueva en Pekín cuando llegan los presidentes estadounidenses en sus visitas oficiales a China. No es una coincidencia. Antes de la visita, los meteorólogos militares chinos provocan la lluvia de forma artificial y vacían las nubes de humedad.[1] Se prepara una meteorología a medida para la ocasión. Esta es la razón por la que la atmósfera estaba impecable para la ceremonia de apertura de los Juegos Olímpicos de Pekín en 2008. Sirviéndose de un arsenal de cohetes, artillería y aeronaves, los científicos chinos arrojaron todas las nubes del firmamento. «Podemos hacer que un día nuboso se convierta en una jornada seca y soleada», se jactaba Miam Donglian del departamento meteorológico de Pekín.[2]

Esto no es nada en comparación con lo que viene. La tecnología de modificación meteorológica se está desarrollando a un ritmo muy rápido, promovida por inversiones de miles de millones de dólares en cuestiones relacionadas con el cambio climático y el calentamiento global. Se trata de una ciencia nueva, y los planificadores militares son muy conscientes de sus posibilidades. En instalaciones militares de todo el planeta hay laboratorios secretos desarrollando lo que podría ser la carrera armamentística menos conocida de la tierra: la guerra meteorológica.

Muchos científicos militares y medioambientales creen que podemos aprender a utilizar potentes agentes químicos y ondas escalares electromagnéticas para manipular y controlar patrones meteorológicos a corto plazo de formas que pueden alterar el equilibrio del poder mundial.

Cuando leemos sobre este tipo de cosas, nos sentimos como si estuviéramos entrando a toda velocidad en la era de la ciencia ficción o en los escenarios del libro de Apocalipsis. El último libro de la Biblia indica que, durante la gran tribulación, distintos trastornos de los patrones meteorológicos de la Tierra van a producir grandes y destructivas catástrofes en el mundo.

Pero quiero que sepas esto: mientras esperamos el regreso del Señor, la atmósfera de nuestro corazón debería estar en calma. La Biblia dice que tenemos un Dios que calma las tormentas y un Salvador que reprende al viento y a las olas para que se calmen (Salmo 107:29; Lucas 8:24). El autor del Salmo 131 dijo: «En verdad que me he comportado y he acallado mi alma» (v. 2). Proverbios 17:27 afirma que las personas sabias tienen un espíritu calmado; y en Isaías 7:4, el Señor nos dice: «que tenga cuidado y no pierda la calma; que no tema» (NVI).

La palabra *calma* es un término interesante que se conoce más por lo que no es: agitación, temor o turbulencia. Pero la «calma» presupone alguna forma de tormenta, pues de otro modo nunca la notaríamos. Esta palabra procede del mundo de la meteorología y hace referencia a un viento que se mueve alrededor de un kilómetro por hora. La escala de Beaufort tiene «calma» en uno de sus extremos y «huracán» en el otro: opuestos radicales.

Tómate un momento y evalúa tu vida. En tu paso por estos días caóticos, ¿en qué lugar de la escala de Beaufort se sitúan los vientos de tu alma?

Una encuesta de la Asociación Estadounidense de Psicología (American Psychological Association) de junio del 2020 indicaba que para un 83 por ciento de los ciudadanos de Estados Unidos el futuro de la nación es una significativa fuente de estrés. ¡Esta cifra representa un ascenso de diecisiete puntos porcentuales en solo doce meses![3]

El sector de los medicamentos para la ansiedad ha salido, de hecho, muy beneficiado. He leído informaciones en el sentido de que más de cuarenta millones de estadounidenses sufren un grado tal de ansiedad y depresión que necesitan medicamentos.[4] Aunque esta puede ser una opción sabia en casos de estrés clínico, muchos ataques de pánico y ansiedad tienen causas que son totalmente inalcanzables para los medicamentos.

Puede que este sea un buen momento para recordar por qué he escrito este libro y por qué tú has decidido leerlo. Estamos intentando comprender lo que deberíamos estar haciendo en estos tiempos de estrés. Y hemos descubierto que Dios nos ha dado sólidas respuestas a nuestras preguntas, precisamente en los pasajes en que nos habla del regreso de su Hijo a este mundo.

En este y cada uno de los siguientes capítulos he identificado instrucciones para vivir la vida mientras esperamos al Salvador. No encuentro mejor recurso para nuestros días agitados que su ejemplo. Jesús, por ejemplo, les habló a sus discípulos de sus propósitos después de abandonar la tierra. Así es como comenzó: «No se turbe vuestro corazón» (Juan 14:1). Jesús no habría dicho estas palabras si sus seguidores no las necesitaran. Sus corazones estaban atribulados; Él sabe que también lo están los nuestros. Cada uno de nosotros tiene un «cociente de ansiedad» distinto.

Algunas personas creen que cuando aceptan a Cristo, reciben un cupón gratuito que les aliviará de todo estrés y vivirán una vida de dicha ininterrumpida. Si he de ser sincero, te diré que cuando creí en Jesús me encontré con algunos problemas que no tenía antes. Jesús nunca hizo falsas promesas. Siempre nos advirtió de que nuestro camino estaría salpicado de problemas y de que obedecerle empeoraría la persecución. Pero Jesús es también el que dijo: «Estas cosas os he hablado para que en mí *tengáis paz*. En el mundo tendréis aflicción; pero confiad, yo he vencido al mundo» (Juan 16:33, cursiva del autor).

Jesús mismo sentía las presiones del mundo. Cuando vio llorar a María por la muerte de su hermano Lázaro, «se estremeció en espíritu y se conmovió» (Juan 11:33). Ante la cruz, sintió verdadera ansiedad (Juan 12:27). Mientras esperaba la traición de Judas se sintió apesadumbrado (Juan 13:21). Jesús es un sumo sacerdote que puede «compadecerse de nuestras debilidades» (Hebreos 4:15).

Cuando se acercaba la muerte de nuestro Señor Jesús, sus discípulos comenzaron a inquietarse por las situaciones de su vida, y Él les consoló con estas palabras:

No se turbe vuestro corazón; creéis en Dios, creed también en mí. En la casa de mi Padre muchas moradas hay; si así no fuera, yo os lo hubiera dicho; voy, pues, a preparar lugar para vosotros. Y si me fuere y os preparare lugar, vendré otra vez, y os tomaré a mí mismo, para que donde yo estoy, vosotros también estéis. Y sabéis a dónde voy, y sabéis el camino. Le dijo Tomás: Señor, no sabemos a dónde vas; ¿cómo, pues, podemos saber el camino? Jesús le dijo: Yo soy el camino, y la verdad, y la vida; nadie viene al Padre, sino por mí (Juan 14:1-6).

LO ÚLTIMO EN COMODIDAD

Hemos de volver a este pasaje siempre que nos sintamos asediados por la preocupación. Recuerda que Jesús no dijo estas palabras junto a un arroyo de Galilea en un día soleado, ajeno por completo a las tensiones del mundo. Las dijo, más bien, en las fauces mismas del infierno. No hablaba desde el refugio protector del regazo de su Padre. Estaba sentado en el aposento alto, con sus asustados discípulos, preparándose para lo peor de la humanidad y el silencio del cielo. Sus palabras fueron: «No se turbe vuestro corazón».

Me anima comprender que, aunque en aquel momento Jesús experimentaba las peores angustias de la realidad humana, encontró suficiente fuerza para consolar a quienes estaban a su alrededor. Miró a sus amigos y sintió compasión por ellos. Eran hombres a quienes había llamado para que le siguieran. Durante tres años Jesús había sido su vida. Después había comenzado a hablar de su partida. En Juan 13 les había dicho que se acercaba el momento de partir, y que en esta ocasión no podrían acompañarle. Pedro le preguntó dónde iba exactamente. Jesús le dijo de nuevo que se dirigía a un lugar al que no podía seguirle hasta más adelante (Juan 13:36).

Seguramente, esta conversación fue terriblemente inquietante para los discípulos que habían dependido de Jesús para todo. El apóstol Juan preservó estas palabras de ánimo de nuestro Señor a sus amigos más íntimos para que puedan también servirnos de consuelo a nosotros. Jesús les dio a sus discípulos ciertas cosas que creer, cosas a las que aferrarse. Les pidió que pusieran su confianza en cuatro cosas y les prometió que estas impartirían valor y fuerza renovada a sus atribulados corazones. Creo que, a medida que leas las siguientes páginas, descubrirás que estas verdades intemporales son simplemente lo que tú y yo necesitamos en estos días caóticos.

JESÚS NOS PIDE QUE CREAMOS EN UNA PERSONA

Cuando un niño tiene miedo por la noche, ¿quién sino alguno de sus padres puede confortarle? El niño se abrazará a mamá o a papá y comenzará a sentirse sosegado. Esto es lo que sucede con Jesús. Su consuelo comienza con su propia identidad. «No se turbe vuestro corazón —nos dice—; creéis en Dios, creed también en mí» (Juan 14:1).

Los judíos creían en un solo Dios. El centro de su fe se expresaba en la Shemá: «Oye, Israel: Jehová nuestro Dios, Jehová uno es. Y amarás a Jehová tu Dios de todo tu corazón, y de toda tu alma, y con todas tus fuerzas» (Deuteronomio 6:4–5). Estos seguidores judíos de Jesús habían sido educados desde la infancia para amar exclusivamente a Dios. Ahora Jesús les está diciendo algo chocante: quería que creyeran en Él exactamente de la misma forma porque era el Hijo de Dios. Si a nosotros nos cuesta comprender la naturaleza divina de Jesús, imagina la suma dificultad de los discípulos para entender esto. No fue, de hecho, hasta después de su resurrección cuando comenzaron a procesar lo que les estaba diciendo.

Jesús les estaba pidiendo a personas que habían sido educadas en las Escrituras hebreas que pusieran su fe más allá de su Padre celestial e incluyeran a su Hijo, su maestro terrenal. Invocando su plena autoridad como Señor del cielo y de la tierra, Jesús dijo: «El Padre y yo somos uno» (Juan 10:30 NVI). Para creer en lo que Jesús dice, tienes que creer quién es.

JESÚS NOS PIDE QUE CREAMOS EN UN LUGAR

A continuación, Jesús les dijo a sus discípulos: «En la casa de mi Padre muchas moradas hay; si así no fuera, yo os lo hubiera dicho; voy, pues, a preparar lugar para vosotros» (Juan 14:2).

Un hombre comienza a trabajar en otra ciudad. Está preparando las cosas para trasladar a su familia a una nueva casa, pero él tiene que trasladarse antes para comenzar su trabajo. Su hijo llora porque estará fuera una semana, pero el padre se inclina, le abraza y le dice: «Me voy a preparar tu habitación en la casa nueva. Vas a tener espacio para ir en bici y voy a empezar la casa en el árbol que construiremos». A medida que el niño va viendo todo esto en su mente, las lágrimas se le secan.

Esto es una ilustración de lo que Jesús estaba haciendo aquí, animando a sus discípulos a pensar en el maravilloso futuro que planeaba para ellos.

En las Escrituras encontramos muchos sinónimos para el cielo. Sabemos que es inmenso, y sabemos que su belleza y maravillas son inimaginables. Sabemos que es un espacio incomparable, junto al cual nuestros paisajes terrenales más bellos son dibujos infantiles. Es, en otro sentido, una ciudad magnificente, construida y perfeccionada por el arquitecto del universo. Podemos imaginarlo también como un reino, el territorio de un poderoso rey. Al cielo se le llama también *paraíso*, un término que sugiere su suprema belleza.

Todas estas metáforas representan hermosas imágenes de nuestro hogar futuro, pero mi descripción preferida del cielo es la que hace Jesús: «La casa de mi Padre». Sabemos lo que esto significa. Muchos de nosotros hemos visitado a nuestros abuelos. Cuando estábamos en su casa pensábamos: *Aquí es donde vivía papá cuando*

7

era un niño. ¡Esta es la casa de mi padre! Tiene un encanto y atractivo especial para nosotros, relacionado con la Navidad, la alegría y la risa. Me gusta pensar en el cielo de este modo. Yo crecí en una casa que era especial para mí. Cuando envejecieron, mis padres acabaron mudándose a otro lugar, y esto fue algo difícil de aceptar para mí. Aunque ya hacía algún tiempo que no vivía allí, aquella casa simbolizaba todo mi pasado, mis primeros recuerdos, mi inocencia infantil y mi sentimiento de seguridad. Formaba parte de mí.

Alabado sea Dios que nunca decide trasladarse a una casa más pequeña. Hay una seguridad categórica en la naturaleza eterna del cielo. El escritor Thomas Wolfe escribió un libro titulado *You Can't Go Home Again* [No puedes volver a casa], pero hay un hogar que jamás podemos perder o dejar. Cristo está allí para preparar lugar para nosotros, y esto es reconfortante.

El cielo es real. Las películas, cómics y bromas sobre un espacio de nubes y lleno de puertas doradas han reducido el cielo a un mero estereotipo. Hemos de entender que, cuando se trivializa esta preciosa imagen, se nos roba la posibilidad de usar nuestra imaginación santificada. Todavía no estamos en el cielo, pero este tiene ahora mismo un gran poder para nosotros. Nos extiende su esperanza. Guía nuestras aspiraciones. Alivia nuestro corazón cuando perdemos a algún ser querido. Y cuando pensamos en su realidad final, nos damos cuenta de que todos nosotros hemos sido llamados a algo trascendental y glorioso: somos hijos del reino; ¡nuestro destino es el cielo! Es un lugar real, y es nuestro hogar.

Sobre estas moradas

Muchos de nosotros estamos familiarizados con la expresión «muchas mansiones» por haber leído este texto en la versión King James de la Biblia. Las traducciones más recientes sustituyen esta expresión por palabras como «muchas viviendas» o «lugares donde vivir». La razón es que la palabra mansiones connota una vivienda opulenta y lujosa, cuando en un principio significaba un sencillo lugar para vivir. (Nuestra versión equivalente en castellano, la Reina Valera, traduce «muchas moradas», que no tiene las mismas connotaciones de opulencia que la palabra «mansiones». N. del T.). Lo que Jesús estaba diciendo de hecho era: «En la casa de mi Padre hay muchas habitaciones». Pero no pienses que seremos inquilinos en una gran pensión donde viviremos apretujados y compartiendo un baño en el vestíbulo. El cielo es el infinito espacio de la gloria de Dios; es la perfección, y la idea de una mansión es más que apropiada.

Este lenguaje que habla de un hogar definitivo es un potente bálsamo para el corazón. Aunque cada persona tiene una idea distinta de lo que significa un hogar, este es un anhelo que todos compartimos. El hogar, por humilde que sea, es el lugar en el que comenzamos la vida. Es el lugar que inevitablemente debemos dejar para construir una vida adulta. Y la aspiración de recuperar esta seguridad esencial y sentido de pertenencia nos acompaña siempre. Eclesiastés 3:11 dice que Dios ha puesto eternidad en nuestros corazones, y esto se cumplirá en el cielo, nuestro hogar definitivo. En una ocasión, Paul Tournier, el brillante médico cristiano suizo, estaba aconsejando a un joven que se encontraba en una difícil situación familiar. «Básicamente, siempre estoy buscando un lugar; algún sitio en el que estar», dijo el hombre. Tournier le explicó que cada ser humano anhela un verdadero hogar.[5]

Puedes ver este anhelo a lo largo de la historia. Lo primero que hacen las personas cuando se enriquecen considerablemente es construir «la casa de sus sueños». En algunos casos, se han obsesionado con este proyecto. En el siglo XIX, el rey Luis II de Baviera casi vació las arcas del reino obsesionado con la construcción de un palacio tras otro. Tuvo que ser destituido del poder, y su castillo más imponente quedó inacabado.[6] En Estados Unidos, hay dos suntuosos conjuntos de edificios que pueden considerarse «castillos». En Carolina del Norte está la casa Biltmore, mientras que California tiene su castillo Hearst. La casa Biltmore tiene más de 250 habitaciones, entre ellas 35 dormitorios y 43 cuartos de baño. George Washington Vanderbilt II invirtió casi toda su increíble fortuna en terminar esta finca, y la disfrutó solo unos pocos años antes de morir. La casa de William Randolph Hearst tiene solo 165 habitaciones, con más de 51 hectáreas de jardines, terrazas, piscinas, caminos y senderos. Un ataque de corazón se llevó también a Hearst antes de que pudiera disfrutar del fruto de su trabajo. En ambos casos, los turistas han resultado ser los verdaderos beneficiados.

Hoy tenemos un sinfín de programas de televisión sobre casas y cómo remodelarlas para que sean perfectas. Este anhelo está siempre ahí. Pero por fastuosos que sean los palacios que construyamos, o por mucho que invirtamos en ellos, no podremos llevárnoslos con nosotros; por otra parte, ningún foso o puente levadizo podrá impedir la entrada de la muerte. Estas obsesiones arquitectónicas solo demuestran nuestro anhelo de la única vivienda que se disfrutará por toda la eternidad. ¿Te imaginas vivir en la casa Biltmore o en el castillo Hearst? Comparados con el lugar que Jesús está preparando, ambas propiedades parecerán casetas para guardar las herramientas.

¿Qué constituye un hogar?

Seguramente, algunos de quienes leen estas páginas habrán perdido sus viviendas, o estarán en peligro de ello, por alguna grave dificultad financiera. Soy consciente de que este es un tema sensible para ti, y no quiero rebajar la pérdida que has vivido con frases tópicas y trilladas. Aun así, creo de verdad que Dios puede ayudarte a experimentar la realidad de tu hogar eterno y darte así consuelo y certeza. Debemos recordar que una casa no es un hogar, como tampoco la iglesia es un edificio. Un hogar es algo intangible compuesto de amor, relaciones personales y paz. Aunque el cielo pueda ser una mansión o mil millones de mansiones, no es la ornamentación o su genio arquitectónico lo que hará que sea precioso para nosotros. Esto solo lo conseguirá la presencia de nuestro Señor.

Mientras seguimos explorando lo que deberíamos estar haciendo ahora, no nos olvidemos de las palabras de nuestro Señor sobre el cielo.

Nadie sabe lo que nos depara el futuro en términos de dificultades personales. Mi oración por ti es que salgas más fuerte de tus crisis. Este puede ser un periodo para que todos maduremos, ayudándonos a entender que no somos ciudadanos de este mundo y que no podemos poner nuestra fe en ninguna de sus instituciones u organismos. Mientras esperamos su regreso, confiamos en que Él tendrá cuidado de todas nuestras necesidades, y recordamos que Jesús dijo: «Las zorras tienen guaridas, y las aves del cielo nidos; mas el Hijo del Hombre no tiene dónde recostar su cabeza» (Mateo 8:20).

¿Anhelamos de verdad este hogar definitivo y eterno más que un mero lugar donde recostar nuestra cabeza? C. S. Lewis escribió que a veces parece que no tenemos ningún deseo del cielo; otras veces, piensa él, que nunca hemos deseado otra cosa. A decir verdad, sigue diciendo Lewis, nuestra aspiración del cielo es «la firma secreta de toda alma humana». Es aquello que hemos deseado desde el principio y seguiremos deseando, aun cuando no nos demos cuenta de que es lo que más queremos.[7]

JESÚS NOS PIDE QUE CREAMOS EN UNA PROMESA

Un aspecto especialmente maravilloso de la Biblia son sus muchas promesas. Las promesas que hace Dios son nuestra roca. Jesús nos consoló con esta promesa: «Y si me fuere y os preparare lugar, vendré otra vez, y os tomaré a mí mismo, para que donde yo estoy, vosotros también estéis» (Juan 14:3).

Algunos interpretan esto como una descripción de lo que sucede cuando morimos. El problema es que no tenemos un apoyo bíblico específico para la idea de que Cristo regrese a recoger a cada creyente tras su muerte. Lucas 16:22 sugiere que son los ángeles quienes se encargan de esto. No, este versículo es ciertamente una descripción del triunfante regreso de Cristo. Nuestro consuelo está en esperar expectantes su regreso, cuando Él nos librará definitivamente de todos los problemas y angustias de esta vida.

No cabe duda de que lo que acabo de decir se ha dicho ya muchas veces. Dudo, incluso, que sea la primera vez que lo hayas escuchado con estas mismas palabras. Y, sin embargo, es la afirmación más profunda de toda la historia. Esta es la esencia misma del mensaje de Jesús para sus atribulados discípulos. La verdad más profunda y trascendental del universo no se expresa en ninguna de las leyes de Einstein, sino en un corito infantil que dice: «Cristo me ama, la Biblia dice así». ¡No es nada nuevo, pero es la mejor noticia que jamás podrás escuchar! ¡Qué distintas serían nuestras vidas si pudiéramos interiorizar un poco la verdad de que el Dios del cielo desea pasar la eternidad con nosotros!

Escucha a nuestro Señor expresando este deseo en una oración: «Padre, aquellos que me has dado, quiero que donde yo estoy, también ellos estén conmigo, para que vean mi gloria que me has dado; porque me has amado desde antes de la fundación del mundo» (Juan 17:24).

Necesitamos la promesa de nuestro Señor para recorrer los desconocidos caminos de estos tiempos que vivimos. Podemos perder el trabajo, la casa o hasta la vida —puede que el diablo se lleve alguna batalla—, pero Cristo ha ganado ya la guerra.

En los días más sombríos de la Segunda Guerra Mundial, mientras las derrotadas tropas estadounidenses esperaban en Bataán los prometidos refuerzos, el presidente Roosevelt ordenó al innoble general Douglas MacArthur que saliera de Filipinas y se dirigiera a Australia, abandonando prácticamente a sus hombres. Cuando llegó a Australia, pronunció un discurso en el que prometió a aquellas tropas y a los filipinos: «¡Voy a regresar!». Los representantes del gobierno estadounidense le pidieron que cambiara aquella frase y que dijera: «*Vamos* a regresar», pero MacArthur se mantuvo en sus trece.[8] Su promesa se convirtió, pues, en algo personal que cumplió cuatro años después, cuando reapareció triunfante en aquella parte del mundo para recuperar el territorio perdido y liberar a los cautivos. Por cierto, MacArthur entendía los conceptos que estamos desarrollando. El 9 de abril de 1942, en un homenaje a las tropas de Bataán, declaró: «A las madres que lloran a sus muertos, solo puedo decirles que el sacrificio y aureola de Jesús de Nazaret ha descendido sobre sus hijos, y que Dios los llevará a su presencia».[9]

Si un general puede cumplir su promesa de regresar, ¿cuánto más seguro es el pacto de Jesús de Nazaret? Él regresará para llevarnos a todos nosotros a su presencia. Y en este momento, ha ascendido al cielo y está preparando lugar para nosotros. ¡Esto demuestra hasta qué punto nos ama! ¿Podemos empezar a vivir en consecuencia?

Aunque confiar en un futuro que Jesús ha garantizado nos imparte esperanza, seguimos teniendo que afrontar la batalla diaria. No quiero que pienses que pretendo minimizar la ansiedad o dificultades que quizá estás experimentando. Los problemas de este mundo son reales. Pero hemos de entender bien que las soluciones de Dios también lo son. Jesús hablaba en serio cuando dijo: «No se turbe vuestro corazón». Y no solo se dirigía a los hombres que estaban en aquella sala con Él hace dos mil años; lo decía también para cualquier otra situación adversa y persona atribulada.

Podemos vencer la ansiedad. Pero no lo conseguiremos con una actitud fatalista ante los problemas (con esta disposición la batalla está perdida de antemano). Cuando creemos en el Cristo victorioso y confiamos en que Él nos guiará hacia adelante, con soluciones positivas, comenzaremos a vivir con suprema confianza.

Jesús dijo: «Crean en mí. Crean en la realidad del hogar que estoy preparando. Después crean mi promesa. ¡*Crean!*». Para algunos, esta confianza puede ser difícil de aceptar porque los problemas de este mundo son visibles y tangibles, pero la esperanza y el poder proceden de una realidad invisible. Nuestro único vínculo con este mundo es nuestra fe: nuestra decisión de *creer*. Cuando creemos, estamos declarando la victoria sobre los problemas de este mundo antes de que se produzcan, en el nombre de Jesús, que es el objeto de nuestra fe. Seguiremos teniendo aflicciones y obstáculos, pero persistiremos en verlos solo en el contexto mucho más extenso de la eternidad; las lágrimas de hoy que hacen más dulces las alegrías de mañana.

Con el tiempo, nuestro crecimiento espiritual nos ayudará con esta perspectiva. Tras cincuenta años de pastorado, puedo afirmar que hoy veo los problemas desde una óptica distinta que en otros tiempos. Ciertas decepciones me habrían hundido hace años. Hoy estoy más dispuesto a atribuirlas a los desafíos de mi profesión y a seguir simplemente adelante. A estas alturas ya he podido ver muchas veces lo que el Señor hace con las peores circunstancias. Él se ha ganado de sobra mi confianza, de manera que hoy serán necesarios golpes mucho mayores que ayer para derribarme.

JESÚS NOS PIDE QUE CREAMOS EN UN PLAN

Por último, Jesús tiene un plan en el que quiere que confiemos. Se revela en Juan 14:5-6. Tomás, siempre dubitativo, le preguntó a Jesús: «Señor, no sabemos a dónde vas; ¿cómo, pues, podemos saber el camino? Jesús le dijo: Yo soy el camino, y la verdad, y la vida; nadie viene al Padre, sino por mí».

Si Jesús estaba a punto de irse, Tomás quería un mapa. Todavía no existían los receptores GPS. Lo que Tomás le estaba preguntando era: «¿Es que no puedes dejarnos ni siquiera una dirección de contacto?».

La respuesta de Jesús no fue la que esperaba Tomás. Jesús dijo que Él *es* el mapa. Él es el verdadero GPS. Quien nos muestra el camino al cielo, quien nos lleva a Él y, en última instancia, el camino mismo.

Imagínate que estás en un viaje de negocios y te paras en una tienda de barrio para pedir que te indiquen cómo llegar a tu destino. El cajero está muy familiarizado con la zona, de manera que te da las indicaciones hablando con mucha rapidez: «Tome la primera a la derecha y siga hasta el tercer semáforo, gire a la izquierda y siga recto hasta la iglesia metodista. Después siga recto cuatro o cinco travesías. Si ve el Jiffy Burger es que se ha pasado, tiene que tomar la segunda a la izquierda después de la antigua gasolinera…».

Todo esto lo ha soltado antes de que consigas quitar la tapa del bolígrafo, y en tu rostro se dibuja la desesperación. Viéndolo el cajero, mira el reloj y dice: «¿Sabe qué? Acabo el turno dentro de tres minutos, y está de camino a mi casa. Sígame y yo le llevo».

Ahora sonríes. El cajero se ha convertido en el camino. No solo conoce las instrucciones, sino que es el medio para llegar allí. Él es tu nuevo mejor amigo. William Barclay dijo que esto es lo que Jesús hace por nosotros. «No nos habla del camino; él es el camino».[10]

He oído que, en muchos grandes almacenes, se forma a los empleados para que sean el camino (para que acompañen al cliente) cuando alguien pregunta dónde está un determinado artículo. Este nivel de servicio es sacrificado y muy apreciado. Y es el camino de Jesús.

Pero Jesús dijo otra cosa que muchas personas prefieren pasar por alto o explicar a su manera. Jesús no solo dijo que nos llevará al cielo, sino que es el único que puede hacerlo: «Nadie viene al Padre sino por mí».

Quienes recuerdan sus clases de gramática saben la diferencia entre un artículo determinado y uno indeterminado. El primero significa «el único»; no simplemente *un* restaurante, sino *el* restaurante. *Un* restaurante es indeterminado; podríamos estar hablando de cualquier establecimiento de este tipo. Cuando Jesús dijo que Él es «el camino» usó un artículo determinado, y fue absolutamente claro al respecto. Nunca dijo ser *un* camino, sino *el* camino. Después, para remachar el asunto, añadió que nadie podía ir al Padre «sino por mí».

Hoy hemos decidido que este antiguo, inspirado y específico artículo de la doctrina cristiana no es ya políticamente correcto. Es, se nos dice, fanático e intolerante. Según ciertas encuestas, una mayoría de cristianos norteamericanos —el 52 por ciento— piensa que algunas religiones no cristianas también ofrecen caminos de salvación. Los encuestadores del Centro de Investigaciones Pew se asombraron de la gran cantidad de entrevistados que creían en más de un camino al cielo. Un 47 por ciento de evangélicos dijeron creer que *muchas* religiones pueden ser caminos a la vida eterna. En otras palabras, más de la mitad de los evangélicos norteamericanos se clasificaron en la categoría de quienes creen que Jesús no es el único camino al cielo.[11]

Los entrevistados en una encuesta *online* por la publicación evangélica *Christianity Today* indicaron un patrón similar de creencias. Un 41 por ciento creen que hay más de un camino al cielo.[12] ¿Qué parte de Juan 14:6 no entendemos?

UNA EVIDENCIA ABRUMADORA

Hace varios años tuve el privilegio de conocer a Will Graham, el nieto de Billy Graham, y de escucharle predicar. Me dio una idea de lo que significaba ser nieto de Billy Graham. «Todo el mundo quiere conocerte —me dijo—. Después, tan pronto como empiezan a hablar contigo, descubres que en realidad no quieren conocerte a ti, lo que quieren es que les ayudes a conocer a tu abuelo». Me dijo cuál era su divertida respuesta cuando le hacían esta inevitable pregunta: «La Biblia dice que el camino al padre es por medio del hijo, no del nieto».

Las palabras de Jesús en Juan 14:6 enseñan claramente la naturaleza única y exclusiva del camino de la salvación. Pero esta verdad no está limitada a un solo texto, como demuestran las siguientes referencias.

- «Entrad por la puerta estrecha; porque ancha es la puerta, y espacioso el camino que lleva a la perdición, y muchos son los que entran por ella» (Mateo 7:13).
- «Por eso os dije que moriréis en vuestros pecados; porque si no creéis que yo soy, en vuestros pecados moriréis» (Juan 8:24).
- «Y en ningún otro hay salvación; porque no hay otro nombre bajo el cielo, dado a los hombres, en que podamos ser salvos» (Hechos 4:12).
- «Porque hay un solo Dios, y un solo mediador entre Dios y los hombres, Jesucristo hombre» (1 Timoteo 2:5).

Las Escrituras son sorprendentemente claras acerca de este asunto. Jesús es el único camino, la única verdad y la única vida. Si esto es estrecho de miras, pues que así sea. Me alegro de ser estrecho de miras si Dios lo es, porque esta es su verdad, no la mía.

Pero ¿qué sucede con las otras religiones? Una vez más la Biblia afirma: «Hay caminos que al hombre le parecen rectos, pero que acaban por ser caminos de muerte» (Proverbios 14:12 NVI). Lo que cuenta no es lo que nos parece recto, sino lo que es recto. Las diferentes religiones del mundo no son ni distintas versiones de la misma historia, ni pasos paralelos que llevan al cielo en una cierta pirámide de verdad en la que se funden todas las diferencias. Las otras religiones enseñan versiones de la realidad completamente distintas. O bien la vida es un círculo, como lo entienden las religiones orientales, o el tiempo es lineal con un comienzo y un final, como enseña la Palabra de Dios. O bien hay una incesante reencarnación, como insisten estas religiones, o bien los seres humanos vivimos y morimos una sola vez, como enseña la Biblia en Hebreos 9:27.

La mayoría de los científicos estarían de acuerdo en que hay una única ley de la gravedad y que nosotros no podemos votar al respecto. Ni las disciplinas científicas ni las matemáticas son democráticas. Ninguna de ellas tiene la política de que cada uno «decida su propia verdad». ¿Por qué razón debería ser distinto el reino espiritual?

No construyamos falsas acusaciones de estrechez de miras cuando es evidente que los rasgos esenciales del carácter de Jesús son amor, perdón y una actitud totalmente sacrificada. Él quiere llevarnos al cielo a todos nosotros. Pero Jesús es el único camino. Nos invita a acercarnos a Él, a ser salvos por la gracia, recibida por la fe cuando esta responde a Él. Jesús no demanda ningún sacrificio ni logro, solo un sincero sí de la voluntad humana.

Después quiere entrar en nuestro corazón y darnos alegría y sabiduría para el resto de esta vida y su gloriosa presencia en la siguiente. Ha escrito esta invitación con la sangre de sus propias manos. Y cuando aceptamos su invitación, ha prometido escribir nuestro nombre en el libro de la vida del Cordero.

La Dra. Ruthanna Metzgar no es la típica solista aficionada que canta en las bodas. Es una profesional. Su currículo es impresionante. Ha cantado en Estados Unidos, Canadá, Europa y Japón. Tiene fama mundial como profesora, conferenciante y directora de coros y orquestas.

Tiene también un repertorio impresionante. Con su versátil voz de soprano ha interpretado piezas de todas clases: clásicas, sagradas, teatro musical o *gospel* contemporáneo. La Dra. Metzgar es también una excelente comunicadora de su fe personal en Cristo. Fue en este contexto cuando escuché su historia por primera vez.

Cualquiera que haya estudiado voz, cantado en un coro universitario de primera categoría o tocado en una orquesta de adultos conoce el interés que tienen los directores en los detalles. No dejan nada al azar. Ponen una atención casi obsesiva en los pasajes difíciles, insistiendo en practicarlos y refinarlos una y otra vez hasta que están listos para la interpretación. No les gustan las sorpresas en las representaciones importantes.

Pues bien, Ruthanna debía de estar muy preocupada, porque se le escapó un detalle muy importante. Ni siquiera en el caso de los cantantes profesionales es demasiado frecuente que un multimillonario les pida que canten en su boda, pero Ruthanna recibió este tipo de invitación. ¡La boda se celebró en los dos últimos pisos del rascacielos más alto de Seattle! En palabras de Ruthanna, era una atmósfera de «gracia y sofisticación». Desde aquel privilegiado lugar, la panorámica del estrecho de Puget, la cordillera de las Cascadas y las montañas Olímpicas era simplemente espectacular.

Tras la ceremonia, «la novia y el novio se acercaron a una hermosa escalera de cristal y latón que llevaba a la última planta». Ceremoniosamente, cortaron la cinta de satén que de forma sutil y elegante había impedido el paso y pidieron a sus invitados que los acompañaran a la recepción. Solo faltaba un detalle más y Ruthanna y su marido, Roy, accederían a la cena de gala.

Al final de las escaleras, un señor vestido de esmoquin con un libro bellamente encuadernado les preguntó: «¿Pueden decirme sus nombres, por favor?». Ruthanna le dio sus nombres y esperó a que les franquearan el paso para entrar a la fiesta. Pero, por mucho que buscó, y aunque ella deletreó su apellido con todo detalle, el señor repitió con firmeza: «Lo siento, pero su nombre no figura en la lista. Si su nombre no está en este libro, no puede asistir a este banquete».[13]

Ruthanna le explicó que debía de haber un error; ella acababa de cantar en la boda. Con unos cien invitados esperando en los escalones inferiores, él se limitó a contestar: «No importa quién sea o lo que haya hecho, si su nombre no está en el libro, no puede asistir a este banquete». Inmediatamente pidió que un ujier les acompañara al ascensor de servicio y les llevara al aparcamiento.

Roy Metzgar esperó sabiamente un tiempo prudencial antes de preguntarle qué había sucedido. Con lágrimas en los ojos, Ruthanna contestó: «Cuando llegó la invitación para la recepción estaba muy ocupada y no devolví la confirmación de asistencia. Por otra parte, yo era la cantante, ¿qué problema podía haber para entrar en la recepción aunque no devolviera la tarjeta de confirmación?».

Aquella noche no hubo para ella marisco, salmón ahumado, suculentos entremeses ni bebidas exóticas; solo el triste descubrimiento de la contundente evidencia que había contra su pretensión. No había seguido el único plan que le podía dar entrada al banquete. No había querido rechazar la invitación; simplemente dejó escapar la oportunidad. Tomó, de hecho, la decisión de no hacer nada. Afortunadamente, la inacción de Ruthanna tuvo solo consecuencias temporales. Tú tienes una oportunidad similar de tomar una decisión. Se te ha mandado una invitación con consecuencias eternas. Solo hay un plan. Te insto a que adoptes las medidas que conducen a la vida eterna en el cielo. Confirmar tu reserva para una gozosa eternidad es la prueba que proporciona una calma permanente capaz de ayudarnos a atravesar cualquier tormenta.

Mark Twain dijo sarcásticamente: «Todo el mundo habla del tiempo, pero nadie hace nada al respecto».[14] Pues bien, esto ya no es cierto. Puesto que estamos entrando en la era del diseño de la atmósfera a la carta y de las armas meteorológicas, mantengamos nuestros ojos en el que controla la tierra y la atmósfera, sabiendo que Él controla también todos los elementos de nuestro futuro.

Con Cristo tenemos una mejor predicción y un futuro radiante.

CAPÍTULO 2

MANTÉN LA COMPASIÓN

La moderna ciudad de Ariel está en los «territorios ocupados», a menos de setenta kilómetros al norte de Jerusalén. Sus antiguos olivos contradicen su establecimiento hace solo cuarenta y dos años. Los Evangelios relatan los viajes y el ministerio de Jesús en esta zona conocida entonces y ahora como Samaria. Me encanta la forma en que se expresa la versión Reina Valera: «Y le era necesario pasar por Samaria» (Juan 4:4). ¡Samaria estaba sin duda en el radar de Jesús! ¡Amaba a los samaritanos!

Hace años, David Ortiz era pastor de una pequeña congregación formada principalmente por seguidores de Cristo palestinos. Sin embargo, un sector de ciudadanos del pueblo de Ariel detestaba a los cristianos. Irónicamente, la familia Ortiz experimentó la profundidad de este odio en la alegre fiesta de Purim de 2008. Tradicionalmente, ese día los amigos intercambian regalos de comida y bebida, y se hacen donativos a las instituciones benéficas para celebrar la preservación de los judíos de su extinción total que Amán había planeado (Ester 9:18–32).

Al hogar de los Ortiz llegó una cesta, como si fuera un regalo con motivo de la celebración. Ami, de quince años, estaba solo en casa y abrió el paquete con avidez, esperando encontrar caramelos u otros dulces. Ami no esperaba de ningún modo la explosión que desgarró su joven cuerpo. Cientos de esquirlas de metal, clavos y tornillos penetraron en su cuerpo y le dejaron en estado crítico. La metralla le impactó en los ojos y quedó ciego; la explosión le perforó también los tímpanos, dejándole con una importante pérdida de audición.

Ami pasó cinco meses en el hospital, hubo que amputarle varios dedos de los pies y pasó casi un año dentro de un traje presurizado para ayudarle a sanar sus graves quemaduras. Durante una entrevista televisada en Israel aproximadamente un año después del incidente, Ami le dijo a una reportera: «Fue un *shock*. No sabía qué hacer. Descubrir que has perdido partes de tu cuerpo es una experiencia dura».

Ilana Dayan, la presentadora de la televisión israelí, dijo que Ami era «posiblemente el israelí que ha sido peor herido por el terrorismo judío».[1] Sí, no es un error. Tras ver las imágenes de un vídeo de vigilancia del atacante, vestido con un uniforme de las Fuerzas de Defensa de Israel (IDF) poniendo el cesto-bomba en la puerta, la policía pudo identificar a Yakov Teitel, un hombre judío, como el asaltante.

Nadie culparía a Ami por odiar a estas personas y desear vengarse, pero cuando el reportero le preguntó cuál era su actitud hacia quienes le hicieron aquello él respondió: «No siento odio. No veo ninguna razón para hacer algo así. Diría, quizá, que están cegados por el odio. Creen que hacen lo correcto. No puedes culpar a una persona ciega que choca contigo, así que no veo [cómo podría culparlos]. No tengo odio. No lo he tenido en ningún momento. Ni siquiera sé cómo explicarlo, pero no lo tengo. Ningún odio».

Ami sabe lo que es perder la vista. Afortunadamente, varias intervenciones quirúrgicas han conseguido restablecer su visión. Es posible que su ceguera física explique su compasión por la ceguera espiritual de quienes no conocen Cristo.

La antítesis del odio es un amor compasivo. Ami y su familia respondieron al atentado demostrando la compasión de Cristo por sus atacantes, sabiendo que en cualquier momento y en cualquier lugar podían convertirse de nuevo en sus objetivos. En lugar de permitir que su temor les retrajera, Ami y su familia se presentaron para colaborar en un comedor solidario que también proporciona ayuda médica y ropa a los necesitados. Su madre, Lea, escribió: «Es importante y vital hacer este tipo de obras en el nombre de *Yeshua*. Nunca me había dado cuenta de cuánto quiere el Señor que seamos sus ojos, boca, manos y pies en estos últimos días».[2]

Afortunadamente, la mayoría de nosotros nunca veremos probada nuestra capacidad de compasión a un nivel tan terrible. Pero en estos días caóticos sí se nos a prueba para decidir si queremos ser personas interesadas y egocéntricas o dadores compasivos. Uno de estos momentos decisivos se produjo en Sacramento hace algunos meses.

La bebida era un *latte* de jengibre grande. Nada muy especial, si no fuera porque suscitó una pequeña declaración pública sobre el poder de la bondad.

Era el lunes de la semana de Acción de Gracias, y una mujer estaba en su vehículo frente a la ventanilla de servicio de Starbucks para recoger una bebida. Al tomar su bolso, un extraño impulso la inspiró a hacer algo extravagante: pagó la consumición del cliente que la seguía, alguien a quien no conocía de nada.

Huelga decir que el conductor se quedó perplejo, y suficientemente tocado como para seguir la cadena, pagando por el conductor que le seguía. Finalmente, ciento nueve personas siguieron el juego y pagaron el café del cliente que les seguía. Una empleada dijo a la televisión local que aquella cadena también afectó a quienes trabajan en las ventanillas. «Todos estamos juntos en este gesto», dijo.[3]

Una película popular de hace algunos años ayudó a propagar esta «cadena de favores», pero la idea puede tener su origen en 1784, cuando Benjamin Franklin propuso la bondad progresiva. Él recibió lo que solía llamarse una «carta de súplica» de un hombre con una necesidad económica. Franklin respondió: «Mi idea no es darle esta suma; solo se la presto. [...] Cuando usted conozca a otra persona honrada en una situación parecida, me tiene que pagar a mí prestándole esta suma a él. [...] Espero que la ayuda pase por muchas manos antes de encontrarse con un bribón que detenga su avance».[4]

Formar parte de una cadena de buenas obras es algo gratificante.

Cuando nuestra economía toca fondo, como ha sucedido recientemente, vemos dos reacciones iguales y contrarias. La primera es el endurecimiento del corazón, motivado por el cinismo y la desesperación. «Es tiempo de cuidar de mis necesidades», dice este tipo de persona. «Los demás que se las apañen. Yo voy a replegarme y a cerrar la puerta a cal y canto. Que me despierten cuando haya acabado la recesión; estaré durmiendo con la cartera debajo de la almohada». Naturalmente, hay una respuesta alternativa. Es la conducta que cabría esperar de los hijos del reino, que intentan vivir de un modo que agrade a Dios y ministrar a un mundo dolorido. Durante la terrible crisis de 2008, en que los mercados de valores mundiales perdieron siete billones de dólares, la revista *Time* le pidió su opinión al escritor cristiano Philip Yancey sobre cómo deberían orar los cristianos en tiempos así. Yancey dijo que la primera parte era sencilla: «Deberían clamar: "¡Ayuda!"». Yancey afirmó que había dejado de editar sus oraciones para parecer sofisticado y maduro porque Dios quiere que seamos nosotros mismos.

Después, siguió explicando, la segunda etapa era escuchar a Dios en la meditación y la reflexión. La pregunta aquí sería: «¿Qué podemos aprender de esta catástrofe?». Una posible lección sería que fuimos unos necios al poner nuestra confianza en los gobiernos y las economías.

La tercera etapa, dijo Yancey a la revista, era pedirle ayuda a Dios para quitar los ojos de nuestros problemas y «mirar con compasión a los verdaderamente desesperados». Yancey concluyó: «¡Qué buen testimonio daríamos si [...] los cristianos decidiéramos aumentar nuestras ofrendas para construir casas para los pobres, combatir el sida en África y anunciar los valores del reino a una cultura decadente y fascinada por las celebridades! Esta respuesta desafía toda lógica y sentido común, a no ser, naturalmente, que tomemos en serio la lección de la sencilla parábola de Jesús sobre construir casas sobre un fundamento seguro».[5]

Sí, está claro que nuestro siguiente paso adelante en tiempos difíciles es proteger e incluso incrementar nuestro espíritu de compasión. El apóstol Pablo quería que la iglesia de Tesalónica entendiera esto durante sus periodos difíciles. Mientras les escribía una carta, Pablo prorrumpió en oración: «Mas el mismo Dios y Padre nuestro, y nuestro Señor Jesucristo, dirija nuestro camino a vosotros. Y el Señor os haga crecer y abundar en amor unos para con otros y para con todos, como también lo hacemos nosotros para con vosotros, para que sean afirmados vuestros corazones, irreprensibles en santidad delante de Dios nuestro Padre, en la venida de nuestro Señor Jesucristo con todos sus santos» (1 Tesalonicenses 3:11–13).

En cuanto a esta última frase, el Nuevo Testamento nos enseña que Jesús volverá. Esta es una certeza cien por cien bíblica y puede suceder cualquier día. Es el contexto de Pablo para la enseñanza que dio en estos versículos. ¿Aconsejó acaso a los tesalonicenses que lo cerrasen todo, se pusiesen sus mejores ropas de domingo y se sentasen con paciencia en los bancos hasta que llegara este día maravilloso? En absoluto. Jesús pidió persistentemente a los creyentes que estuvieran ocupados durante el periodo entre sus dos venidas, sirviendo en el reino: nuestras manos atareadas en la tierra, nuestros corazones ocupados con el cielo.

Esta carta a los tesalonicenses, quizá la segunda que escribió Pablo (la primera fue Gálatas), es precisamente uno de los documentos esenciales relativos al regreso de nuestro Señor. Pablo quería visitar Tesalónica y ayudar a los creyentes a resolver algunos problemas. Pero, evidentemente, no fue la voluntad de Dios que lo hiciera. Te lo aseguro: esto no fue un error que cometió el equipo de Pablo declinando visitar a una congregación más que reclamaba su tiempo («Lo sentimos, pero la agenda del apóstol no permite esta visita»). Su lenguaje en esta carta revela su intenso deseo personal de estar con sus amigos.

El problema era que «Satanás nos estorbó» (1 Tesalonicenses 2:17–18). Esto es algo frecuente. El diablo pondrá obstáculos a la obra de Dios siempre que pueda, pero Dios, que usa todas las cosas para su gloria y nuestro bien, da la vuelta a las peores crisis para que cumplan sus propósitos. Esto es lo que Dios hizo en esta situación: si Pablo hubiera ido a la ciudad como quería, tendríamos que borrar de la Biblia las fascinantes cartas a los tesalonicenses. No tendríamos las valiosísimas enseñanzas que hemos disfrutado durante veinte siglos. Como ves, el diablo es experto en ganar la batalla pero perder la guerra. Ahora tenemos dos increíbles cartas a los tesalonicenses que nos dicen lo que necesitamos saber sobre el retorno de Cristo y lo que deberíamos hacer mientras lo esperamos.

Pablo no veía cómo iba Dios a usar su carta; rara vez vivimos el tiempo suficiente para ver el fruto final de nuestro servicio a Dios. Esto es algo a recordar cuando nos sentimos desanimados. Pablo no podría soñar que su correspondencia privada bendeciría a miles de millones de personas en el futuro. Desde su perspectiva, la iglesia de Tesalónica era un grupo de amigos suyos que estaban sufriendo —perseguidos por amar a Cristo—, luchando simplemente para subsistir. Estaban experimentando dificultades no muy distintas de aquellas que inspiraron este libro. ¿Cómo, pues, las manejaron ellos? ¿Agacharon la cabeza, cedieron a la autocompasión y endurecieron el corazón, como hacen algunas personas?

¿Cómo respondes tú? Recuerda que lo que la vida hace con nosotros depende de lo que esta encuentra en nuestro interior. En la escuela, las notas de los exámenes dependen de lo que has estudiado para prepararlos. Si no los apruebas, no culpes a la vida o a la escuela: tuviste la oportunidad de prepararte bien. También el resultado de los exámenes de la vida se basa en cómo te has preparado para ellos. Pablo conocía a estas personas de Tesalónica. Sabía que podían ser fuertes bajo la prueba, pero sentía que estaban superados.

Pablo entendía su desaliento, pero quería fortalecerles, impedir que cedieran a la autocompasión y motivarles a servir a Dios con una determinación más profunda. Quería orar por ellos, pero ¿cómo oras por aquellos que están bajo intensa presión? ¿Pides que Dios les proteja? ¿Que les dé valor? ¿O acaso oras por la desaparición del problema? Pablo no tomó ninguno de estos caminos. Lo que le pidió a Dios fue que enseñara a los tesalonicenses a ser más amorosos y compasivos los unos con los otros. No parece muy lógico, ¿no?

¿Te has parado a pensar que el verdadero propósito de tus luchas, en un momento determinado, puede ser el desarrollo del corazón compasivo que Dios está creando dentro de ti? Este tipo de corazón no se desarrolla durante travesías fáciles y agradables. Las pruebas desarrollan nuestra humildad, y la humildad nos abre los ojos a las necesidades de otras personas. Si procuramos servir a Dios en los tiempos difíciles en lugar de amargarnos, las dificultades nos harán mejores personas. Esta es la oración de Pablo por la sufrida iglesia de Tesalónica.

LA ESENCIA DE LA COMPASIÓN

El mundo ya es frío y cruel en sus mejores momentos; en los tiempos difíciles, las cosas solo empeoran. Cabe esperar que la crisis actual produzca una nueva era de cinismo y corazones endurecidos. Mientras nos adaptamos a una forma de vida nueva y frustrante, la tentación es ignorar los problemas de quienes viven situaciones peores que las nuestras. Y, sin embargo, este es precisamente el tiempo en que el mundo más nos necesita. ¿De qué sirve un cristiano cuando las cosas van bien? Necesitamos seguidores dedicados de Cristo que lo dan todo cuando las cosas se tuercen.

Alguien dirá: «Todo esto está muy bien, pero yo no lo siento. En este momento, mi corazón no está "lleno y rebosante de amor"». Esto es de esperar. No te preocupes, el corazón de Dios está tan desbordante de amor que solo necesitamos estar junto a Él y tomar las salpicaduras. Y un poco de este amor basta para que se produzca un milagro. No olvidemos que lo que el mundo necesita de verdad es su amor. «El Señor es compasivo y justo; nuestro Dios es todo ternura» (Salmo 116:5 NVI). También leemos que «nunca decayeron sus misericordias» (Lamentaciones 3:22). Observa, por cierto, que el último versículo procede, quién lo iba a decir, de un libro de lamentaciones. Las épocas tristes son buenas para darnos cuenta de la bondad de Dios.

Por difíciles que sean las circunstancias que tengamos que vivir, el abundante amor y compasión de Dios son más que suficientes para que podamos encontrar gozo y compartirlo con otra persona; y cuando digo «por difíciles que sean las circunstancias», lo digo muy en serio. En la revista *Campus Life*, la escritora Shannon Ethridge recordaba un día terrible de su undécimo grado. Se estaba pintando los labios mientras conducía por una carretera llena de baches cuando atropelló a una ciclista, que falleció en el accidente. Este fue el comienzo de su pesadilla. Lo que más la aturdió fue lo que dijo el marido de la víctima cuando se le informó de que su esposa había muerto. Su primera pregunta fue: «¿Cómo está la chica? ¿Está herida?».

Para Ethridge era inconcebible que alguien pudiera sufrir un golpe tan devastador y se preocupara inmediatamente por la salud de la autora de la tragedia. La noche antes del funeral, se forzó a visitar al marido de la víctima. «Cuando entré en la casa —escribió—, miré al pasillo de entrada y vi a un hombre corpulento de mediana edad que venía hacia mí, no con una mirada hostil sino con los brazos abiertos de par en par».

Aquel hombre era un traductor de la Biblia de Wycliffe llamado Gary Jarstfer. Le dio un fuerte abrazo, lleno de compasión, y ella se deshizo en lágrimas. Una y otra vez, llorando, repetía «Lo siento mucho. Lo siento mucho». Jarstfer le contó amablemente sobre la vida y legado de su amada esposa, y añadió: «Dios quiere fortalecerte por medio de esto. Él quiere utilizarte. De hecho, te paso a ti el legado de Marjorie como mujer piadosa. Quiero que ames a Jesús sin límites, como hizo Marjorie».

Gary Jarstfer insistió en que se retiraran todas las acusaciones contra la angustiada estudiante de secundaria. Después comenzó a preocuparse por ella y estimularla en el desarrollo de su vida. Ethridge escribió: «Los actos compasivos de Gary —junto con las estimulantes palabras que me dijo aquella noche antes del funeral de Marjorie— serían mi fuente de fortaleza y consuelo durante los años siguientes».[6]

La lógica de este tipo de conducta nunca la encontramos en el mundo, sino solo en la Palabra de Dios. El amor capaz de este tipo de compasión nunca lo encontramos dentro de nosotros, sino solo cuando estamos en Cristo. La naturaleza humana nos instruye a actuar de manera muy distinta cuando las cosas van mal. La carne (en el lenguaje de Pablo) nos anima a encerrarnos en nuestro caparazón y velar por nuestros propios intereses. El Espíritu nos anima a mirar fuera de nosotros, amando y perdonando todavía más (también a nosotros mismos).

Por ello, cuando los cristianos de Tesalónica estaban siendo maltratados solo por amar y adorar al único Dios verdadero, Pablo no le pidió a Dios que les hiciera más fuertes para luchar contra el mal. No oró por el juicio de los opresores. Su petición fue que Dios llenara a los tesalonicenses de amor y compasión. Como dijo Jesús: «Amad a vuestros enemigos, bendecid a los que os maldicen, haced bien a los que os aborrecen, y orad por los que os ultrajan y os persiguen; para que seáis hijos de vuestro Padre que está en los cielos, que hace salir su sol sobre malos y buenos, y que hace llover sobre justos e injustos» (Mateo 5:44–45).

La esencia de la identificación con el otro es la encarnación: Dios envolviéndose en carne y haciéndose un hombre para después llevar nuestros pecados en la cruz. Todo lo que hacemos en este mundo debería ser un eco de lo que Cristo ha hecho en la cruz. Amamos. Somos compasivos. Nos identificamos con los demás y sus problemas, y llevamos sus cruces. Gary Jarstfer es un ejemplo perfecto. Él tenía que afrontar su propio dolor, sin embargo, se identificó precisamente con la persona que habría sido objeto de la amargura de cualquier otro en su situación. Gary empatizó con Shannon Ethridge, sintió su dolor aunque él mismo estaba destrozado, y llevó su cruz, esforzándose para que su tragedia se convirtiera en un triunfo.

¿No crees que el mundo necesita más de este tipo de amor? ¿Qué sucedería si sustituyéramos el frágil amor «hasta que dure» del matrimonio por el acorazado amor incondicional de 1 Corintios 13? ¿Qué sucedería si cada cristiano estadounidense fuera mañana al trabajo después de hacer un inquebrantable pacto personal de amar a todos sus compañeros como Dios los ama? ¿Te imaginas lo que sucedería en nuestra sociedad?

Solo Dios puede darnos este amor. Sin su ayuda, abandonados a nuestros propios recursos, convertiríamos cualquier relación difícil en un irremediable desastre. Esta es la razón por la que no podemos enfadarnos demasiado con nuestros amigos no creyentes que no nos aman incondicionalmente. Del mismo modo que no podemos indignarnos con una persona ciega que tropieza con nosotros, deberíamos ser compasivos con aquellos que no conocen a Cristo.

A veces, mientras escucho las noticias y oigo las quejas, murmuraciones y lamentos, tengo que pararme y recordar que estas personas no conocen al Jesús que nosotros conocemos. Hay mucha indignación y poco perdón; muchas exigencias y muy poco servicio. Creo que Longfellow dio en el clavo cuando escribió: «Si pudiéramos leer la historia secreta de nuestros enemigos, encontraríamos suficiente aflicción y sufrimiento en la vida de cada uno de ellos para desactivar cualquier hostilidad».[7] Hace falta mucha compasión piadosa para vivir con esta perspectiva.

Lo que Dios quiere de nosotros en medio de esta crisis es compasión, una compasión piadosa que ve el sufrimiento de quienes nos rodean como una invitación a expresar el amor de Dios en actos de bondad significativos.

LA EXPRESIÓN DE LA COMPASIÓN

Pensemos en el objetivo de toda esta compasión que se expresa «unos para con otros y para con todos» (1 Tesalonicenses 3:12). Esto afecta más o menos a todas las personas que conocemos, ¿no es así?

Juan entiende que hay una norma esencial para el amor: «Si alguno dice: Yo amo a Dios, y aborrece a su hermano, es mentiroso. Pues el que no ama a su hermano a quien ha visto, ¿cómo puede amar a Dios a quien no ha visto? Y nosotros tenemos este mandamiento de él: El que ama a Dios, ame también a su hermano» (1 Juan 4:20–21). Jesús estableció este modelo para sus discípulos en el aposento alto, pocas horas antes de ser arrestado: «En esto conocerán todos que sois mis discípulos, si tuviereis amor los unos con los otros» (Juan 13:35).

Tiempo atrás circuló un correo electrónico que contaba el caso de uno de esos conductores agresivos que no mantenía las distancias con los vehículos delanteros e iba con la mano pegada al claxon, haciéndolo sonar cuando alguien se detenía ante un semáforo en ámbar, etcétera. Este conductor acabó viendo la luz giratoria azul por el retrovisor, y pronto un agente de policía le ordenaba que saliera de su automóvil con las manos en alto. El policía llevó al conductor a comisaría y mandó que le registraran, le fotografiaran, le tomaran las huellas dactilares y lo encerraran en un calabozo. Finalmente, los agentes de comisaría fueron a recogerle, le llevaron al mostrador y le devolvieron sus efectos personales. El agente que hizo la detención se mostraba un poco abatido. «Me he equivocado —le explicó al conductor—. Yo iba detrás de usted con mi vehículo mientras usted hacía sonar el claxon, hacía gestos desagradables con las manos e insultaba al conductor que tenía delante. Cuando vi el adhesivo del parachoques con la frase "¿Qué haría Jesús?" y el símbolo cristiano del pez metalizado sobre el maletero, di por hecho que había robado el automóvil».

La gente es muy observadora, y lo es especialmente con quienes pretenden ser personas de fe. Se ha dicho que nosotros, los cristianos, somos la única Biblia que algunas personas estudiarán. Tienen el derecho de esperar que nuestra forma de vivir concuerde razonablemente con nuestra forma de hablar, aunque el amor y la compasión no son cosas fáciles. Henri J. M. Nouwen lo expresa de este modo: «La compasión es difícil porque requiere la disposición interior de ir con los demás a esas áreas en que son débiles, vulnerables, solitarios y están rotos. Pero esta no es nuestra respuesta espontánea ante el sufrimiento. Lo que más deseamos es acabar con él, evadiéndolo o encontrando una cura rápida para él».[8]

Dionisio, un obispo corintio del siglo II, escribió cartas describiendo cómo se comportaban los cristianos atrapados en una epidemia descontrolada:

> La mayoría de nuestros hermanos cristianos mostraron un amor y una lealtad sin límites, sin escatimar nada y pensando solo en los demás. Sin temer el peligro, se hicieron cargo de los enfermos, atendiendo a todas sus necesidades y sirviéndolos en Cristo, y con ellos partieron de esta vida serenamente felices; porque se vieron infectados por otros de la enfermedad. Muchos, mientras cuidaban y atendían a otros, transfirieron las muertes de otros hacia sí mismos y murieron en su lugar. [...]

> Los paganos hicieron exactamente lo contrario. Echaron a los que sufrían de entre ellos y huyeron de sus seres más queridos, arrojándolos a los caminos antes de que fallecieran y trataron los cuerpos insepultos como basura, esperando así evitar la propagación y el contagio de la fatal enfermedad; pero aun haciendo lo que podían les era muy difícil escapar.[9]

El mundo observa cómo nos tratamos los unos a los otros en este momento de crisis. ¿Verán alguna diferencia?

La norma bíblica es sencillamente amarnos los unos a los otros. Pero ahora llegamos a la parte difícil. Si nos quedamos con la norma esencial de amarnos los unos a los otros, nuestra fe no será muy distinta de cualquier sistema de valores de este mundo. Pero hay una norma más elevada de amor, y Jesús vino para darle expresión definitiva por medio de su vida y enseñanzas: «Porque si amáis a los que os aman, ¿qué recompensa tendréis? ¿No hacen también lo mismo los publicanos?» (Mateo 5:46). Pablo estaba haciendo referencia a la norma esencial cuando usó la expresión «los unos a los otros», y a la norma más elevada cuando añadió «y a todos».

Amar a nuestros seres queridos es un buen comienzo. Si no podemos hacer esto, tenemos, sin duda, un problema. Por otra parte, la norma más elevada envía un mensaje fuerte y claro en el sentido de que, nosotros, el pueblo de Cristo, no somos seres humanos normales y corrientes. Aquellos que nos observan no tienen en cuenta el tamaño de nuestras Biblias. Tampoco mantienen un registro de las reuniones de estudio bíblico a las que asistimos, ni de los datos bíblicos que conocemos. Pero observan con gran interés cómo tratamos a los demás: en primer lugar, a quienes están cerca de nosotros, y después —la ronda final— a todos los demás. Pablo escribió: «Y el Señor os haga crecer y abundar en amor unos para con otros *y para con todos*» (1 Tesalonicenses 3:12). Las cuatro últimas palabras son la parte espinosa.

Para los tesalonicenses, *todos* era una palabra difícil porque aludía a ciertas personas que abusaban de ellos y les perseguían. Pablo les estaba diciendo: «¡No se olviden de abundar y crecer en amor, también hacia estas personas!». Esto es algo que al principio no nos gusta porque sabemos que no podemos hacerlo por nosotros mismos. Como dijo Jesús, con nuestros recursos podemos amar a nuestras familias, amigos y a nuestros vecinos más agradables. Esto también pueden hacerlo aquellos que no conocen a Dios. Pero para amar más allá de estos límites confortables, para llevar este amor a territorio hostil, vamos a tener que depender de una fuente mayor. Vamos a necesitar el poder del Espíritu Santo. Y naturalmente, cuando nos damos cuenta de esto, Dios nos tiene precisamente donde nos quiere.

C. S. Lewis nos ayuda con esto en uno de sus escritos. Lewis dijo que los no creyentes deciden con quién se mostrarán bondadosos, pero los cristianos tienen un secreto distinto; nosotros no deberíamos perder el tiempo preguntándonos si amamos o no a nuestros prójimos, simplemente deberíamos actuar como si lo hiciéramos. La diferencia entre las personas que no creen y los cristianos es que los primeros tratan amablemente a las personas que les gustan; los cristianos intentan tratar amablemente a todas las personas y por ello descubren que les gustan más personas, ¡entre ellas algunas que nunca habrían esperado![10]

Los cristianos, en otras palabras, ponen sus acciones en primer lugar y hacen que sus sentimientos les sigan. La naturaleza humana espera a que los sentimientos motiven sus acciones (lo cual puede convertirse en una larga espera). La fe cristocéntrica actúa para que surjan sentimientos (lo cual es rápido, eficaz y liberador). En pocas palabras, los seguidores de Cristo somos realistas. Entendemos que hay personas que, por naturaleza, nunca nos gustarán. Sabemos que, cuando se nos deja a nuestro aire, no somos proclives a hacer lo que es debido. Pero por amor a Cristo, vamos a andar en el Espíritu y a tratar bien a los demás porque la naturaleza de Jesús es así. Por tanto (si estamos viviendo como es debido), trataremos a nuestros enemigos de manera tan benevolente como a nuestros amigos, y muy pronto descubriremos que ya no tenemos enemigos.

Piensa en esa persona que no te gusta. Te mantienes a distancia y albergas malos sentimientos hacia ella. ¿Qué sucede con los malos sentimientos cuando los alimentamos? Se hacen peores; nunca sanan por sí mismos. Pero ¿qué sucede si ignoras los malos sentimientos y das lo mejor de ti (al Cristo que vive en ti, por así decirlo)? Descubrirás que ser amable con esta persona no es tan difícil como pensabas. La mayoría de las veces, la persona en cuestión (intuyendo o sabiendo directamente que no te cae bien) se sentirá sorprendida, avergonzada o inspirada a devolver la amabilidad (ojalá que sea esto último). Esto es lo que Pablo, citando Proverbios, llama amontonar ascuas sobre la cabeza de alguien (Romanos 12:20). Y en el siguiente versículo de Romanos, el apóstol añade: «No seas vencido de lo malo, sino vence con el bien el mal». Esto es dirigir tu vida con acciones y hacer que tus sentimientos sigan, y cuando lo hacemos, comenzamos a parecernos mucho a Jesús.

Algunos lo llaman el principio «como si». Si actúas como si te sintieras de una manera determinada, descubrirás que pronto te sientes así. Te estás convirtiendo en tu propia profecía autorrealizable. Llámalo como quieras, pero realmente es vivir por la fe, ser obediente y confiar en que Dios hará de ti la persona que todavía no eres. A veces, lo que Dios pretende desde el comienzo con estas situaciones es nuestro crecimiento. Él quiere ver cómo respondemos a las personalidades difíciles y si seremos o no obedientes cuando la situación requiera sacrificio de nuestra parte. Es la única forma en que podemos crecer y ser transformados a la imagen de Cristo. Vivir y amar por fe es una de las grandes aventuras de la vida.

EL EJEMPLO DE LA COMPASIÓN

La esencia de la compasión está en crecer y abundar en amor los unos por los otros. Esto se expresa mostrando nuestro amor por los demás, incluyendo a quienes son difíciles de amar. Pero ¿y el ejemplo de la compasión? Pablo completa la idea: «Y el Señor os haga crecer y abundar en amor unos para con otros y para con todos, como también lo hacemos nosotros para con vosotros» (1 Tesalonicenses 3:12).

El apóstol les estaba diciendo: «Yo marco el camino. Ustedes síganme». Había establecido un ejemplo consistente que le permitía decir no solo «hagan lo que digo», sino también «hagan lo que hago». El Nuevo Testamento da a entender que cuando Pablo fue por primera vez a Tesalónica no fue aceptado. Pero él persistió, siguió dando lo mejor de sí, siguiendo el ejemplo de Cristo, haciendo que su amor por ellos creciera y abundara. Las pruebas son evidentes a lo largo de toda esta carta. Estas son algunas de las formas en que Pablo demostró su amor por las personas de aquella ciudad:

- **Dio gracias a Dios por ellas.** «Damos siempre gracias a Dios por todos vosotros» (1 Tesalonicenses 1:2). Expresó su gratitud a Dios, una estrategia perfecta para desarrollar amor en nuestros corazones hacia alguien.
- **Oró por ellos.** «Haciendo memoria de vosotros en nuestras oraciones» (1:2). ¿De qué otra forma podemos desarrollar un amor robusto por otra persona? La respuesta es orando por sus necesidades. Esto siempre acaba haciéndonos compasivos, puesto que Dios nos da su corazón para la persona por la que oramos.
- **Pablo les predicó el evangelio.** «Pues habiendo antes padecido y sido ultrajados en Filipos, como sabéis, tuvimos denuedo en nuestro Dios para anunciaros el evangelio de Dios en medio de gran oposición» (2:2). Las personas no siempre agradecen que se les prediqué el evangelio, pero es nuestro deber y la mayor prueba de nuestro amor.
- **El apóstol fue amable, bondadoso y considerado para con ellos.** «Antes fuimos tiernos entre vosotros, como la nodriza que cuida con ternura a sus propios hijos. Tan grande es nuestro afecto por vosotros, que hubiéramos querido entregaros no solo el evangelio de Dios, sino también nuestras propias vidas; porque habéis llegado a sernos muy queridos» (vv. 7–8). Este es exactamente el aspecto de la compasión.

- **Pablo se sacrificó por ellos.** «Porque os acordáis, hermanos, de nuestro trabajo y fatiga; cómo trabajando de noche y de día, para no ser gravosos a ninguno de vosotros, os predicamos el evangelio de Dios» (v. 9). Esta es la prueba final de la compasión.

¿De qué habla Pablo en el versículo 9? Cuando estaba desarrollando su relación con la iglesia de Tesalónica, no aceptó ninguna retribución económica por el servicio de su predicación, sino que trabajó aparte fabricando tiendas. Puede que recuerdes que este era su oficio «práctico». Para poder predicar gratuitamente a sus hermanos y hermanas en Cristo, se sostuvo trabajando con sus manos. Ahora entiendes que Pablo pudiera decir: «Sigan mi ejemplo».

Lee de nuevo la lista de las cinco pruebas de compasión, pero sustituye ahora el nombre de Pablo por el de Jesús. ¿No hizo Cristo cada una de estas cosas por nosotros? ¿No nos llama acaso a imitarle? Te animo a pensar en una persona que sabes que está necesitada. Después, sigue sistemáticamente el procedimiento que Pablo ha establecido: dale gracias a Dios por esta persona. Ora por ella. Háblale de Cristo y de lo que ha hecho por ti. Ayúdale de manera esforzada y sufrida. Sé amable, bondadoso y considerado. Después, siempre que sea necesario, sacrifícate de algún modo por esta persona.

Una vez una mujer me preguntó: «¿Cómo puedo sacrificarme por alguien que ni siquiera me permite hablarle de Jesús? Yo quiero que vaya al cielo, pero sencillamente no está abierto a escuchar sobre el Señor. ¿Cómo le testifico a alguien así?».

Mi respuesta fue: «Tienes que ser Jesús para ella».

Me pidió que me explicara mejor y le dije: «Tienes que amarla de corazón. Si rechaza tu amor, mantente firme y sigue amándola. No te preocupes por lo que tienes que decir porque en estos casos las palabras no son necesarias. La única cosa que escucha son tus acciones. Las palabras pueden refutarse, pero las acciones superan cualquier defensa. Esto es lo que Jesús hizo con nosotros; este es todo el sentido de la cruz. Así que ámala como Jesús te ama a ti».

Pablo, el autor de esta carta a los tesalonicenses, no amó de esta forma desde que nació. De hecho, él odiaba y perseguía a los cristianos. Fue testigo y consentidor de la muerte de Esteban, el primer mártir cristiano. Pablo conocía todas las palabras de la Ley, pero cuando se encontró con Jesús en el camino de Damasco experimentó algo mucho más poderoso que las palabras.

Tass Saada también persiguió a los cristianos de Oriente Medio en un periodo más reciente. Le llamaban «el Carnicero». Fue francotirador de la OLP y guardaespaldas de Yasser Arafat. Como Pablo, Saada tuvo también un encuentro con el Cristo vivo. Por el poder del Espíritu Santo fue transformado en una persona nueva. El Carnicero se convirtió en un hombre lleno de amor y compasión. Pero esto lo hizo muy impopular entre su familia, y algunos querían matarle por haberse convertido.

Hoy Tass y su esposa norteamericana, Karen, desarrollan un ministerio de compasión entre quienes viven en enorme pobreza y peligro diario en Gaza y Cisjordania. Fue allí donde viajaron Joel Rosenberg y su esposa para conocer a Tass y a Karen hace algunos años. Habían ido a la zona para visitar un hospital que trataba a las víctimas de los conflictos fronterizos, tanto judíos como árabes. Los médicos israelíes no daban crédito a los relatos sobre Saada antes de su conversión, un sicario de la OLP capaz de matar a todos los judíos con los que estaba hablando. Ahora, en lugar de llevar personas a un hospital estaba ayudando a financiarlo.

Le preguntaron cómo había podido cambiar de aquel modo. No era él quien lo había conseguido; Tass dio todo el mérito a Cristo y la gloria a Dios. Su corazón, explicó, había sido totalmente transformado, de modo que ahora tenía un profundo amor por el pueblo judío. De hecho, dijo Tass, ahora quería pedir a todo el personal del hospital que le perdonaran. Fue un momento muy significativo. Un hombre lleno de odio se había convertido en embajador del amor de Dios para toda la humanidad.[11]

Si Dios pudo hacer esto con asesinos como Pablo y Tass, ¿tienes alguna duda de que puede hacer que tu corazón rebose de amor?

EL EFECTO DE LA COMPASIÓN

¿Cuál es el efecto de la compasión? «Para que sean afirmados vuestros corazones, irreprensibles en santidad delante de Dios nuestro Padre» (1 Tesalonicenses 3:13).

Esto es una cláusula de propósito. Muestra exactamente por qué hemos de amar a los demás. El propósito de todos los años de escuela es adquirir conocimiento y una formación. El propósito de trabajar cuarenta horas a la semana es ganarnos la vida. ¿Cuál es, pues, el propósito de amar a los demás? Es desarrollar corazones santos e irreprensibles.

La palabra *cristiano* significa «pequeño Cristo». Queremos ser como Él, imitarle en todos los sentidos posibles para que nos confundan con él. ¿Cómo lo hacemos? Siguiendo su guía; haciendo las cosas que Él hacía.

Algunas personas creen que pueden ser como Cristo recitando muchos versículos de la Escritura. Otros creen que lo lograrán dominando la jerga espiritual y pronunciando las oraciones más impresionantes. Algunas de estas cosas son buenas y otras carecen de valor, pero ninguna de ellas nos hace como Jesús.

¿Y cómo vivió Jesús? Dondequiera que iba amaba a las personas. Tocaba a los leprosos, ofrecía su amistad a los parias, curaba personas enfermas, acariciaba a los niños y tenía compasión con todos los que se cruzaban en su camino. Sus últimos actos fueron orar por el perdón de sus asesinos y después mirar a su alrededor y tener compasión de un ladrón moribundo, a quien fortaleció y aseguró la salvación. En sus horas de agonía más profunda, nunca, ni por un momento, dejó de amar a los demás. En el aposento alto, les dijo a sus discípulos que su tarea más importante sería amarse los unos a los otros. Cuanto más difícil se hacía su vida, más se multiplicaban las peticiones de las personas, y cuanto más se acercaba a una muerte tortuosa, más expresaba su amor, compasión y perdón.

«¿Quién puede imitar esta forma de obrar?», te preguntarás con razonable incredulidad. «¿Quién puede tener un corazón así?».

Esto es irrelevante cuando estás en la línea de salida para amar a alguien. Simplemente hazlo y preocúpate después de las motivaciones. El amor, tal como lo describe Pablo en este capítulo, es algo vivo. Comienza con la insignificante semilla de la obediencia y florece cuando lo regamos con nuestras acciones. Ama y sirve, y descubrirás que en tu interior se produce un milagro: la creación de un corazón santo e irreprensible.

EL EJERCICIO DE LA COMPASIÓN

Vivir como Dios quiere que vivamos tiene muchos beneficios extra. Ahí va otro: mostrar compasión tiene un valor terapéutico mensurable para nuestras vidas.

Allan Luks fue director ejecutivo de la organización benéfica Big Brothers Big Sisters durante dieciocho años hasta su jubilación. En su libro *The Healing Power of Doing Good* [El poder sanador de hacer el bien], Luks describe un estudio de tres mil voluntarios de todas las edades y por todo el país. Los resultados de un cuestionario informatizado demostraron una clara relación de causa-efecto entre ayudar a los demás y tener una buena salud. Luks concluyó que ayudar a otras personas contribuye al mantenimiento de la buena salud, atenuando incluso los efectos de enfermedades y desórdenes: graves y leves, psicológicos y físicos.[12]

Hacer el bien a los demás nos hace bien a nosotros. Invierte el destructivo proceso del ensimismamiento, nos introduce a la saludable zona en la que vemos las necesidades de los demás y, por último, nos abre la puerta a la realidad de Dios y su destino para nosotros.

A William Booth, el fundador del Ejército de Salvación, le apasionaba mostrar compasión, especialmente a los oprimidos de los barrios bajos de Londres. Un día su hijo Bramwell entró en su habitación temprano y encontró a su padre cepillándose el pelo frenéticamente, con un cepillo en cada mano, mientras acababa de vestirse a toda prisa. Sin tiempo para un «buenos días», Booth miró a su hijo y gritó: «¡Bramwell! ¿Sabías que hay hombres que han dormido toda la noche en los puentes?». Había estado en Londres hasta altas horas de la noche anterior, y ver esto de camino a casa le había impactado.

«Bueno... sí —dijo Bramwell—. Muchos pobres, supongo». «Entonces deberías avergonzarte por haberlo sabido y no haber hecho nada por ellos», respondió William Booth.

Bramwell comenzó a dar elaboradas excusas. Le era imposible añadir un proyecto tan complejo a todas las cosas que tenía en marcha, y que ahora comenzaba a nombrar una por una. Su agenda estaba llena.

Su padre se limitó a gritarle: «¡Ve y haz algo!».

Aquel momento de resolución fue el comienzo de los albergues del Ejército de Salvación, un ministerio especial que cambió la vida de cientos de personas sintecho durante los primeros días de trabajo del Ejército de Salvación en Londres.[13]

¿Has tenido alguna vez un momento Booth, en el que de repente has visto una persona o situación con los ojos de Dios y has desarrollado una apasionada determinación de verla cambiar?

Roy Anthony Borges tuvo un momento así en la cárcel. Después de entregar su vida a Cristo, tuvo que comenzar a desaprender todo lo que la vida le había enseñado, especialmente todo lo que había aprendido en la cárcel. El odio, se decía, era lo que te hacía sobrevivir. Y todos los reclusos tenían muchos más enemigos que amigos.

Uno de los enemigos de Borges era Rodney, que le robó la radio y los auriculares mientras Borges estaba jugando a voleibol en el patio de la cárcel. Era una radio cara, un regalo de su madre. Los auriculares habían sido un regalo de Navidad de su hermana. En una cárcel, este tipo de cosas son tesoros que se valoran mucho. Borges estaba indignado y su corazón pensó inmediatamente en la posibilidad de vengarse. Pero fue lo suficientemente sabio para orar y, al hacerlo, comenzó a sentir que Dios le estaba poniendo a prueba.

La ira no desapareció fácilmente. Cada día sentía el impulso de saltar sobre Rodney y borrarle de la cara aquella arrogante sonrisa. Pero había un versículo que no podía quitarse de la cabeza. Era Romanos 12:20–21, donde Pablo nos enseña a olvidar la venganza y dejárselo todo a Dios. Al cabo de un tiempo, Borges comenzó a ver a su enemigo desde una perspectiva completamente nueva: la perspectiva de Dios. Comenzó a orar por Rodney, esperando que algo milagroso sucediera en la vida del hombre que le había robado la radio.

De hecho, la situación dio un giro aún más extraño. Sin darse cuenta, Borges se encontró ayudando a su enemigo, hablando con él sobre Jesús, olvidándose completamente de odiarle. Un día vio el milagro. Rodney estaba arrodillado junto a su litera leyendo la Biblia. Borges dijo: «[Entonces] supe que el bien había vencido al mal».[14]

En estos días difíciles habrá estrés y tensión. Serás más proclive de lo normal a ceder a la amargura. Será muy fácil alimentar el rencor contra alguien. Es posible que cedas a estos impulsos. Puedes racionalizarlo diciendo que has tenido un tiempo difícil, que volverás a seguir a Cristo cuando cambie la situación y que Dios lo entiende. Pero esto te lleva a la triste ladera descendente de vivir en la desesperación de este mundo, donde la felicidad de las personas se basa únicamente en las circunstancias. En este mundo nunca será conveniente ser piadoso de esta forma.

Hay otro camino, que es responder a la crisis redoblando la paciencia, la bondad, la longanimidad y la compasión. Haz que tu amor crezca y sea abundante. El resultado será un gozo que trasciende estas circunstancias. Y si muchos de nosotros entramos en esta dinámica, ni siquiera las circunstancias podrán detenernos. El amor de Dios es lo único que puede invertir la corriente de este mundo, y lo hará.

¡Pongámonos manos a la obra!

CAPÍTULO 3

MANTÉN UNA ACTITUD CONSTRUCTIVA

El ateísmo se ha apropiado de los autobuses. En Nueva York, van traqueteando más allá del Empire State con carteles de cuatro metros que anuncian: *No tienes por qué creer en Dios*. Miles de personas en Chicago suben y bajan de autobuses adornados con un mensaje similar: *En el principio el hombre creó a Dios*. En Indiana, estas pancartas dicen: *Puedes ser bueno sin Dios*.

En otras ciudades norteamericanas, los autobuses proclaman: *¿Por qué creer en un dios? Simplemente sé bueno. ¡Punto!* Otro eslogan da este punto de confirmación atea: *¿No crees en Dios? No eres el único.*

Por la ciudad italiana de Génova, los motoristas van por todas partes en vehículos que declaran: *La mala noticia es que Dios no existe; la buena es que no le necesitas.*

(Que quede claro: con esta frase los ateos admiten que su enseñanza nuclear es una *mala noticia*).

Y por último está el eslogan de la campaña original atea en los autobuses de Londres, que decía: *Probablemente Dios no existe. Deja de preocuparte y disfruta de la vida.*

Quiero reformular la frase.

- Probablemente Dios no existe. Por tanto, tu vida no tiene un sentido último.
- Probablemente Dios no existe. De modo que procedes del polvo y volverás al polvo.
- Probablemente Dios no existe. Por tanto, tus pecados nunca te serán perdonados.
- Probablemente Dios no existe. Por tanto, buena suerte con tus problemas.
- Probablemente Dios no existe. Así que nunca volverás a ver a tus seres queridos en el cielo.
- Probablemente Dios no existe. Vive, pues, para divertirte y muere en la desesperación.
- Probablemente Dios no existe. De modo que no hay esperanza, vida, gracia ni cielo.

No sé quién quiere creer este mensaje, no digamos proclamarlo. Por cierto, no he conocido a nadie que pueda demostrar que Dios no existe. Los verdaderos ateos no existen. Sin embargo, una nueva forma de ateísmo agresivo y descarado ha ganado millones de adherentes en estos últimos días.

A los ateos les encanta discutir. Recibieron un estímulo del antiguo presidente Barack Obama, que hizo una referencia a los «no creyentes» en su discurso inaugural. *USA Today* afirmó que el discurso inaugural de Obama representaba la primera vez en la historia de estos discursos que un presidente estadounidense reconocía explícitamente a los ateos y el ateísmo.[1] El ateísmo está encontrando su voz porque nuestra cultura se ha secularizado completamente, y la secularización no es neutral, sino intrínsecamente anticristiana.

Pero no hay nada constructivo en la secularización ni en el ateísmo. Analiza lo que han hecho por el mundo sus ateos más famosos del siglo XX: Lenin, Stalin, Hitler y Mao Zedong. Sin Dios, solo podemos destruir. Con Cristo, nos dedicamos a construir.

Cuando afrontamos estos tiempos peligrosos, nuestro mensaje como cristianos es nuevo, positivo, apasionante, energizante y sumamente constructivo.

En el Antiguo Testamento hay un hermoso pasaje sobre las cambiantes épocas de la vida. Una de sus afirmaciones es: «[Hay un] tiempo de destruir, y [hay un] tiempo de edificar» (Eclesiastés 3:3). En el espacio de nuestra propia vida hemos visto generaciones dedicadas a ambas cosas.

Medio siglo atrás fue una época de construir. El escritor Stephen Ambrose escribió extensamente sobre la Segunda Guerra Mundial y la generación de jóvenes que regresaron de ella. El padre de Ambrose llegó a casa de la guerra, puso un tablero con una canasta e invitó a toda una unidad de excombatientes del barrio a jugar al baloncesto. Ambrose no recordaba sus apellidos, pero jamás olvidaría las cicatrices que tenían en el pecho y en los brazos. Reflexionando sobre los logros de estas personas escribió:

En realidad, estos fueron los hombres que construyeron los Estados Unidos modernos. Habían aprendido a trabajar juntos en las fuerzas armadas durante la Segunda Guerra Mundial. Ya habían visto bastante destrucción; querían construir. Construyeron la red de autopistas interestatales, la vía marítima del San Lorenzo, los suburbios (tan vituperados por los sociólogos y tan positivos para las personas) y más. Ya habían visto suficientes matanzas; querían salvar vidas. Derrotaron la polio e hicieron otros avances revolucionarios en medicina. Habían aprendido en el ejército las virtudes de una sólida organización, el trabajo de equipo, la iniciativa personal, la inventiva y la responsabilidad.

Desarrollaron la empresa moderna e iniciaron avances revolucionarios en ciencia, tecnología, educación y política pública.[2]

Los miembros de esta generación trabajaron, llenaron de niños sus camionetas y sus típicas casas de una planta con terreno, y se retiraron. Es posible que sean realmente la «mejor generación».

Entonces vino el tiempo de derribar. Ustedes y yo hemos vivido este periodo: décadas de división nacional. Las generaciones futuras mirarán atrás y verán este tiempo como una época de destrucción desbocada. Desde los máximos dirigentes hasta los ciudadanos de a pie, nos hemos dedicado a la demolición más que a la construcción. Nos hemos vuelto expertos en envenenar los pozos de la cultura, la política, la empresa, la espiritualidad, la familia y todas las demás esferas. Por razones que desconozco hemos comenzado a destruirlo todo:

Hemos destruido la integridad.
Hemos destruido la pureza.
Hemos destruido la honestidad.
Hemos destruido el respeto.
Hemos destruido el orgullo nacional.
Hemos destruido los ideales.
Hemos destruido los sueños.
Hemos destruido nuestro sentido de vergüenza.
Hemos destruido las aspiraciones políticas.
Hemos destruido todo aquello que comenzamos a construir
    cuando nació nuestra nación.

Iniciamos el nuevo milenio con terrorismo en nuestro propio territorio, con tiroteos y asesinatos en las escuelas secundarias, y con retrocesos drásticos de los límites morales tradicionales. Mientras escribo esto en 2020, multitudes de personas han tomado las calles intentando derribar monumentos de nuestra historia, han querido dejar de financiar y desmantelar a la policía que nos protege y erosionar los fundamentos más esenciales de la democracia. La diversidad es la nueva religión del estado, que demanda tolerancia hacia todo menos hacia los valores tradicionales judeocristianos.

Pablo nos dijo que no nos sorprendiéramos:

> También debes saber esto: que en los postreros días vendrán tiempos peligrosos. Porque habrá hombres amadores de sí mismos, avaros, vanagloriosos, soberbios, blasfemos, desobedientes a los padres, ingratos, impíos, sin afecto natural, implacables, calumniadores, intemperantes, crueles, aborrecedores de lo bueno, traidores, impetuosos, infatuados, amadores de los deleites más que de Dios, que tendrán apariencia de piedad, pero negarán la eficacia de ella; a estos evita (2 Timoteo 3:1-5).

¿Te suena todo esto? ¿Te recuerda a lo que sucede en el mundo de hoy? Soy consciente de que es fácil desanimarse. Podríamos darnos por vencidos y tirar la toalla. Pero esta no es una actitud piadosa, según las Escrituras. En un momento de destrucción, hemos de dedicarnos a la tarea de construir. En un mundo destructivo, hemos de mantener actitudes constructivas.

EL LLAMAMIENTO DEFINITIVO

No te sorprenderá saber que en todas las generaciones ha habido mucha destrucción y construcción; también en los tiempos bíblicos.

Hubo un tiempo de derribar en la vida del apóstol Pedro. Había visto cómo arrestaban a su Señor y se lo llevaban para ejecutarlo (algo que casi echa abajo la vida de Pedro). Sin embargo, para empeorar las cosas, él mismo había suspendido la prueba más esencial de amor y lealtad. Aun habiendo oído una predicción de Jesús que debería haberle servido de advertencia, Pedro había negado su relación con su precioso Señor, y no solo una vez, sino en tres ocasiones.

A pesar de la paciente preparación de su impetuoso discípulo por parte de nuestro Señor, Pedro demostró constantemente el precario tejido de su vida. Una y otra vez demostró que sin Jesús no era nada. Ahora parecía que volvería a ser pescador; se acabaron los maestros y los sueños.

En la reconfortante simplicidad de la red y las salpicaduras del mar, Pedro pensaría sin duda en la última vez que había sido un pescador dedicado. El Maestro había pasado por allí y le había dicho: «Sígueme». Pedro había visto una pesca milagrosa, se había arrodillado delante del maestro y le había dicho: «Apártate de mí, Señor, porque soy hombre pecador». Aquella experiencia, también, había sido una forma de derribo, una humillación, una confrontación con su propia indignidad. Aun así, Jesús le quería a bordo, y él le había seguido. Jesús le había dicho: «No temas; desde ahora serás pescador de hombres» (Lucas 5:8, 10).

«Sígueme». Esto era lo que Jesús le había dicho y lo que Pedro había hecho. Ahora, tras fallarle a su Señor, era de nuevo un mero pescador de peces. Seguro que se había preguntado si sus días como seguidor de Jesús habían terminado. En el último capítulo del Evangelio de Juan, sin embargo, vemos el regreso de Pedro al punto de partida. Una vez más Jesús le dijo: «Sígueme». Este fue su llamamiento definitivo. Y de nuevo Pedro dejó sus redes y le siguió, en esta ocasión a la Ascensión; a Pentecostés; a edificar la iglesia de Jerusalén; y a Roma, donde (según la tradición) moriría mártir; Pedro no sería ya un cobarde, sino el hombre valiente que Jesús había dicho.

A todos nos gusta Pedro. ¿Y por qué no? Hay tanta realidad, tanta humanidad familiar que nos llega desde las antiguas páginas de la Escritura para hacérnoslo real. Está el Pedro que fue el primero en reconocer a Jesús como el Cristo; el que negó ser su amigo. Está el que saltó de la barca al mar y casi se ahoga cuando su fe se vino abajo. Jesús le llamó «Roca» en un momento y «Satanás» en otro. Pedro era muy como nosotros: un paso adelante y dos atrás, movido por una fe desenfrenada y paralizado por la duda. Era un hombre de altibajos, montañas y valles; por ello es un personaje perfecto para estudiarlo en tiempos como estos.

Como predicador tiendo a funcionar sobre el principio «¿Qué viene después?». Procuro ser sencillo y cronológico, comenzando con el primer versículo y moviéndome hacia delante. Este capítulo es una excepción. El novelista Kurt Vonnegut Jr. aconsejaba a los escritores que comenzaran «lo más cerca posible del final».[3] Esto es lo que voy a hacer aquí. Me parece intrigante comenzar por el final de la historia en Juan 21 y, después, volver para descubrir los detalles.

Juan 21 es el último capítulo del último Evangelio, y se lo considera una especie de epílogo que contiene las últimas palabras documentadas del Salvador antes de ascender al cielo. Las conversaciones registradas entre Jesús y Pedro son más numerosas que con cualquier otro discípulo, por ello es pertinente que esta última sea también con Pedro. También es pertinente que sea un relato de restauración porque esto es lo que hace Jesús: siempre reconciliando, siempre reconstruyendo, siempre restaurando a las personas.

Jesús estaba acabando una conversación con Pedro, prediciendo nuevamente lo que el pescador tenía por delante. «Cuando eras más joven te vestías tú mismo e ibas adonde querías; pero, cuando seas viejo, extenderás las manos y otro te vestirá y te llevará adonde no quieras ir» (Juan 21:18 NVI).

La noche de su arresto, Jesús había predicho correctamente su acto de negación. Ahora pronosticaba un acto de devoción. Según la tradición, Jesús estaba diciendo que Pedro llegaría a viejo, pero moriría con sus manos extendidas: un eufemismo para aludir a lo que él mismo había experimentado. Tanto Tertuliano como Eusebio, historiadores tempranos del movimiento cristiano, narran que Pedro siguió a su Señor a la cruz.

La mirada de Jesús penetró en el futuro y predijo las tres negaciones de Pedro (Jesús ve también nuestro futuro con sus éxitos y fracasos). Ahora que Pedro había caído, Jesús repitió una vez más las palabras que definían su misión vital como discípulo: «Sígueme». Era como si jamás se hubieran producido ninguno de los fracasos y angustias entre ambas llamadas. Jesús miró más allá y dijo: «Sígueme».

«¿QUÉ DE ESTE?»

En un momento de este diálogo, Pedro observó que otra persona ya estaba siguiéndole. Según Juan 21:20, Pedro se volvió y vio «al discípulo a quien Jesús amaba» que iba a la par de ellos. Este, naturalmente, era Juan, el discípulo que compartía la misma intimidad que Pedro disfrutaba con Jesús. Aquel era un momento crucial entre Jesús y Pedro, pero el impetuoso discípulo perdió momentáneamente de vista su conversación. Señaló a Juan con el pulgar y dijo: «Señor, ¿y qué de este?» (v. 21).

La conversación anterior había sido amable y compasiva, calmando el dolor del alma de Pedro. Ahora Jesús fue directo y le dijo a Pedro: «Si quiero que él quede hasta que yo venga, ¿qué a ti?».

Y le dijo de nuevo las mismas palabras añadiendo un sentido de urgencia: *«Tú sígueme»* (v. 22 NVI, cursiva del autor). En su respuesta a Pedro, Jesús mencionó su «regreso», recordándonos de nuevo que a menudo encontramos instrucciones para la vida práctica en el contexto de predicciones sobre el futuro.

Las últimas palabras de Jesús a Pedro fueron: *«Tú sígueme»*. Su último mandamiento a Pedro debería ser hoy la primera preocupación de todos nosotros. Ante cualquier cosa que pueda distraerte, ¿qué a ti? ¡Síguele!

Quería comenzar precisamente en este punto, enmarcando la historia para este capítulo con este mandamiento crucial. Volvamos ahora y analicemos la fascinante conversación que condujo a este momento: el relato de la nueva comisión a un discípulo caído, un fracasado que se convirtió de nuevo en seguidor.

Si volvemos a Juan 18 encontramos a los discípulos en crisis. Jesús había sido arrestado y dos discípulos le habían seguido a distancia. Uno de ellos, el afectuoso y leal Juan, iba a seguirle hasta la cruz; el otro, Pedro, experimentaría una recaída en la duda. Igual que se había hundido en las olas tras un glorioso momento andando sobre el agua, ahora volvía a venirse abajo en un callejón. Unas horas antes, había prometido seguir a Jesús hasta la muerte, se había mostrado dispuesto a ocupar una cruz a su lado (Mateo 26:35). Pedro estaba siempre muy cerca y, sin embargo, muy lejos. Había seguido a Jesús hasta un punto en que su valor se desmoronó. Y junto a una fogata donde los campesinos se calentaban las manos, un extranjero expresó la misma pregunta que Pedro se estaba haciendo en silencio: «¿No eres tú también uno de los discípulos de ese hombre?» (Juan 18:25 BLP).

Pedro se oyó decir: «No, no lo soy». Pero lo peor de todo era la creciente sospecha de que estaba diciendo la verdad. Pedro tuvo otras dos oportunidades más para redimirse, pero la respuesta fue cada vez la misma. El tres es un número que indica totalidad, y Pedro se veía como un total fracaso para seguir a Jesús.

Todos hemos tenido esta misma experiencia de hacer o decir algo indebido, sintiendo el aguijón de la convicción, y oyendo la voz dentro de nosotros que pregunta: *¿No eres tú también uno de sus discípulos?* Nosotros también sabemos que nuestro primer acto de desobediencia puede ser un terreno resbaladizo que se convierte en una avalancha.

¿AMAR O APRECIAR?

Ahora estamos delante de otra fogata, esta vez a primera hora de la mañana y en la playa, junto al mar de Tiberíades. Algunos de los discípulos habían ido con Pedro cuando dijo: «Voy a pescar» (Juan 21:3). Su recorrido terminó como en aquella memorable ocasión en que estuvieron trabajando toda la noche sin pescar nada. Uno de los discípulos se fijó en un hombre que les observaba desde la ribera. Era Jesús, aunque en un principio no le reconocieron. Y pronto estaba reproduciendo de nuevo una milagrosa captura que reventaba las mallas: de repente ciento cincuenta y tres peces se agitaban dentro de las redes. Juan los contó. Y pronto hubo un fuego, un desayuno y un encuentro con risas y, posiblemente, muchas, muchas preguntas. Ignorando todo lo que se habló junto al fuego, Juan quiso que supiéramos solo lo que Jesús le dijo a Pedro.

Tres veces Jesús le preguntó: «¿Me amas?», y Pedro respondió de manera afirmativa, aunque hay algunas importantes variaciones sobre el tema. En la ampliamente difundida versión Reina Valera de la Biblia, encontramos la palabra *amor* en las tres ocasiones. Pero en el texto griego no es la misma palabra. En las dos primeras preguntas, Jesús utilizó la palabra *agape*, que se relaciona con el amor piadoso, un amor supremo y sacrificado. «Pedro, ¿me amas con el amor de Dios, comprometido y costoso?». En todas sus respuestas Pedro respondió con una palabra distinta que significa «afecto fraternal»: *¿Me amas? Sí, te aprecio mucho.*

La primera vez Jesús le preguntó: «¿Me amas [*agape*] más que estos?». Pedro contestó que le tenía mucha estimación.

La segunda vez Jesús dijo simplemente: «Me amas [*agape*]?», eliminando la frase de comparación. Pedro le dio la misma respuesta.

La tercera vez, Jesús hizo otro cambio. Abandonó el elevado *agape* y le preguntó a Pedro si sentía estimación por Él. Puede que este sea uno de los comentarios más tristes de Jesús, y tiene el sentido de: «Pedro, prefieres hablar de cariño, pero ¿me lo tienes? ¿De verdad me *aprecias*?».

Pedro, herido por su gran fracaso, ya no quería jactarse de su amor sin par o de que seguiría a Jesús a la cruz. Humillado, decía: «Para ser sincero, solo puedo darte esto de todo corazón». Y Jesús le estaba preguntando: «¿Estás seguro de poder incluso decir esto?».

Cuando leemos este pasaje, comprendemos el griego y todas sus implicaciones para su discurso, casi podemos oír el corazón de Pedro rompiéndose. Aquello era un derribo en toda regla. Jesús le había llamado roca. ¿Qué clase de roca puede hacerse tantos añicos?

ALIMENTA Y SIGUE

Lo que acabamos de comentar es el contenido de un sermón que han predicado innumerables pastores. Los intrincados pormenores de la conversación entre Jesús y Pedro nos brindan una lección tan tremenda que muchas veces pasamos por alto otros elementos de la historia que son igualmente importantes. Nos concentramos en el amor, pero pasamos por alto a los corderos. Te explico lo que quiero decir.

Jesús le estaba preguntando a Pedro sobre la profundidad de su amor y compromiso. Pero también le estaba dando a Pedro una comisión con cada respuesta. La primera vez, cuando Pedro le dijo: «Señor, tú sabes que te tengo mucha estimación», Jesús le dijo inmediatamente: «Alimenta a mis corderos». La segunda vez, su petición fue: «Pastorea mis ovejas». Y en la tercera, Jesús combinó ambas peticiones y le dijo: «Alimenta a mis ovejas».

Lo que Jesús le estaba diciendo a Pedro era esto: «Pedro, no te estoy hablando de un amor conceptual que pueda ser cuantificado en una determinada escala emocional. Se trata de tu disposición a hacer lo que hago yo: cuidar a mis hijos». Jesús instruyó a Pedro a alimentar a los corderos; pastorearlos; alimentar a las ovejas. Las palabras *alimentar* y *pastorear* aluden a proveer alimento espiritual para el alma, o a edificar a alguien promoviendo su bienestar espiritual, en el mismo sentido que un pastor cuidaría a su rebaño. «Esto es lo que hago yo —estaba diciendo Jesús—. Hazlo también tú».

Y Jesús añadió el mandamiento final que lo resume todo: «Sígueme». En esta conversación, Pedro podría haberse sentido más pequeño que nunca, tras esta evaluación de su amor por Jesús. Y sin embargo Jesús le estaba diciendo: «Sígueme».

Cuando leo este capítulo en vista de todo lo que está sucediendo en nuestra nación y nuestro mundo, me sorprende la forma en que Jesús tomó algo roto y lo reconstruyó para que fuera algo fuerte y fructífero. Lo hizo con doce discípulos confundidos y de aprendizaje lento. En nuestro mundo devastado estamos viendo precisamente lo contrario. Soy cristiano y patriota, alguien que ama a su país y cree que Dios lo ha bendecido. Pero mientras escribo estas palabras nuestra nación está siendo deconstruida y desmantelada, pieza a pieza.

Podría escribir otro capítulo, o quizá otro libro, sobre las cosas que están siendo destruidas ante nuestros propios ojos. Y la tentación es bajar los brazos y darnos por vencidos o subirnos a una tribuna improvisada y comenzar a condenar a quienes están haciendo el daño. Pero creo que si Jesús nos aconsejara sobre cómo responder a esta situación, nos diría lo mismo que le dijo a Pedro: «Pastorea a mis corderos. Alimenta a mis ovejas. Y persiste en seguirme».

EL ARTE DEL DESARROLLO CORPORAL O CULTURISMO

En español, la palabra *edificación* suena bien y tiene un hermoso sentido. *Oikodomeo* es su versión griega y tiene también un sonido agradable. Está formada por la combinación de dos palabras, *oikos* («casa») y *domeo* («construir»). De modo que cuando hablamos de edificarnos —construirnos, desarrollarnos— los unos a los otros, la idea griega es la de edificar las casas los unos de los otros. La palabra *edificar* (o construir) procede de esta misma raíz.

Este es un ejemplo de cómo usa el Nuevo Testamento este término en sentido literal: «Cualquiera, pues, que me oye estas palabras, y las hace, le compararé a un hombre prudente, que edificó [*oikodomeo*] su casa sobre la roca» (Mateo 7:24). En Mateo 24:1 encontramos esta palabra aludiendo a la edificación del templo; el *oikodomeo*, o edificio. Se trata de una casa, pero es la casa de Dios.

A lo largo de los años, el sentido de esta palabra ha ido cambiando. Hoy utilizamos esta expresión para hablar de la edificación de personas, no de edificios. En otras palabras, creo que hemos llevado la palabra exactamente donde Dios quiere que esté. Si lo piensas, recordarás que Jesús tenía una historia de construir, hacer, crear cosas. Su antigua ocupación era la carpintería, que consistía en hacer cosas con las manos. Pero antes incluso de esto, Él fue quien hizo el universo por el poder de su Palabra (Juan 1:1–3, 10; Colosenses 1:16–17; Hebreos 1:1-2, 10). Su ministerio terrenal consistió en modelar personas y convertirlas en piedras vivas.

Cuando ascendió al cielo, nosotros, la iglesia viva, nos convertimos en su cuerpo. Y uno de los grandes temas del Nuevo Testamento es la edificación del cuerpo de Cristo. Pedro escribió: «Vosotros también, como piedras vivas, sed edificados como casa espiritual y sacerdocio santo, para ofrecer sacrificios espirituales aceptables a Dios por medio de Jesucristo» (1 Pedro 2:5). Este texto es una metáfora divina que nos dice que somos un gran edificio en construcción para que Dios puede hacer en él su residencia. Al mismo tiempo, somos también edificios *individuales*; Pablo dijo que tu cuerpo físico es también templo de Dios (1 Corintios 3:16). Nos edificamos los unos a los otros de forma individual y colectiva.

Este debería ser el proceso visible más hermoso de la tierra: personas que se edifican constantemente los unos a los otros para ser lugares santos habitados por Dios. Sin embargo, a veces sale mal. He leído libros sobre «la iglesia tóxica» donde se describe a dirigentes eclesiales que en lugar de edificar a las personas las han hundido. Nada puede ser más trágico. La Biblia nos exhorta a edificarnos mutuamente, a construirnos los unos a los otros. Como pastor, mi pasión es estar involucrado en la edificación, levantando hombres y mujeres para que sean hermosos edificios de Dios.

Cuando Jesús dijo: «Yo edificaré mi iglesia, y las puertas del Hades no prevalecerán contra ella» (Mateo 16:18), estaba haciendo referencia al eterno cuerpo de creyentes que fue bautizado el día de Pentecostés. Muchos imperios han desatado su furia contra la iglesia y han fracasado. Esta sigue creciendo más y más con cada generación. El exterior se construye a través de la evangelización, y el interior, por medio de la edificación.

Hoy el mundo está haciendo todo lo que puede por derribar a la iglesia, y dentro de ella a menudo los creyentes nos destruimos los unos a los otros. Parecemos haber olvidado que *somos el edificio de Dios.* Somos eternos; somos el cuerpo vivo de Cristo. Cuando nos sentimos desalentados por este mundo, deberíamos fortalecernos en nuestro conocimiento del plan de Dios para su iglesia. Y, después, deberíamos amarnos unos a otros como las piedras vivas y eternas de esta iglesia y seguir edificándonos mutuamente en lugar de derribarnos.

Estas son algunas cosas que hemos de tener en mente mientras nos esforzamos por ser mejores constructores.

LA EDIFICACIÓN NO TIENE QUE VER CONTIGO, SINO CON LOS DEMÁS

Solo conozco un pasaje que habla de la propia edificación. El Nuevo Testamento es una recopilación de escritos redactados mayormente en segunda persona del plural. Su acento fundamental está en edificarnos unos a otros.

Tristemente, tenemos más expertos en demolición de los que necesitamos. Nunca olvidaré cuando era un predicador joven y viajaba a varias iglesias para predicar. Un día estaba invitado en una iglesia del norte de Ohio. Como hacía muchas veces en aquel entonces, canté un solo y después prediqué mi mensaje. Al terminar, una mujer me abordó y me dijo: «Hijo, te he oído predicar mucho. Tienes que cantar más».

Lo interesante es que estaba intentando hacer exactamente lo que estamos comentando: quería edificarme como vocalista. Pero yo me sentí desolado porque mi pasión era predicar. Hemos de pensar de forma amorosa y sensible en la mejor forma de elevar a los demás. Pablo nos dio una importante instrucción al respecto: «Todo me es lícito, pero no todo conviene; todo me es lícito, pero no todo edifica. Ninguno busque su propio bien, sino el del otro» (1 Corintios 10:23–24).

Son palabras desafiantes para la «generación yo». En el libro de Erwin McManus, *An Unstoppable Force* [Una fuerza imparable], este autor se lamenta de que parecemos haber perdido de vista este valor nuclear de la iglesia. McManus escribió: «Lamentablemente, muchas personas no tienen mucho que decir cuando la conversación ya no gira en torno a ellos».[4] A esta valoración McManus añade que puesto que cada uno de nosotros somos el centro del universo (¿cómo puede ser esto posible?), todo se evalúa según el criterio de si satisface o no nuestras propias necesidades específicas y «especiales».

El fenómeno lógico derivado de esta mentalidad es lo que yo llamaría «miopía de la iglesia como centro comercial». Este malestar ha llegado a ser tan común en los cristianos como las alergias estacionales. La miopía física es una condición que hace que la visión sea deficiente: ve solo dentro de una franja muy estrecha. La visión espiritual del comprador eclesial miope está distorsionada por su interés exclusivo en la conveniencia («¿Qué tiene que ofrecerme la iglesia a mí?») en lugar de concentrarse en la relevancia («¿Cómo me ayudará esta iglesia a "servir a este mundo perdido y roto?"»).

En lugar de seguir obedientemente el mandamiento de Jesús en el sentido de alimentar a sus ovejas, la mentalidad de la iglesia como centro comercial se centra demasiado en recibir alimento y muy poco en ejercer nuestra fe.

Aunque hoy solo hay un cuerpo visible de Cristo en la tierra, ninguna persona individual es este cuerpo. Todos nosotros juntos, como seguidores de Jesús, haciendo cada uno la parte que Dios le ha asignado, formamos su cuerpo.

Porque en la iglesia de Jesucristo, el «nosotros» está siempre por encima del «yo». Como suelen decir los atletas: «El equipo está por encima del individuo». Pablo pensaba en este principio cuando escribió: «El que habla en lengua extraña, a sí mismo se edifica; pero el que profetiza [es decir, el que *predica*], edifica a la iglesia» (1 Corintios 14:4). La implicación es que aquello que sirve al cuerpo prima sobre lo que sirve al individuo.

En el Nuevo Testamento hay numerosas alusiones a la expresión «unos a otros». Ahí va una de ellas: «Por lo cual, animaos unos a otros, y edificaos unos a otros, así como lo hacéis» (1 Tesalonicenses 5:11). He conocido a muchos hombres y mujeres autodidactas, pero no autoedificados.

Leí sobre un grupo de mujeres que se reunieron para cenar juntas poco después de que una de ellas regresara de Europa. Una de ellas, ama de casa, estaba especialmente desanimada aquel día. Ella no había estado en Europa ni en ningún otro lugar interesante. Su vida era tan monótona que se sentía como si fuera invisible. Se sorprendió cuando su amiga le dio un regalo. Era un libro sobre las grandes catedrales de Europa. Su amiga le había escrito una dedicatoria: «Con admiración por la grandeza de lo que estás edificando cuando solo Dios ve».

El libro relataba la construcción de una de las catedrales. Un viajero vio a un artesano tallando un diminuto pájaro en una viga. Observó los concentrados movimientos del tallista durante unos minutos, después miró todo el monumental edificio que había estado durante todo un siglo en constante construcción. Le preguntó al tallista: «¿Por qué inviertes tanto tiempo tallando un pajarillo insignificante en una viga que quedará cubierta por el tejado de piedra y oculto de la vista de todos?».

Sin apartar la vista de su trabajo, el artesano contestó: «Porque Dios ve».

Cuando la mujer leyó esta historia, pensó en las cosas de su vida que estaban ocultas de la vista: preparar tartas para las actividades de la iglesia, coser parches en los vaqueros de los niños, vendar arañazos, limpiar la casa y después volver a limpiarla cuando volvía a quedar desordenada; recordó ahora que Dios lo ve todo y se sintió mejor. Sobre todo, se dio cuenta de que su amiga había tallado algo en las cansadas vigas de su alma. Exactamente en el momento oportuno, su amiga le había impartido una fuerza inspiradora y edificante; esta es la forma en que Dios nos utiliza dentro del cuerpo, incluso cuando no nos damos cuenta.[5]

Debemos esforzarnos por estar preparados para momentos así, tomando nota de los estados de ánimo de nuestros amigos, listos para aplicar el bálsamo de una buena palabra a tiempo. Esta es la obra de edificación. Por otra parte, hemos de tener en cuenta una advertencia relacionada: «Ninguna palabra corrompida salga de vuestra boca, sino la que sea buena para la necesaria edificación, a fin de dar gracia a los oyentes» (Efesios 4:29). Aun nuestras palabras más informales hemos de expresarlas teniendo en cuenta el efecto dominó que producen. No hemos de pensar en nosotros, sino en los demás.

LA EDIFICACIÓN NO CONSISTE EN LO QUE PROFESAS, SINO EN LO QUE BUSCAS

Edificar es un trabajo largo y deliberado, pero para destruir solo hace falta un momento irreflexivo.

Algunos de nosotros construimos mientras que otros derriban. Parece que en estos días el cinismo y el sarcasmo se han convertido en una forma de jerga cultural. Hace falta un esfuerzo consciente para ser una persona positiva e inspiradora cuando tenemos tan pocos modelos conduciéndose así. A veces me sorprendo a mí mismo deslizándome hacia una actitud sarcástica con los miembros del equipo de nuestra iglesia. Alguien me gasta una broma, yo se la devuelvo y, al poco, adopto un tono sarcástico que deja dolor tras la sonrisa.

¿Te has dado cuenta de que el humor agresivo puede ser dañino? Es un arma de doble filo. Puede servir para fortalecer un vínculo o para asestar un golpe.

«Así que —dijo Pablo—, sigamos lo que contribuye a la paz y a la mutua edificación» (Romanos 14:19). Seguir es algo que hacemos de forma intencionada, no sucede automáticamente. Por lo que se refiere al humor, las bromas más fáciles son las que se hacen a costa de alguien. La broma que te obliga a pensar es la que genera una atmósfera distendida, haciendo quizá que los demás se rían a costa tuya. Suelo hacer esto, por ejemplo, diciendo que soy disléxico espacial. Nos reímos juntos, nadie se siente incómodo o dolido y esta clase de risa nos une.

Seguir la edificación implica mantener una actitud persistente. Pablo le escribió a Timoteo que evitara aquellos temas que representan una pérdida de tiempo y «acarrean disputas más bien que edificación de Dios que es por fe» (1 Timoteo 1:4). Hay muchas distracciones absurdas que impiden que nos edifiquemos los unos a los otros. Por cierto, ¿cómo llamamos a estas cosas que nos llevan a perder el tiempo? Este es uno de esos conceptos que requieren una palabra nueva. Yo me he inventado una: *posterioridades*. ¡Espero que todos los nuevos diccionarios incluyan esta nueva palabra genial que me he inventado!

Esto es lo que significa. Si las prioridades son todas estas cosas que pretendes llevar a cabo, en el orden en que quieres llevarlas a cabo, entonces las posterioridades son aquellas que *no* vas a hacer, en el orden en que no quieres hacerlas. Si nuestras prioridades son edificarnos unos a otros, ¿cuáles son, entonces, nuestras posterioridades? Discusiones absurdas sobre cuestiones religiosas intrascendentes; contiendas sobre política eclesial, colores de moquetas, quién ha entrado a formar parte de no sé qué comité, y este tipo de cosas. Identifiquemos nuestras posterioridades y comencemos a evitarlas inmediatamente.

Si es cierto que Cristo viene pronto, ¿no deberíamos tener un sentido de urgencia por aquellas cosas que están en lo más alto de su lista de cosas que quiere que hagamos? Edificarnos unos a otros es una prioridad, no una posterioridad. ¿No te encantaría que las iglesias confeccionaran una tabla de todas sus actividades y gastos presupuestarios y averiguaran cuáles de ellos edifican a las personas y cuáles no?

A nivel personal, ¿qué tal vas con tus prioridades? Usa este breve poema para trazar tu perfil:

Los vi derribando un edificio,
un grupo de hombres, en una ciudad ajetreada,
con fuertes golpes y animosos gritos,
cantaban con entusiasmo,
y un muro lateral cayó.
Pregunté al capataz:
«¿Son hábiles estos hombres?
¿Los contrataría si tuviera que construir?».
Me miró y se rio:
«¡No, ni hablar!
¡Peones! ¡Anda que no!
Derriban en un par de días
lo que a otros llevó años construir».
Seguí mi camino y me pregunté: ¿cuál de estos papeles procuro?
¿Soy constructor con regla y escuadra,

mido y construyo con habilidad y cuidado?
¿O soy el demoledor que anda por ahí,
contento de ser el que derriba?

—AUTOR DESCONOCIDO

EDIFICAR NO DEPENDE DE LO QUE SABES, SINO DE LO QUE TE PREOCUPAS

«El conocimiento envanece, mientras que el amor edifica» (1 Corintios 8:1 NVI). Otra traducción dice: «Sin embargo, mientras que el conocimiento nos hace sentir importantes, es el amor lo que fortalece a la iglesia» (NTV).

¿Has estado alguna vez sufriendo por algo y alguien se ha acercado con una lista detallada de consejos cuando lo único que querías era un oído atento y un hombro amigo? Es sorprendente que sean tan pocos los que aprenden que quienes sufren necesitan más consuelo que información. Especialmente los hombres podemos vivir toda una vida sin entenderlo. Queremos decirle a nuestra esposa lo que debe hacer para arreglar algo cuando lo único que quiere es saber que estamos pendientes de ella, que sentimos empatía y sufrimos con ella. Hemos de darnos cuenta de esto en todo lo que hacemos en la iglesia.

La enseñanza y la instrucción serán siempre importantes, pero las personas llegan a la iglesia porque se sienten solas, abatidas y desconectadas. ¿Por qué buscaban las personas a Jesús? Porque las amaba y se ocupaba de sus necesidades. Después, con lágrimas de gratitud, escuchaban sus enseñanzas. Jonathan Edwards, el gran predicador y teólogo estadounidense, dijo una vez: «La necesidad de las personas que ministramos no es tanto que su mente cambie, sino que Dios toque su corazón; y su mayor necesidad es ser expuestos a la clase de predicación que más tienda en esta dirección».[6]

EDIFICAR NO DEPENDE DE TUS DONES, SINO DE TUS OBJETIVOS

Pero ¿qué pasa entonces con los dones espirituales? Pablo dijo: «No quiero, hermanos, que ignoréis acerca de los dones espirituales» (1 Corintios 12:1). La firma de investigaciones Barna ha concluido que Pablo no está consiguiendo su deseo; muchas personas ignoran esta cuestión.

Como puede que sepas, todos tenemos al menos un don espiritual que usamos dentro del cuerpo de Cristo. Estos dones no son capacidades naturales, sino facultades especialmente adaptadas para fortalecer y unificar la iglesia. Más del 20 por ciento de las personas encuestadas por Barna decían tener «dones» como sentido del humor, creatividad y clarividencia.

El problema es que el Nuevo Testamento no define ninguna de estas cosas como dones espirituales. Por lo que respecta a los verdaderos dones, un 28 por ciento de cristianos estadounidenses no afirmó tener ninguno de ellos. Si son ciertamente seguidores de Jesucristo, pueden estar seguros de poseer al menos uno de los dones enumerados en Romanos 12:6–8, 1 Corintios 12, Efesios 4:7–13 o 1 Pedro 4:10–11.[7]

Los dones espirituales no son como los regalos de Navidad o de cumpleaños, que se dan para disfrute personal y privado, sino para el expreso propósito de edificar a otros cristianos. Sea que tu don sea de enseñanza, servicio, fe, ayuda o cualquiera de los demás, es «para edificación de la iglesia» (1 Corintios 14:12). Por tanto, la cuestión no es cuál es el don que has recibido, sino cómo pretendes utilizarlo.

Cuando llevamos estos dones a la iglesia, dice Pablo: «Hágase todo para edificación» (1 Corintios 14:26). El apóstol veía a algunas personas jactándose de tener el don de lenguas o profecía, y señaló que lo más importante era la fortaleza y unidad que va adquiriendo la comunidad. El egocentrismo se cuela en la iglesia, reflejando el mundo en que vivimos, mientras que la tarea de edificarnos unos a otros ha de ser humilde y altruista. Nuestros dones no deben ser motivo de jactancia; el hecho es que Dios nos los ha prestado para la maravillosa obra de edificar el cuerpo.

LA EDIFICACIÓN NO DEPENDE DE TU SABIDURÍA, SINO DE SU PALABRA

Este último principio nos será útil para ser esas personas alentadoras y constructivas que Dios quiere que seamos. Cuando Pablo visitó Éfeso, dio un hermoso mensaje a los ancianos de la iglesia. Entre otras cosas les dijo: «Y ahora, hermanos, os encomiendo a Dios, y a la palabra de su gracia, que tiene poder para sobreedificaros y daros herencia con todos los santificados» (Hechos 20:32).

La Palabra de Dios es un libro que edifica. Cuando te sientas derrumbado por todo lo que está sucediendo en este mundo, en la Biblia encontrarás tanto fuerza como ánimo. Cuando pienses que no estás en condición de ayudar a otros porque tú mismo necesitas ánimo, está todo allí en las Escrituras intemporales. Dios habla por medio de este libro. Toma sus inspiradas palabras y las aplica a tu vida para que sientas un rayo de esperanza en medio de la sombría desolación de este mundo.

Es un agente que marca las diferencias. Pero no cometas el error de pensar que un sermón semanal, un libro como este o un grupo de comunión hará que esto suceda. Es importante que tú mismo te sumerjas profundamente en la Palabra. Necesitas estudiarla y reflexionar en ella todos los días de tu vida. La palabra de su gracia, según Pablo, puede edificarte. ¿Recuerdas cuando al principio de este capítulo mencioné que hay solo un pasaje que habla de edificarnos a nosotros mismos? Judas 20–21 es este pasaje: «Pero vosotros, amados, edificándoos sobre vuestra santísima fe, orando en el Espíritu Santo, conservaos en el amor de Dios, esperando la misericordia de nuestro Señor Jesucristo para vida eterna».

De manera que sí, el verdadero trabajo se hace en comunión. Pero nunca debemos descuidar la obra profunda y personal de edificación que solo el Espíritu Santo puede hacer en nuestro interior por medio de las Escrituras, la oración y la entrada personal en su presencia.

Mi pregunta es: ¿quién dijo que tenías que escoger entre una de estas dos cosas? Ambas son posibles: mantener la disciplina de una cita diaria con Dios para edificar tu ser interior y servir al cuerpo en el ámbito de tu iglesia. ¡Qué maravilloso equilibrio cuando hacemos bien estas dos cosas! ¡Qué alegría estar haciéndolas cuando Cristo aparezca en el firmamento!

Durante el otoño, muchos se detienen para mirar en el firmamento el espectáculo de los gansos que emigran en bandadas. Vuelan en una característica formación en uve. Disfrutamos de su belleza natural, pero ¿te has parado a pensar acerca de su funcionalidad? La formación en uve es más eficiente que volar en línea recta o de forma aleatoria. El movimiento de las alas crea un flujo elevador de aire, un efecto que aumenta en la parte trasera de la formación. Uno de los gansos se sitúa en el punto de convergencia de la uve y, tras un periodo determinado, lo abandona y se queda al final de la formación. Los gansos más débiles se mantienen más cerca de la zona de cola y en el interior de la uve, donde su esfuerzo se reduce considerablemente. Así se cuidan estas aves unas a otras. Las más fuertes dirigen la bandada hasta que otras pasan al frente y toman su lugar. Con esta dinámica de cooperación y estímulo mutuo, los gansos consiguen realizar largas migraciones que, de otro modo, serían imposibles. Viajando por grupos están mejor protegidos. Creo que los gansos tienen algo que enseñarnos.[8] Somos mucho más fuertes juntos que por nuestra cuenta.

No puedo predecir cuál será el estado del mundo cuando leas estas palabras, ni tampoco sé nada de las circunstancias de tu vida. Pero de ciertas verdades puedo estar muy seguro. Una es que el regreso de Cristo está más cerca que cuando, juntos, comenzamos este libro. Otro es que su iglesia sobrevivirá porque es eterna. Y, por último, sé que tú tienes un lugar en esta iglesia, un lugar en el que puedes sanar y ser sanado; un lugar en el que puedes dirigir y también ponerte atrás para descansar; un lugar en el que puedes edificar a otras personas y ser edificado.

El mundo exterior solo puede crecer hasta un cierto nivel de oscuridad, pero dentro de la iglesia esperamos ver todavía el fulgor final de la luz pura, la perfección del amor auténtico. Todavía hemos de ser aquellas personas que estamos destinados a ser, mediante el fortalecimiento del cuerpo de creyentes y por medio de la obra de Cristo.

Cuando Él regrese, veremos la luz más radiante, intensa y bella de toda la creación. Jesús dijo: «Yo soy la luz del mundo» (Juan 8:12; 9:5). Espero que te sientas atraído hacia esta luz como una polilla hacia la llama. ¿Qué deberíamos hacer ahora? Reunirnos. Servirle. Esperar su regreso.

Dios existe. Cristo regresa. Lo mejor está por venir.

¡Puedes poner estas cosas en tu autobús y conducirlo!

CAPÍTULO 4

MANTÉN LA MOTIVACIÓN

Durante sus setenta y seis años, Liviu Librescu, nacido en Rumanía, afrontó plenamente todos los retos de su vida. Creció en Rumanía durante la Segunda Guerra Mundial, y vivió confinado en un gueto para judíos mientras su padre fue sentenciado a un campo de trabajo. Pero sobrevivió al Holocausto, decidido a cumplir su sueño de ser ingeniero. Y lo hizo, a pesar del partido comunista que gobernó Rumanía durante los primeros años de su vida adulta. Liviu terminó su licenciatura de ingeniería en la Universidad Politécnica de Bucarest y estudió después un doctorado en el Instituto de Mecánica de Líquidos en la Academia de la Ciencia de Rumanía. Siendo un profesor brillante, Liviu era muy conocido y apreciado en Rumanía. El gobierno comunista le prohibió publicar sus investigaciones fuera de Rumanía. Así que, con gran riesgo, hizo llegar de forma clandestina sus artículos a editoriales de otros países.

En 1978, y tras tres años superando obstáculos, el Dr. Librescu y su esposa recibieron permiso para emigrar a Israel. Después de enseñar en la Universidad de Tel-Aviv durante siete años, aceptó una plaza de un año como profesor invitado en el Departamento Tecnológico de Ingeniería y Mecánica del Instituto Politécnico y Universidad Estatal de Virginia. En 1985 su familia se le unió en Blacksburg, Virginia, y pasaron a formar parte de la familia universitaria. Librescu se convirtió en uno de los profesores e investigadores más populares y respetados de ingeniería aeronáutica del Instituto Politécnico y Universidad Estatal de Virginia. A lo largo de toda su carrera acumuló una lista de premios y reconocimientos demasiado extensa para detallarla aquí, pero son una prueba de cómo vivió este hombre su vida: con un gran y enérgico compromiso y generosidad con las oportunidades que tuvo, su profesión, su familia y su universidad.

El Dr. Librescu era judío. Durante sus setenta y seis años ejemplificó en su vida la clase de diligencia que refleja la imagen de Dios en los seres humanos. El Dr. Ishwar Puri, director del departamento del Politécnico Estatal de Virginia en que trabajaba Librescu, dijo de su colega: «Amaba su posición como profesor. Siendo un investigador prolífico y un gran maestro, se dedicó a su profesión, movido únicamente por un sentido de vocación».

Cuando en 2005 se le preguntó por qué seguía trabajando tanto, Librescu dijo: «No es una cuestión de organizaciones o cálculos. Si tuviera el placer de hacer esto, apartaría tiempo para hacerlo. Se trata de libertad personal. Si estás limitado, pierdes la libertad. Y a mí me gustaría ser líquido. Me gustaría ser libre como un pájaro y volar por todas partes».

La forma en que el Dr. Librescu vivió su vida —superando obstáculos durante más de siete décadas para darlo todo por aquello que amaba— sería en sí una lección de diligencia. Siguió enseñando en el Instituto Politécnico y Universidad Estatal de Virginia mucho más allá de su edad de jubilación porque, para él, la misma vida era un desafío. Nunca se dio permiso para detenerse si sus estudiantes le necesitaban. De hecho, fue precisamente su diligencia lo que le costó la vida y sirvió de ilustración final de lo que significa vivir sin reservas.

Un trágico día de abril de 2007, un estudiante trastornado y fuertemente armado entró en los edificios de aulas del Politécnico de Virginia y comenzó a disparar de forma aleatoria sobre los estudiantes y personal del centro. En aquel momento, el Dr. Librescu estaba dando clase a un grupo de unos veinte estudiantes. Cuando se hizo evidente que el atacante podía entrar en el aula, el profesor de setenta y seis años bloqueó inmediatamente la puerta de entrada con su cuerpo y apremió a los estudiantes a ponerse a salvo saltando por las ventanas al exterior. Uno de los últimos estudiantes en salir del aula recuerda ver al profesor apoyado contra la puerta y luego desplomarse, mortalmente herido por las balas que atravesaron la puerta. Los veinte estudiantes sobrevivieron, algunos con las piernas rotas por el salto desde el segundo piso.

¿Qué puede hacer que alguien se sacrifique por otras personas? Para Liviu Librescu, fue la culminación de una vida superando desafíos y siendo diligente hasta el fin. Tras el ataque, un estudiante resumió las acciones del profesor: «Es una de estas cosas en las que cada pequeña cosa que haces puede salvar la vida de alguien». Cuento la historia de Liviu Librescu por una razón expresada por el Dr. Puri, el director de su departamento: «[El profesor Librescu] era una persona excepcionalmente tolerante y mentor de eruditos de todo nuestro agitado mundo». No era un hombre ajeno a las dificultades, pero no se dejaba intimidar por ellas. Desde su infancia, su compromiso de vivir para los demás creó paz en «nuestro agitado mundo». Los cristianos viven en este mismo mundo. Y Dios nos llama a tomar nuestra cruz y a entrar en la agitación por causa de Cristo, pensando simplemente que esta pequeña cosa que hacemos puede salvarle la vida a alguien en el tiempo o para la eternidad.

Aprender a vivir una vida excepcional —sacrificada, diligente y generosamente comprometida— es un proceso que nunca termina.[1]

El apóstol Pedro nos puso al corriente de la importancia de vivir esta clase de vida: «Por lo cual, oh amados, estando en espera de estas cosas, procurad con diligencia ser hallados por él sin mancha e irreprensibles, en paz» (2 Pedro 3:14). Como siempre, el tema es que Cristo va a regresar; ¿cómo, pues, hemos de vivir en este mundo caótico? Como puedes ver, la idea esta vez es ser diligentes.

Esta no es la primera vez que Pedro usa esta palabra. Observa sus palabras en un capítulo anterior: «Vosotros también, poniendo toda diligencia por esto mismo, añadid a vuestra fe virtud; a la virtud, conocimiento» (1:5). Su mensaje para nosotros era estar motivados porque nuestro Señor regresa. No dejes de hacer las cosas buenas que estás haciendo, sino esfuérzate todavía más en ellas. Si lo haces, el mundo nunca te hará tropezar.

EL PROPÓSITO DE LA DILIGENCIA

Al comienzo de esta epístola vimos cómo encaja la idea de diligencia dentro del tema general de Pedro: «Como todas las cosas que pertenecen a la vida y a la piedad nos han sido dadas por su divino poder, mediante el conocimiento de aquel que nos llamó por su gloria y excelencia, por medio de las cuales nos ha dado preciosas y grandísimas promesas, para que por ellas llegaseis a ser participantes de la naturaleza divina, habiendo huido de la corrupción que hay en el mundo a causa de la concupiscencia» (2 Pedro 1:3–4).

Puede que tengas que leer este rico párrafo más de una vez. Cuando lo hagas, observa que Pedro nos brinda dos puntos de contacto. En primer lugar, está la idea extraordinaria de que a cada seguidor de Cristo se le han impartido todas las cosas que pertenecen a la vida y a la piedad; no algunas cosas, o la mayoría, sino *todas*. ¿Alguna vez lo has pensado? Todo lo que necesitas ya es tuyo.

¡Pero espera! ¿Dónde encontramos estas cosas? Pedro dijo que nos han sido dadas mediante las «preciosas y grandísimas promesas» de la Palabra de Dios. Esto significa que tu Biblia es un juego de herramientas completo para todo lo que necesitas para vivir con confianza en este mundo caótico. No hay ninguna otra cosa tangible en la vida que sea tan maravillosa y completa como la Palabra escrita de Dios.

Hace algunos años, mi esposa Donna se estaba recuperando de una operación quirúrgica, y yo me ocupaba de hacer las compras. Esta es una de las cosas de la vida que no fue concebida para ser así. Ella me daba una lista impecable y minuciosa y yo deambulaba aturdido por los pasillos, encontrando algún producto de vez en cuando, pero sin tener idea de por qué estaba en el lugar en que lo había encontrado. Sin embargo, por la Biblia me muevo sin problema, encontrando lo que busco como un viejo explorador.

La Palabra está bellamente organizada y presentada. La historia, la poesía y la profecía están pulcramente agrupadas para contarnos el desarrollo del pueblo de Dios. Después tenemos los Evangelios y nuestra narración de la Iglesia primitiva, y a continuación las cartas de los apóstoles, que nos ofrecen una clara dirección para la vida. Todo lo que necesitamos para la vida y la piedad se encuentra en un paquete completo que podemos sujetar con la mano y guardar en el corazón. Puedes llevar un Nuevo Testamento en el bolsillo de la camisa o en tu teléfono celular.

Quienes me conocen saben lo que pienso de la Palabra de Dios. Pero quiero hacer una advertencia. Podemos estar muy enamorados de la Biblia y olvidarnos de que hemos de interactuar con ella. No basta con decir: «¡Qué bonita es esta Biblia de piel!» y acto seguido ponerla en la estantería o bajo el asiento del automóvil. Algunos cristianos leen que «Dios es el que en vosotros produce así el querer como el hacer, por su buena voluntad» (Filipenses 2:13) y piensan que pueden arrellanarse en su asiento y relajarse. Tienden a pasar por alto el versículo anterior, que les dice que se ocupen de su salvación «con temor y temblor» (2:12). No me parece muy relajante.

Ciertamente, hemos de tener cuidado de cómo entendemos este «ocuparnos» de nuestra salvación. No significa que podamos ganarnos la salvación; solo la sangre de Jesucristo puede dárnosla. En términos de la verdadera obra reconciliadora del perdón no tenemos parte. Pero sí hemos de ocuparnos de expresar aquello que Dios está haciendo en nuestro interior. Personalmente lo llamo el «divino colaborador». El don se nos imparte mediante la obra de Dios, y nosotros lo recibimos y practicamos la debida diligencia ocupándonos en nuestro perfeccionamiento como seguidores de Cristo.

¿No es así como vemos todos los regalos? Si alguien te compra una bonita camisa para tu cumpleaños, tú decides si te la pones o no. Si lo que te regalan es un libro, es cosa tuya leerlo. Aunque somos los receptores, nos toca a nosotros materializar lo que se nos ha dado o el regalo habrá sido desperdiciado. Donna y yo tenemos dos hijos con buenas aptitudes atléticas. Cuando eran niños, les decía a menudo que estas aptitudes eran un regalo de Dios para ellos, y que lo que hicieran con ellas sería su regalo para Dios. También recibimos dones del Espíritu Santo. Espero que tengas una clara comprensión de cuál es tu don espiritual y que lo estés utilizando a conciencia en lugar de guardarlo cuidadosamente para que no se estropee.

Tenemos el regalo a mano. Dios nos ha dado todo lo que necesitamos para la vida y la piedad, y la Biblia es el conjunto de instrucciones para ponernos en marcha. Es más, hacerlo puede ser decisivo para nuestra supervivencia durante los tiempos más difíciles.

Piensa en el ejemplo de Geoffrey Bull, un misionero británico que fue hecho prisionero cuando los comunistas tomaron el poder en China en 1949. A Geoffrey le recluyeron en solitario confinamiento, pero esto no fue lo peor. Su celda no era mucho más grande que una cabina telefónica. Durante doce años sus captores hicieron constantes intentos de lavarle el cerebro. «No querían solo mi confesión —dijo más adelante—, querían mi alma». Convencidos de que era un espía británico, los chinos iban cada día a por él, utilizando torturas mentales diabólicas.

Pero hubo algo decisivo para Geoffrey Bull. Durante su niñez, sus padres le habían animado a memorizar extensos fragmentos de las Escrituras. Aquellos versículos vivían en su corazón, el único bastión en que sus guardas no podían penetrar, y le dieron a Geoffrey fortaleza y poder.

Una noche, con las puertas de su celda cerrada y acerrojada, Bull se arrodilló para orar. Por el ojo de la cerradura el guarda comenzó a gritarle: «¡No puedes orar!», y entrando en la celda le forzó a ponerse en pie. Aun así, Geoffrey se aferró a todas las palabras de la Escritura que tenía en su interior, dándole vueltas en su mente y sintiendo su calidez. Dios le dio una paciencia y una paz que pocos podemos imaginar. Cuando acababa de reflexionar en los versículos, oraba por cada uno de sus captores nombrándoles por su nombre. Las semillas de la amargura no encontraron ningún espacio en su corazón.

Cuando finalmente fue puesto en libertad, Geoffrey Bull necesitó muchos meses de recuperación. Después de aquello, cabría esperar que se hubiera retirado, pero esto no fue lo que hizo. Geoffrey se casó y retomó su ministerio misionero, esta vez en Borneo. Había todavía mucho trabajo que hacer, y había que hacerlo *con diligencia*.[2]

EL PRERREQUISITO DE LA DILIGENCIA

La fe es el prerrequisito de la diligencia. Pedro comenzó en este punto, diciéndonos en el versículo 5 lo que teníamos que añadir a nuestra fe y dándonos una lista de elementos adicionales, pero la máquina de vapor que tira del tren es la fe. Sin ella, no vamos a ninguna parte.

La fe es el denominador común más bajo de las matemáticas de este pasaje. ¿Te has dado cuenta? En el versículo 2 se habla de «multiplicar» la gracia y la paz, después se «añaden» varias sumas en los versículos 5–7. Si prestas atención, observarás que Dios es el que multiplica, y nosotros los que sumamos. Es la divina cooperación en acción.

La fe es, pues, el comienzo del proceso. Aceptamos a Cristo por la fe y somos plenamente salvos por medio de la gracia de Dios. Avanzamos como creyentes añadiendo complementos a esta fe. ¿Cómo lo hacemos? Asumiendo la responsabilidad de nuestro crecimiento. Y esto es lo que Pedro quiere ayudarnos a entender.

LOS PRINCIPIOS DE LA DILIGENCIA

Ahora ha llegado el momento de entender el significado de la palabra que, en mi opinión, es la clave para entender la vida cristiana. ¿Cuál es el sentido esencial de la palabra *diligencia*?

- **Diligencia significa entregarte *enérgicamente* a algo hasta el agotamiento.** Este concepto se usa mucho en el ámbito del atletismo. Es una entrega exigente y que produce sudor. Significa «darlo todo en enérgica actividad hacia una meta». De hecho, se usa especialmente en el mundo del atletismo de alta competición. La imagen de la diligencia es la del velocista que dobla la curva final hacia la cinta de meta, forzando cada músculo de su cuerpo aun cuando parece que ya no puede dar más. Ha estado practicando durante meses o años, trabajando minuciosamente todos los aspectos de sus movimientos. Ha corrido incontables kilómetros, forzando su cuerpo para conseguir registros cada vez más cortos. Y ahora, mientras corre la gran carrera, está todavía más concentrado. Con solo hablar de *esfuerzo agotador* ya jadeamos.

- **Es entregarte sin reservas.** Este esfuerzo agotador puede incluir la idea de una *pródiga* extravagancia. En los tiempos del Nuevo Testamento, a los patrones ricos les encantaba patrocinar obras de teatro griegas. Esto suscitaba una feroz competitividad entre ellos para financiar las obras más recientes y los mejores escenarios, atrezos y actores. Cuando sus amigos veían su espléndida producción, tenían un nuevo valor de referencia que, a su vez, querían superar. Estos ricos mecenas competían entre ellos por superarse en esplendidez. Pedro usó la palabra griega *choregeo*, que significa proporcionar cosas de forma extravagante, sin límite y sin reparar en gastos. De este verbo procede la palabra *coreografía*, y es lo que entendemos cuando decimos «el dinero no es problema».

La era dorada de los griegos ha pasado, pero la idea pervive. Durante los Juegos Universitarios, televisados por Año Nuevo, los diferentes espectáculos que se emiten durante los descansos se esfuerzan por superarse unos a otros en esplendidez. Pero esto no es nada comparado con la Super Bowl, cuando se gastan cientos de millones de dólares en contratar artistas de renombre mundial, fuegos artificiales, espectáculos luminosos y cualquier otra cosa que encandile a los espectadores. Los patrocinadores oficiales del partido gastan cantidades estratosféricas para producir el anuncio de televisión del que más se hablará al día siguiente en todos los espacios de socialización. Y por lo que respecta a los jugadores, tampoco ellos escatiman nada, siendo pródigos en su ferocidad. Nadie pone solo la mitad de su esfuerzo durante el partido más importante de la temporada.

Vemos este mismo fenómeno durante los Juegos Olímpicos. Todas las ciudades que acogen los Juegos quieren ser la mejor de todos los tiempos en un espectáculo que se retransmite a todo el mundo. En los juegos de Río de Janeiro en 2016, se gastaron más de trece mil millones de dólares, unos mil millones menos que cuatro años antes en Londres.[3]

Muchos de los atletas compiten entre sí durante todo el año en otros escenarios y se conocen bien. Pero todos se guardan algo extra para la puesta en escena de los Juegos Olímpicos, y nos gusta ver esta demoledora competitividad en su máxima expresión.

Con toda esta imaginería moderna en mente, piensa en lo que, por medio de Pedro, la Palabra de Dios nos pide que hagamos. Hemos de caracterizarnos por una enérgica diligencia, entregando generosamente todo lo que somos y tenemos, para crecer en Cristo. El apóstol nos dice que, por lo que respecta a la vida y a la piedad, tenemos todas las herramientas necesarias. Ahora es cosa nuestra derramar todo su potencial, haciendo de nuestras vidas el testimonio de servicio más apasionante y entusiasta que podamos producir por el poder del Espíritu Santo y glorificando, de este modo, a Dios.

En su libro *Cómo estudiar e interpretar la Biblia*, R. C. Sproul escribió acerca del «cristiano sensual», sin darle a esta palabra su sentido físico habitual, sino aludiendo a la dominación de la vida cristiana por la realidad intangible de los sentimientos.

«El cristiano sensual —escribió— es el que vive por los sentimientos más que por su entendimiento de la Palabra de Dios. El cristiano sensual no puede ser movido al servicio, la oración o el estudio a no ser que él "tenga ganas"».[4] Este desdichado creyente hace cosas buenas cuando se siente cerca de Dios. Pero cuando está deprimido, no hace nada para servir a Cristo. Busca, por tanto, estímulos para activar sus emociones por cuanto quiere *experimentar* a Dios más que conocerle de forma genuina. El cristiano sensual evalúa la Palabra por medio de sus sentimientos en lugar de hacerlo al revés, y permanece en un estado de inmadurez porque cree que esta es una fe sencilla, cuando es en realidad una actitud infantil. La Palabra nos amonesta constantemente a crecer en la fe, pero el cristiano sensual solo quiere algún tipo de experiencia. ¿Qué acaba sucediendo? Llegan tiempos difíciles, pero carece de la sabiduría para hacer frente al problema.

Sproul me hace ver que también yo tengo que hacerme la misma pregunta que te planteo a ti: *¿Son las emociones y los sentimientos la esencia de mi vida con Dios? ¿O me mueven la fe y la Palabra?* Cuando tengo uno de esos días en que no siento la victoria de mi fe, ¿sigo sirviendo obedientemente a Dios? ¿O permito que lo que siento dañe mi fe?

La fe sólida se basa en los hechos de la Palabra de Dios: la verdad de nuestra salvación, el hecho histórico de la resurrección de Cristo, la comprensión de que Él volverá. Estas cosas son verdad, aunque yo no me sienta todo lo entusiasmado que debiera en un día sombrío. Pedro estaba hablando de poner un fundamento de fe sobre la roca sólida y tangible de la Palabra para que ningún mal día o acontecimiento, ninguna pandemia mundial, puedan conmoverlo. Estos son los tiempos en que Dios sonríe al vernos responder; cuando el mundo nos trata mal, cuando nuestro ánimo está por los suelos pero, de todos modos, seguimos orando y sirviendo; seguimos abriendo la Palabra y diciendo: «Dios, no es mi mejor día, pero todo lo que tengo sigue siendo tuyo». Dios tomará en sus brazos y confortará a cualquiera de sus hijos que le diga esto.

Las promesas divinas no fluctúan con nuestros estados de ánimo. Podemos aferrarnos a estas promesas y encontrar un potente equilibrio emocional. Vivir una vida basada en los sentimientos es como subirse a una montaña rusa sin cinturón de seguridad. Vivir arraigados en su Palabra es más como construir una casa con cimientos de acero puro y templado. Vamos a estar preparados para cualquier cosa que suceda. Lo que Pedro nos está diciendo es: «¡Empieza a cavar! Tienes una pala, tienes todo un equipo de herramientas para mover la tierra, ahora pon este fundamento seguro». Esto lo hacemos cuando aplicamos todo lo que está en la Palabra.

Soy el primero en reconocer que cuando me preparo para predicar sigo un proceso que implica una serie de emociones. Como la mayoría de los comunicadores, me pongo siempre en la piel de mis oyentes. *¿Cómo les sonará esto a ellos? ¿Podría este sermón hacer que dejen de esforzarse por crecer hacia la madurez cristiana?* Siempre está presente la tentación de decirles a las personas lo que quieren oír, que no suele ser lo que necesitan.

Todo predicador de la Biblia lucha con este impulso, pero en última instancia sabe que Dios le ha llamado a ser fiel a la Palabra. Conoce las terribles implicaciones de adaptar su mensaje al mundo en lugar de permitir que este transforme a sus oyentes a través de la verdadera Palabra de Cristo. Tengo la sensación de que Pedro tenía estos mismos pensamientos cuando escribió el primer capítulo de su carta:

> Por esto, yo no dejaré de recordaros siempre estas cosas, aunque vosotros las sepáis, y estéis confirmados en la verdad presente. Pues tengo por justo, en tanto que estoy en este cuerpo, el despertaros con amonestación; sabiendo que en breve debo abandonar el cuerpo, como nuestro Señor Jesucristo me ha declarado. También yo procuraré con diligencia que después

de mi partida vosotros podáis en todo momento tener memoria de estas cosas (2 Pedro 1:12–15).

Pedro sabía que pronto tendría que abandonar su viejo y gastado cuerpo físico. No estaba interesado en charlas triviales, ni tenía tiempo para chácharas de optimismo barato para alegrar el oído de los oyentes. La situación era urgente, y él estaba ya haciendo preparativos para asegurarse de que, tras su muerte, sus palabras siguieran siendo accesibles (¡como, de hecho, ha sucedido, puesto que ahora mismo estamos hablando de ellas!). Pedro fue especialmente diligente y pródigo para entrenar a sus hermanos y hermanas en la fe.

LAS PRIORIDADES DE LA DILIGENCIA

Pedro presenta siete prioridades de la diligencia, todas ellas construidas sobre ese fundamento llamado fe. Como muchas de las listas bíblicas, tampoco esta es exhaustiva; podrían añadirse otros rasgos positivos. Sin embargo, creo que estos siete son especiales. Juntos forman la estructura esencial de la arquitectura de la vida cristiana que construimos. Son los siete elementos que deberías verificar cada cierto tiempo como signos vitales de tu andar con Cristo.

- **Fe + Virtud.** «Añadid a vuestra fe virtud» (2 Pedro 1:5). ¿Sabes qué es la virtud? *Valor.* Esta es la palabra por excelencia que el Nuevo Testamento usa para aludir a la excelencia moral: tener el valor para hacer lo correcto sean cuales sean las circunstancias. Las personas con una integridad sólida actúan de forma consistente de una situación a otra. Su conducta está determinada por su base moral, no por el consenso o la opinión popular. Esta clase de virtud se desarrolla a medida que nos impregnamos de la Palabra de Dios y comenzamos a mostrar la mente de Cristo en nuestras acciones. No es el espíritu de nuestro tiempo el que guía nuestras decisiones, sino el Espíritu de Dios.

- **Virtud + Conocimiento.** «A la virtud, conocimiento» (v. 5). Esto significa exactamente lo que dice. Hemos de seguir creciendo en el conocimiento de la Palabra de Dios. De hecho, la palabra *conocimiento* aparece cinco veces en el primer capítulo de 2 Pedro. Lo que necesitamos es un conocimiento arraigado en la verdad, y lo tenemos en las Escrituras. Solo nos toca extraer este conocimiento y hacerlo parte de nosotros. Nunca encontrarás un creyente devoto que no tenga una profunda familiaridad con la Palabra de Dios. Es algo esencial.

- **Conocimiento + dominio propio.** «Al conocimiento, dominio propio» (v. 6). La mayoría de nosotros nos sentimos muy cómodos cuando leemos que hemos de adquirir conocimiento, pero nuestra sonrisa se apaga un poco cuando el texto pasa a hablar de dominio propio. Este concepto implica que tenemos diferentes opciones. Podemos decidir lo que vamos a hacer, decir y pensar. Esto tiene que ver con (y ahora viene otra palabra desagradable) la *disciplina*. Cualquier cosa que merezca la pena en la vida va a requerir disciplina personal y dominio propio. Posiblemente has mostrado un poco de esta disciplina personal al tomar este libro para leer en lugar de encender la televisión, o cuando te levantas de la cama para asistir a la iglesia cuando tienes sueño. Todos podríamos ejercer más dominio propio.

Hace algunos años, hablé con un jugador profesional de los San Diego Chargers sobre su rutina de disciplina personal.

Cada mañana su alarma sonaba muy temprano, y él salía a correr por la montaña. Lo hacía día tras día. ¿Cómo podía mantenerse haciéndolo cada día? Aquel hombre me dijo que con cada zancada que daba se repetía: «Mis competidores están todavía en la cama. Mis competidores están todavía en la cama». Quería conseguir esa leve ventaja para situarse en una categoría aparte, una ventaja que le permitiera ser titular, le diera una posición en el equipo All-Pro y le permitiera contribuir a conseguir los objetivos del equipo. Finalmente, cumplió cada uno de sus objetivos.

- **Dominio propio + perseverancia.** «Al dominio propio, paciencia [perseverancia]» (v. 6). La perseverancia es un sinónimo glorificado de la paciencia y significa «soportar dificultades y adversidades de forma voluntaria y constante por una cuestión de honor».[5] El dominio propio es lo que hace que el jugador de fútbol salte de la cama por la mañana, pero la perseverancia le lleva a terminar su rutina hoy, mañana y al día siguiente. Muchos de nosotros tenemos el dominio propio para comenzar dietas o programas de ejercicio, pero carecemos de perseverancia y, por ello, nunca cruzamos la línea de meta.

  Perseverar es silenciar a tu cuerpo cuando comienza a quejarse. Es forzarte a ti mismo a despertarte para estudiar la Biblia por la mañana cuando sabes que podrías dormir otros quince minutos. La perseverancia es el sello característico de los campeones.

- **Paciencia/perseverancia + Piedad.** «A la paciencia, piedad» (v. 6). ¿Qué es exactamente la piedad y en qué sentido surge de la perseverancia? La palabra significa reverencia y profundo respeto a Dios, y comienza a tomar forma en nosotros solo cuando persistimos en vivir con Él: sirviéndole como Señor, creciendo por medio de su Palabra y aceptando la corrección y dirección del Espíritu de forma continuada. No se aplica a los cristianos de domingo o a quienes buscan experiencias cumbre, sino a los seguidores de Jesucristo de largo recorrido.

Necesitamos una verdadera piedad en todo tiempo, pero es especialmente necesaria en días caóticos como los que estamos experimentando hoy, y no me refiero al patrón común y corriente que suele considerarse «piedad». Parece que hoy presentamos nuestro concepto de Dios de una forma más informal y superficial, y personalmente veo ciertos peligros en este acercamiento. Queremos que quienes no creen vean una fe positiva, y esto está bien. Queremos que vean a un Dios de amor, no a un ser trascendente que está permanentemente indignado, y esto también está bien. Pero me preocupa que, poco a poco, vayamos perdiendo el concepto de su santidad, su majestuosa e infinita grandeza, y sí, su juicio del pecado. El nuestro es un Dios imponente, un Rey glorioso, mucho más que un abuelito bonachón en el cielo.

Saco esto a colación porque el cristiano piadoso es aquel que se humilla de verdad delante del Dios todopoderoso. Es imposible seguir a nuestro Señor a lo largo de los años y mantener una concepción de Él infantil y superficial, es imposible verle como alguien a quien podemos dominar y controlar. Ser piadosos es reflejar cada vez más claramente su imagen en nosotros. Aunque nuestra mente no puede asimilar su grandeza, al menos hemos de humillarnos al pensar en ella.

- **Piedad + Afecto fraternal + Amor.** He combinado las dos últimas prioridades de la diligencia porque se relacionan muy estrechamente. A la piedad hemos de añadir afecto fraternal, y al afecto fraternal hemos de añadirle la suprema marca del cristiano, llamada amor (v. 7).

¿Parece acaso extraño que comencemos añadiendo dominio propio, que es un rasgo que nos hace duros, después perseverancia, que nos hace un poco más sufridos, después comencemos a ser piadosos, que es la meta final de la vida, y después añadamos a todas estas cosas afecto fraternal? Casi parece un paso hacia atrás, algo más bien mundano en comparación con la piedad. Sin embargo, el afecto fraternal y el amor son las cosas que verdaderamente nos distinguen como creyentes cuando los practicamos de forma consistente. Es posible tener conocimiento sin amor y afecto. Es posible tener fe sin estas dos cosas, y perseverancia y el resto de características. ¡Pero la piedad hace que el amor fluya de nuestro interior!

Es un tributo a la bondad de Dios que, si somos verdaderamente como Él, lo primero que los demás verán en nosotros es la calidez del afecto fraternal. Los diez mandamientos se resumen en la palabra *amor*. Jesús habló sin cesar del amor y mostró esta cualidad más que cualquier otra en su vida. Y es una de las pocas virtudes que describen *la naturaleza esencial* de Dios: «Dios *es* amor» (1 Juan 4:8, 16). Esta es la razón por la que el amor es tan importante para nuestra fe.

Esta lista es una especie de carrera de obstáculos para el creyente. Confecciona una lista de control con estos siete rasgos, ponla en un lugar donde la veas cada día y evalúa la forma en que estás corriendo la carrera. Es un proceso lento, pero confía en mí: sé un discípulo diligente y, un día, mirarás la lista, notarás que comienzas a sintonizar tu vida con ella y te darás cuenta de que te has convertido en una criatura distinta.

LAS POSIBILIDADES DE LA DILIGENCIA

A continuación, Pedro nos brinda dos imágenes en tres partes: una para la vida diligente y otra para la que no lo es.

Tres cosas que sucederán si eres diligente:

- **Tendrás estabilidad en tu vida cristiana.** Pedro quería que supiéramos que si seguimos a Dios y nos esforzamos en desarrollar estas cualidades, veremos que estas comienzan a cuajar en nuestra vida. El carácter es el resultado de una acción persistente, y un patrón de diligencia nos llevará a la estabilidad. Uno por uno, los hábitos antiguos e inútiles quedarán atrás. Verás simplemente que ya no quieres seguir haciendo estas cosas porque caminar en el Espíritu es mucho más gratificante.

  Serás menos vulnerable a los altibajos del mundo que perturban a la mayoría de las personas y, por tanto, tendrás estabilidad. Pero ¿y el pecado? Nunca serás completamente libre de sus retos diarios; no en esta vida. No estamos hablando de un plan para alcanzar la perfección, sino de una vida de crecimiento constante. Ninguna de estas cosas se consigue fácilmente. Si así fuera, veríamos vidas estables y fructíferas por todas partes. ¡La iglesia estaría llena de supersantos! No, no es fácil; sin embargo, aquellos que son diligentes, los que siguen buscando la vida cristiana consistente, disfrutarán una madurez que les permitirá vivir con confianza en tiempos caóticos.

- **Tendrás vitalidad en tu vida cristiana.** Lo que define la vitalidad es una abundante energía física y mental. Es lo que las personas suelen perder cuando dejan atrás la juventud: esta capacidad para saltar de la cama y saludar al nuevo día; la disposición a aceptar los cambios en lugar de temerlos; y tantos otros signos de un corazón lleno de vida. Haz un estudio a fondo de los creyentes maduros que conoces y verás esta clase de vitalidad, incluso bien entrada la vejez. Hay algo especial en ellos que les mantiene siempre jóvenes. ¿No te gustaría crecer con esta clase de gracia? Estas cualidades, vividas con diligencia, lo hacen posible.

Cristo vino a este mundo a darnos una vida *abundante*, como Él mismo nos dijo en Juan 10:10. No está interesado en ayudarnos meramente a sobrevivir. Quiere que crezcamos y fructifiquemos. Pedro nos dice en el versículo 8 que llegaremos a un lugar en el que todas estas cualidades que emanan de la diligencia crearán una alegría y una vitalidad desbordantes, como si fuéramos fuentes de la bondad de Dios. Las cualidades más piadosas de nuestras vidas son contagiosas, y esto hace que otras personas comiencen a buscar a Dios para tener lo que ven en nosotros.

- **Tendrás realidad en tu vida cristiana.** En tercer lugar, Pedro nos dice que tendremos una realidad genuina en nuestras vidas. Sus palabras son que no estaremos «ociosos ni sin fruto en cuanto al conocimiento de nuestro Señor Jesucristo». Esto significa que conoceremos profundamente su verdad y esta dará un fruto genuino a nuestro alrededor. Nos implicaremos en el mundo real, conectando la verdad del evangelio a las necesidades que percibimos. Algunas personas creen que la fe es una especie de mundo fantástico al que escapamos de los problemas del día a día y que llegamos a ser «tan celestiales que no servimos de nada para las cuestiones terrenales». Este no es el perfil de los seguidores verdaderamente devotos. Los verdaderos cristianos viven en la realidad.

Pero ¿qué hay de la otra cara de la moneda? ¿Cómo es la vida del creyente que decide no seguir este camino?

Si no eres diligente sucederán tres cosas:

- **Carecerás de poder espiritual.** Pedro habla a continuación de la vida del «que no tiene estas cosas» (2 Pedro 1:9), refiriéndose a la lista que acaba de dar. Hay millones de personas que profesan ser cristianos, pero no se esfuerzan en adquirir virtud, conocimiento, dominio propio, paciencia, piedad, afecto fraternal y amor. Puedes encontrarte con ellos después de treinta años y descubrir que están en el mismo nivel de madurez espiritual ahora que entonces; una verdadera tragedia.

  Una vez, un niño se cayó de la cama por la noche y le dijo a su madre: «Me quedé dormido demasiado cerca del borde». Esto es lo que les sucede a muchos hijos de Dios. Siguen siendo niños porque se quedan amodorrados en el mismo punto de entrada de su fe. No aprenden a orar durante la prueba. No son capaces de ministrar a un amigo que necesita atención y cariño. No tienen idea de cómo crecer en la gracia, y la voz del Espíritu Santo es tan suave y apacible que el clamor de la cultura la ahoga para ellos. Carecen de poder espiritual.

- **Carecerás de percepción espiritual.** Pedro afirma que el cristiano inmaduro «tiene la vista muy corta; es ciego» (1:9). Vivimos en un tiempo en que la agudeza visual forma parte del equipamiento espiritual esencial; y ya sabes a lo que me refiero. Hemos de ver la verdad, como si miráramos la realidad con los ojos de Dios. Los creyentes que crecen gozan de una creciente comunicación con el Espíritu Santo, su guía y consejero en todas las cosas. Aquellos que no crecen son como ejércitos sin informes de reconocimiento que luchan en medio de la niebla. Tienen la vista muy corta, tanto, que a efectos prácticos son ciegos.

Cuando leemos los titulares, consideramos nuestras decisiones laborales y de vivienda, y nos preguntamos qué está sucediendo en nuestra cultura, hemos de pedirle a Dios cada día que nos permita ver la realidad con sus ojos, pensar con la mente de Cristo y vivir con el poder del Espíritu Santo. Si haces estas cosas, ¡tendrás una enorme ventaja sobre aquellos que no lo hacen! Tenemos línea directa con aquel que sabe lo que sucede en la página siguiente porque es el autor de toda la historia.

- **Perderás privilegios espirituales.** En tercer lugar, el creyente no diligente llegará finalmente a un lugar en que olvidará «la purificación de sus antiguos pecados» (1:9). Estos pecados, naturalmente, los cometió antes de la salvación. ¿Te imaginas experimentar el milagro de la salvación, la limpieza por la sangre de Cristo, la llegada del Espíritu Santo y la alegría de la comunión cristiana, para luego olvidarte del milagro que lo puso todo en marcha? Parece imposible, pero cuando miramos al mundo, vemos cuántas veces sucede. Los cristianos viven de tal manera que no hay diferencia discernible entre sus vidas y las de fuera del reino. En otras palabras, han perdido todos los privilegios espirituales y las gracias que hacen que la vida merezca la pena. Estas son las personas que preguntan: «¿Soy realmente salvo? ¿Cómo puedo estar seguro?». El que esta pregunta se suscite siquiera indica que algo anda terriblemente mal.

Esta es la razón por la que queremos vivir con pasión, perspectiva y diligencia, creciendo en los rasgos que menciona Pedro. Todas las cosas que podamos necesitar para causar un impacto en este mundo ya nos han sido dadas. Realmente, lo que podemos conseguir para la gloria de Dios y para vivir una vida abundante es ilimitado.

La meta de mi vida es llegar al punto en que la diligencia a la voluntad de Dios sea mi pasión total.

LA PROMESA DE LA DILIGENCIA

Dios nos promete: «Haciendo estas cosas, no caeréis jamás» (2 Pedro 1:10). Lo que hace que todos los demás caigan se convierte para nosotros en un peldaño que nos aúpa. Esto no significa que no vayamos a tener problemas. Sin embargo, en la medida en que sigamos con diligencia la vida cristiana, viviremos vidas victoriosas y rectas, y evitaremos los clásicos errores.

Pedro registra otra promesa intrigante. «Porque de esta manera os será otorgada amplia y generosa entrada en el reino eterno de nuestro Señor y Salvador Jesucristo» (1:11). ¿Qué clase de entrada? La imagen que nos presenta es del mundo de la náutica. En la imaginería de Pedro, el cielo tiene un puerto. Estamos navegando en dirección a Dios y a este puerto, surcando mares entre tormentas y rocas que acechan entre las olas. Algunos barcos a duras penas consiguen llegar al puerto; la tripulación está exhausta y a punto de amotinarse, los aparejos apenas se sostienen y en el casco de la embarcación se han abierto varias vías de agua. No es precisamente una entrada triunfal.

Pero no tenemos por qué llegar al puerto con las velas recogidas y un espíritu de derrota. Pedro nos está diciendo que los creyentes diligentes son como capitanes y marineros diligentes: navegan de forma disciplinada, pendientes del vigía, ocupándose de la embarcación y manteniendo el buen ánimo de la tripulación. Esta es una imagen de la vida cristiana bien vivida. Las tormentas llegarán, pero Dios nos ha dado todo lo que necesitamos para superarlas cada vez con más entereza.

En otras palabras, aquí no se está hablando de ir al cielo. Si has confiado en Jesucristo, tu nombre está en la lista de la tripulación por orden del Capitán. De lo que aquí se trata es de la calidad de tu viaje. Piensa en los marineros de la antigüedad, piensa en la vida que llevaban en el mar, recluidos en una pequeña embarcación, rodeados de peligros de tormentas, piratas y naufragios. La difícil vida en mar abierto requería una absoluta disciplina, una incuestionable diligencia y, especialmente, una incuestionable obediencia al almirante, por muy desesperado que se hiciera el viaje.

¿Hasta qué punto es fuerte tu fe? ¿Eres lo suficientemente disciplinado y diligente como para capear la tormenta? Considéralo mientras escuchas la siguiente historia. Sabina Wurmbrand fue una cristiana de origen judío que vivió en Rumanía en los años 30 y 40 del siglo pasado. Ella y su marido, Richard, aceptaron a Cristo y juntos fundaron una iglesia clandestina. Sabina fue arrestada por realizar actividades cristianas encubiertas, entre ellas sacar clandestinamente niños judíos de los guetos.

El partido comunista rumano patrocinó una «conferencia religiosa» donde se pedía a los ministros no solo que asistieran, sino que profesaran lealtad al comunismo. Sabina insistió en que su marido adoptara una posición firme por Cristo, aunque ello le costara la vida, puesto que no quería, dijo, «tener por marido a un cobarde». Richard Wurmbrand profesó su exclusiva adhesión a Cristo ante un grupo de cuatro mil personas en un acto que se retransmitía por radio a toda la nación. Wurmbrand fue encarcelado y aislado en una celda, de forma muy parecida a como lo fue Geoffrey Bull en China. En su libro *Torturado por la causa de Cristo*, Wurmbrand describe catorce años de terrible sufrimiento por su Señor.

La historia de Sabina es menos famosa, aunque también pasó mucho tiempo en la cárcel y bajo arresto domiciliario. Finalmente, cuando en 1966 la familia fue liberada y se le permitió abandonar Rumanía, Sabina comenzó un ministerio como conferenciante, contándole al mundo lo que significó vivir tras el telón de acero como discípula de Jesucristo, especialmente desde el punto de vista de una mujer. Las mujeres trabajaban largas horas como esclavas, excavando un canal a pico y pala. Aunque estaban exhaustas, el hambre no las dejaba dormir por la noche. Sabina no sabía nada de Mihai, su hijo de nueve años, que ahora estaba completamente desamparado. Sus captores juntaban a los niños y les golpeaban, solo para atormentar a los padres en el campamento.

Los celadores las mantenían vivas y trabajando con promesas de que solo podrían ver a sus hijos si seguían trabajando. Esta esperanza les daba fuerzas cuando, de otro modo, todo ánimo y fortaleza habrían desaparecido. Finalmente llegó el día en que Sabina pudo ver a Mihai. Solo le permitieron verle unos momentos, y su corazón estaba demasiado abrumado para articular palabras. El pequeño Mihai estaba pálido y delgado. Cuando se lo llevaron, Sabina consiguió decirle: «¡Mihai, ama a Jesús con todo tu corazón!».

Aquellas palabras y la intensidad de su amor fueron más poderosas que toda la crueldad del bloque comunista oriental. Tanto su marido como su hijo salieron de aquellos días oscuros como cristianos fuertes, llenos de energía para el reino de Dios.[6]

¿No oyes la voz del Espíritu diciéndote a ti las mismas palabras? «Cristiano: ¡ama a Jesús con todo tu corazón!». No sé qué peligros, dificultades o trampas te ha deparado la vida en estos últimos meses, ni tampoco puedo decirte exactamente lo que pasará en los próximos. Pero sí sé que dedicarnos con diligencia a los quehaceres del reino, dentro de la maravillosa embarcación del evangelio, nos permitirá llegar a nuestro destino sanos y salvos por difíciles que sean las circunstancias que tengamos que vivir.

CAPÍTULO 5

MANTÉN LA CONEXIÓN

«¡Tengo a tu hijo!». ¿Puede haber una noticia más aterradora? Añade a la frase las palabras «Y no volverás a verlo» y no hay duda de que te encuentras en una situación grave. Las autoridades de la Costa Este tuvieron entre manos un caso así hace algunos años. Una mujer se había llevado a su nieta de nueve años en Athol, Massachusetts. El pueblo de Athol tiene algunos agentes de policía de primera, con buenos conocimientos técnicos. Lo primero que hizo la policía fue comunicarse con la abuela mediante el teléfono celular de la niña. La mujer prometió devolver a la niña. Cuando vieron que no tenía intención de hacerlo, el agente Todd Neale pasó a la acción.

Neale conocía un hecho que muchos desconocen. Sabía que desde 2005 hay una ley en Estados Unidos que obliga a los proveedores de servicios de telefonía móvil a localizar la ubicación del 67 por ciento de los usuarios dentro de un radio de 100 metros.[1] Esta tecnología solo puede utilizarse en casos de personas perdidas o desaparecidas o cuando una vida está claramente en peligro.

El agente Neale contactó con la compañía telefónica de la niña para pedirle que le mandaran las coordenadas GPS cada vez que se usaba el teléfono. Aunque sabía lo suficiente para dar estos pasos, necesitaba la ayuda de un rastreador de teléfonos celulares con más experiencia. De manera que llamó al subjefe del parque de bomberos de Athol, Thomas Lozier, que tenía esta experiencia. Entre los dos consiguieron rastrear a la niña secuestrada mediante coordenadas GPS y Google Maps hasta un hotel situado a seis estados de distancia. La policía local de aquel estado se encargó del caso, detuvo a la abuela y devolvió a la niña a la desesperada familia. Los agentes artífices de la idea lo celebraron.

Los celulares son herramientas maravillosas para establecer conexiones. Pero ¿puedo sugerir una forma mejor de conectar de manera significativa? La iglesia.

¡Ah, sí! ¡Ya lo sé! Hay quienes, como *Newsweek*, anunciaron el «declive y la caída de la América cristiana». Otros, como el *Boston Globe*, han publicado también artículos explicando que las principales iglesias del estado están muriendo lentamente; en la Iglesia católica, la archidiócesis de Boston ha cerrado casi un 25 por ciento de sus iglesias durante la última década.[2] Un informe de octubre de 2019 muestra un importante declive en las dos principales confesiones: católica y protestante. Hasta hace poco, ambas experimentaban un crecimiento constante.[3] El informe indicaba también un notable aumento en el número de personas que no profesan ninguna religión. De hecho, la casilla «ninguna religión» pasó de un 12 por ciento de la población adulta a un 17 por ciento en solo una década.[4]

En su libro *Bowling Alone: The Collapse and Revival of American Community* [Jugar a los bolos en solitario: el colapso y despertar de la sociedad estadounidense], Robert D. Putnam observó que, desde la década de 1960, los estadounidenses son un 10 por ciento menos proclives a hacerse miembros de una iglesia, y entre un 25 y un 50 por ciento a implicarse en actividades religiosas. En otras palabras, hoy hay menos personas que son miembros de una iglesia, y muchísimos menos de tales miembros son activos. Durante la década de 1950, hubo un auge de asistencia a las iglesias. Putnam cree que hoy el sentido de aquel crecimiento se ha invertido, y puede que sea incluso mayor.[5]

Las personas no solo se mantienen a distancia de las iglesias, sino que lo hacen también de colectivos como asociaciones, organizaciones de servicios y federaciones deportivas de adultos. Charles Colson observó que la era de los ordenadores personales ha elevado el individualismo a un nuevo nivel. En lugar de relacionarnos presencialmente lo hacemos de forma electrónica.[6]

La comunidad cibernética parece perfecta hasta que las cosas se complican, y entonces queremos encontrarnos con nuestros amigos físicamente en lugar de hacerlo por medios electrónicos. Tras los ataques terroristas del 11 de septiembre de 2001, las personas comenzaron a buscar una auténtica comunidad. Lo mismo sucedió con la serie de crisis que se vivieron después. El domingo después del 11 de septiembre, los miembros e invitados que querían asistir a nuestro servicio de adoración no cabían en nuestro gran auditorio. Cuando nos sentimos inseguros, la pantalla de una computadora parece fría e irrelevante. La televisión es impersonal. Necesitamos estar con otros seres humanos, creados, como nosotros, a imagen de Dios.

Cuando a finales de 2008 las bolsas se desplomaron, el *New York Times* publicó este titular: «Los malos tiempos llevan a más gente a las iglesias». El artículo estudiaba los picos de asistencia a las iglesias evangélicas durante todas las recesiones de los últimos cuarenta años. En todas estas ocasiones, se registró un salto de un 50 por ciento después de las malas noticias y antes de la vuelta a la rutina cuando las personas se sentían más tranquilas.[7]

¿Cómo afecta esto a la sociedad y a los individuos? El teólogo Leonard Sweet escribió que «cada uno de nosotros vive en muchos niveles, y necesitamos desarrollar relaciones personales con muchas clases de personas para desarrollarnos de manera saludable e integral. En nuestras culturas occidentales, con el declive de los clanes familiares, esto se hace todavía más urgente».[8]

Es posible que ya estemos viendo los resultados de esto. Dos estudios encontraron que, durante un determinado periodo de años, el número de personas que afirmaban no tener a nadie con quien compartir asuntos importantes se había triplicado. Casi la mitad de los estadounidenses, afirmaban estos estudios, tenían un solo amigo íntimo o ninguno. Por otra parte, las redes sociales se han puesto de moda. Sospechamos que las personas anhelan encontrar una auténtica comunidad, y que quizá estén buscando amor en los lugares equivocados. En última instancia, las amistades *online* no son gratificantes. Es posible tener trescientos «contactos» de Facebook, doscientos «seguidores» en Twitter, y sentir, aun así, que nadie te conoce en lo más mínimo.

Durante los tiempos difíciles estamos viendo un deseo creciente de verdadera conexión de alma a alma.[9] ¿Cuántos de nuestros amigos *online* vendrán a visitarnos si ingresamos en un hospital? ¿Cuántos de ellos nos pedirán cuentas si no vivimos una vida íntegra y piadosa?

UNA IGLESIA QUE SE PARECE A DIOS

Fue nuestro Creador quien dijo: «No es bueno que el hombre esté solo». Fue Él quien trajo a Eva al mundo para que Adán tuviera otro ser humano con el que interactuar de forma gratificante (Génesis 2:18).

Las relaciones personales forman parte de nuestro diseño esencial. Necesitamos una relación con Jesucristo, el unigénito Hijo de Dios, para ser salvos. Después de esto, una buena parte de nuestro crecimiento como creyentes se produce mediante relaciones personales responsables dentro de la comunidad espiritual. Juntos llegamos a ser algo mucho mayor que la suma de nuestras partes. Según el Nuevo Testamento, somos el cuerpo de Cristo, un conjunto de partes que solo funcionan al unísono. A esto le llamamos iglesia.

¿Alguna vez has considerado los grandes versículos *tres dieciséis* de la Biblia? Naturalmente, el más grande es Juan 3:16, que nos dice que Dios amó tanto al mundo que envió a su Hijo unigénito. «El mundo» somos todos nosotros juntos. Después, 1 Juan 3:16 nos dice: «En esto hemos conocido el amor, en que él puso su vida por nosotros; también nosotros debemos poner nuestras vidas por los hermanos». En otras palabras, Dios estableció el patrón que hemos de seguir en nuestra relación unos con otros. Filipenses 3:16 nos anima a seguir «una misma regla» y a sentir «una misma cosa»: una clara definición de comunidad. Y en Malaquías 3:16, el último libro del Antiguo Testamento, leemos: «Entonces los que temían a Jehová hablaron cada uno a su compañero; y Jehová escuchó y oyó, y fue escrito libro de memoria delante de él para los que temen a Jehová, y para los que piensan en su nombre».

Este último versículo nos dice que cuando los que temen a Dios comienzan a hablar entre sí, Él los escucha y su conversación pasa a formar parte de la eternidad mediante su «libro de memoria». Recuerda que Jesús dijo: «Porque donde están dos o tres congregados en mi nombre, allí estoy yo en medio de ellos» (Mateo 18:20). Siempre podemos experimentar la presencia de Dios cuando estamos solos, y deberíamos hacerlo cada día. Sin embargo, cuando los creyentes nos reunimos para compartir en Él suceden cosas especiales.

El Dr. Russell Moore cree que hay una razón para ello. Moore afirma que nuestra necesidad de conexión, comunión y comunidad tiene sus orígenes en la naturaleza trina de Dios. Génesis 1:26 y

11:7 citan al Señor diciendo: «*Hagamos* [...]». Él es multipersonal, y como individuos creados a su imagen, necesitamos las múltiples personalidades que se nos ofrecen en la comunidad. Moore señala también que los miembros de la Trinidad se glorifican el uno al otro. Dios es glorificado en el plano divino cuando el Padre glorifica al Hijo, el Hijo al Padre y el Espíritu al Hijo.[10]

Un minucioso estudio del Evangelio de Juan muestra con claridad la recurrencia de estas relaciones trinas. Por ejemplo, Jesús responde nuestras oraciones para glorificar al Padre: «Cualquier cosa que ustedes pidan en mi nombre, yo la haré; así será glorificado el Padre en el Hijo» (Juan 14:13 NVI). Juan 17:1 muestra especialmente el poder de esta glorificación recíproca: «Padre, la hora ha llegado; glorifica a tu Hijo, para que también tu Hijo te glorifique a ti».

CUANDO VEMOS QUE SE ACERCA EL DÍA

Hay una relación potente y positiva entre las tres personas de la Trinidad cuando cada una de ellas glorifica a la otra. Cualquier iglesia o comunidad fuerte refleja este principio. Cuando nos amamos y perfeccionamos los unos a los otros, estamos reflejando la obra de la Santa Trinidad y participando de su amor inmemorial y eterno. Como antes hemos mencionado, el Nuevo Testamento presenta un patrón de tareas recíprocas que hemos de realizar «unos a otros» (animarnos unos a otros, amarnos los unos a los otros, ser pacientes unos con otros, por mencionar tres). Cuando las llevamos a cabo, experimentamos una singular forma de piedad que no podemos conseguir como entidades humanas separadas. Reflejamos los roles y relaciones del Dios trino y nos convertimos realmente en el pueblo de Dios, el cuerpo de Cristo y la comunidad del Espíritu Santo.

Para poder vivir vidas valientes en estos días caóticos vamos a necesitar calma en nuestro corazón, compasión hacia los demás, relaciones personales constructivas, aceptar el reto de crecer y estar conectados con la iglesia. Fuimos creados para vivir en comunidad, no aislados.

Mary Saunders, una misionera bautista en África, describe una de sus reuniones con un nuevo convertido en Somalia. El encuentro fue secreto porque aquella zona era predominantemente islámica y, a menudo, intolerante. Aquella tarde en particular, Mary repasó el versículo que el joven somalí había estado memorizando: «Este es el día que hizo Jehová; nos gozaremos y alegraremos en él» (Salmo 118:24). Después de hablar sobre este versículo, Mary cantó el conocido corito basado en este versículo. El joven estaba encantado. La idea de cantar le suscitó una pregunta: «Cuando hay más de un cristiano, ¿qué otras cosas hacen?».

Mary se dio cuenta de que las ideas de adoración comunitaria, música, oración colectiva o estudio bíblico —todas aquellas cosas que ella asumía como normales— eran inimaginables para alguien cuya experiencia se limitaba al estudio bíblico privado y la oración.[11]

Este libro es una consideración sobre lo que deberíamos estar haciendo en tiempos como estos, basándonos en pasajes sobre el regreso de Cristo. La Biblia enseña que deberíamos estar viviendo cada día con una actitud expectante, y los autores del Nuevo Testamento tuvieron que predicar este mismo mensaje: «Y considerémonos unos a otros para estimularnos al amor y a las buenas obras; no dejando de congregarnos, como algunos tienen por costumbre, sino exhortándonos; y tanto más, cuanto veis que aquel día se acerca» (Hebreos 10:24–25).

Cuando seguimos los acontecimientos diarios, vemos que la era actual podría llegar muy pronto a su fin y que el regreso de Cristo podría estar cerca. Comprender esto nos motiva, más que nunca, a mantenernos ocupados en «los negocios» de nuestro Padre. Y está muy claro que una parte de ello consiste en seguir conectados los unos con los otros mediante la comunión en la iglesia. Hemos de dedicarnos los unos a los otros y comenzar a preparar el cuerpo de Cristo, al tiempo que preparamos nuestra propia vida, para aquel día en que Él vendrá para reclamarnos. Cuando vemos «que aquel día se acerca», usando las palabras de Hebreos, deberíamos reunirnos más a menudo, no menos.

Hebreos 10:24–25 constituye la afirmación fundamental del Nuevo Testamento sobre la conectividad del pueblo de Dios.

Por cierto, en el transcurso de este capítulo, probablemente observarás que la palabra *conectividad* es una de mis preferidas. En el clima actual, este término suscita ideas de redes, internet y el mundo empresarial. Nuestro mundo espiritual es el de la conectividad decisiva, la clase de conectividad de la que Jesús habló a sus discípulos cuando les dijo: «Yo soy la vid, vosotros los pámpanos; el que permanece en mí, y yo en él, este lleva mucho fruto; porque separados de mí nada podéis hacer» (Juan 15:5). En esta analogía maravillosa, todos estamos interconectados mediante nuestra vinculación con la vid verdadera, Jesucristo. No podemos permitirnos el lujo de desvincularnos unos de otros ni de la vid que nos sostiene, que nos alimenta y nos ayuda a crecer. Cuando tenemos esta conectividad con Él y los unos con los otros, comenzamos a dar mucho fruto (v. 8).

EL IMPERATIVO DE LA CONECTIVIDAD

Analicemos un poco más de cerca el pasaje de Hebreos 10 para descubrir el imperativo de la conectividad. Observa la redacción: «no dejando de congregarnos, como algunos tienen por costumbre» (v. 25).

El Señor nos da otras tres exhortaciones en Hebreos por medio del autor de este pasaje que se distinguen por el uso del imperativo en primera persona del plural.

- **«Acerquémonos** con corazón sincero, en plena certidumbre de fe» (v. 22). Esta es nuestra responsabilidad hacia Dios: acercarnos a Él de todo corazón.
- **«Mantengamos firme**, sin fluctuar, la profesión de nuestra esperanza» (v. 23). Esta es nuestra responsabilidad hacia nosotros mismos: vivir con esperanza.
- **«Y considerémonos unos a otros** para estimularnos al amor y a las buenas obras» (v. 24). Esta es nuestra responsabilidad los unos hacia los otros, y la cumplimos «no dejando de congregarnos, como algunos tienen por costumbre» (v. 25).

El escritor de Hebreos entendía que la asistencia a la adoración no era una opción para los cristianos. Observa con atención a la primera generación de creyentes y verás lo importante que era este asunto para ellos. Según el Libro de los Hechos, la narración que describe aquel tiempo, aquellos primeros cristianos se reunían de dos maneras: en público y en privado. Una era la expresión más formal de la iglesia en el templo y en algunas sinagogas; la otra, más informal e íntima, en las casas.

Conectividad en reuniones públicas

Aquellos primeros cristianos perseveraban «unánimes cada día en el templo» (Hechos 2:46). ¿Has notado que he dicho «en el templo y en algunas sinagogas»? ¿No es este el último lugar imaginable para que los cristianos se reunieran en vista de la hostilidad contra

Jesús? Pensarás que, reuniéndose en estos lugares, los seguidores de Cristo se estaban buscando problemas.

La verdad es que la mayoría de los primeros cristianos eran también judíos. Para ellos, el templo era el mayor símbolo de adoración y comunidad espiritual que podían imaginar. Y un análisis más detallado del lenguaje de Hechos 2:46 nos muestra que, de hecho, los creyentes se reunían en el *atrio* del templo. Después de la resurrección, seguida pocas semanas después por la venida del Espíritu Santo, las multitudes que les buscaban eran inmensas.

Aunque Jerusalén era una ciudad impresionante, no había en ella ningún centro cívico ni de convenciones que pudiera albergar a las enormes multitudes que venían para adorar a Cristo. Por ello tenía lógica que usaran el templo, con sus enormes atrios.

Este asunto de reunirse es muy significativo. El griego del Nuevo Testamento usa una sola palabra que aparece solo un par de veces, una en Hebreos 10 y otra en 2 Tesalonicenses. En su segunda carta a la iglesia tesalonicense, Pablo escribió: «Pero con respecto a la venida de nuestro Señor Jesucristo, y nuestra *reunión* con él, os rogamos, hermanos [...]» (2:1, cursiva del autor).

A partir de estos usos de la palabra entendemos que hay dos periodos de «reunión» en la iglesia: una forma actual de reunión en la tierra y una futura reunión con Cristo en el aire. Aunque este acontecimiento final es especialmente emocionante para el alma, la comunión que se produce en las reuniones actuales es exactamente igual de apasionante y sobrenatural, y Cristo está exactamente igual de presente. Cuando nos reunimos, estamos, lentamente, ayudándonos unos a otros a transformarnos en su imagen. También experimentamos su presencia en un nivel distinto cuando le entronizamos en nuestras alabanzas. De hecho, reunirnos en su poder en medio de un mundo agitado se parece mucho a lo que hacían aquellos primeros creyentes que, valientemente, se aventuraban cada día al templo, donde no podían evitar que los fariseos y los sacerdotes los vieran. También aquel mundo de Judea estaba agitado, y no es de extrañar que las personas acudieran masivamente a la alegría y esperanza que veían entre los creyentes.

Al diablo le encantaría que mantuviéramos nuestras ideas e imágenes seculares de la comunión: dónuts y café, apretones de manos, una charla de fútbol... poco más que lo que sucede de lunes a viernes en los espacios para recesos de las empresas; la comunión de los creyentes reducida a una charla amigable en el club. Sin embargo, la comunión neotestamentaria —*koinonia*— transmite la idea de una santa asociación, una auténtica comunión del alma, cuya mejor ilustración es la participación conjunta del pan y la copa en la cena del Señor. Nos conecta como hijos del mismo Padre, bendecidos por la salvación del mismo Salvador y llenos del mismo Espíritu. Cuando nos reunimos en el nombre de Cristo experimentamos una integridad sobrenatural los unos con los otros. Y si alguna vez has participado de esta comunión, sabes que el café del lunes por la mañana en la sala de recesos de la empresa no tiene punto de comparación con el domingo por la mañana ante el trono de gracia. Los clubes y espacios vacacionales pasarán, pero la iglesia de Cristo es eterna.

A pesar de la severa advertencia del libro de Hebreos, muchos creyentes no se toman en serio la asistencia a la iglesia. Como pastor, a veces oigo cosas como: «Yo soy una persona espiritual, pero no necesito especialmente la iglesia o la "religión institucional"». Cuando alguien me dice: «He aprendido a adorar a Dios en el campo de golf», me siento tentado a responderle: «¡Buen truco, y más o menos igual de fácil que jugar al golf en la sala de reuniones de la iglesia!». De hecho, me encantaría ver a personas corrientes asistir a los eventos deportivos con las mismas actitudes que tienen cuando asisten a reuniones cristianas.

Un ingenioso anónimo publicó *online* un irónico ejemplo de cómo sería esto. Esta es su lista de razones por las que no pensaba ir más a eventos deportivos profesionales:

1. Siempre que voy me piden dinero.
2. Las personas que me rodean no son muy amables.
3. Los asientos son duros e incómodos.
4. El entrenador nunca me saca a jugar.
5. Los árbitros toman decisiones con las que no estoy de acuerdo.
6. En algunos partidos hay que jugar prórroga y llego tarde a casa.
7. Mis padres me llevaron a demasiados partidos cuando era niño.
8. Son mis hijos quienes tienen que decidir qué deporte quieren seguir.

Es cierto que algunos tienen razones legítimas para no asistir a la iglesia, y estas personas son una de las razones por las que tenemos un ministerio de radio y televisión. Pero seguro que nuestros oyentes habituales recordarán lo que suelo decir en la emisión de los viernes: nuestros programas nunca pueden sustituir a la participación en la iglesia local. La experiencia eclesial es algo muy cercano y personal que no acepta sustitutos. No debemos dejar de reunirnos. Necesitamos una conectividad pública.

Conectividad en reuniones privadas

Es también necesario conectar con otros creyentes en reuniones más pequeñas. Es posible que esta necesidad sea menos conocida, pero es igual de importante. Anhelamos el sentido de pertenencia que nos aporta la participación en un grupo más íntimo de creyentes, donde se comparte una verdadera responsabilidad mutua. La última parte de Hechos 2:46 expresa esta necesidad: «y partiendo el pan en las casas, comían juntos con alegría y sencillez de corazón». ¿No es una maravillosa descripción de lo que sucede hoy en muchos grupos de estudio bíblico y comunión?

La Iglesia primitiva tenía un maravilloso equilibrio entre la adoración comunitaria en los atrios del templo y las reuniones para comer juntos en las casas. Cada día había nuevos creyentes en Jerusalén, que asistían a la extensa reunión en el templo y que eran encauzados a algún grupo pequeño para crecer y socializar en el reino de Dios. En nuestra iglesia, al principio llamábamos a los grupos que se reunían en hogares «Grupos 20:20» por Hechos 20:20: «Ustedes saben que no he vacilado en predicarles todo lo que les fuera de provecho, sino que les he enseñado públicamente y en las casas (NVI)». Desde un punto de vista espiritual, es una buena forma de adquirir visión 20/20.

El ministerio en pequeños grupos es muy común en las iglesias de nuestro tiempo, pero el primer conjunto de estos grupos surgió en Jerusalén, y eran dirigidos por los apóstoles y los dirigentes que iban surgiendo en la nueva iglesia. Esta es una forma maravillosa y equilibrada de madurar en Cristo: iglesias «grandes» y grupos pequeños. Dondequiera que se aplica este esquema, vemos lo mismo que sucedió en el lugar de nacimiento de nuestra fe: se produce un rápido crecimiento.

Cuando pienso en todo lo bueno que aporta la obra conjunta de la comunidad eclesial y los grupos pequeños, no puedo evitar pensar por qué alguien puede querer vivir sin estas cosas o cómo se las arregla para hacerlo. Es cierto que nos reunimos por obediencia a Dios, pero lo hacemos también porque ninguna otra cosa nos da tanta alegría y apoyo.

LA IMPORTANCIA DE LA CONECTIVIDAD

¿Cuáles son algunas de las cosas buenas que suceden porque estamos conectados? En un solo capítulo nunca podríamos siquiera nombrarlas todas, pero sí podemos tocar algunas de ellas.

Una es sencillamente que es un privilegio incalculable. ¿Te imaginas cómo te sentirías si se te negara la libertad de adoración? Joel Rosenberg nos habla de una iglesia en Irán que ha crecido con mucha rapidez. Está formada por convertidos del islam, y su pastor emite su servicio de adoración y enseñanza semanal vía satélite. Las personas tienen un gran interés en escuchar estos sermones y lecciones porque se preocupan de lo que sucedería si la policía secreta les descubriera asistiendo a una iglesia cristiana. No se atreven a escuchar música cristiana en sus casas o a cantar alabanzas en voz alta porque los vecinos podrían delatarlos. De modo que dependen totalmente de lo que el pastor transmite para su adoración y comunión en la Palabra.[12]

Considera lo que sucede cuando formamos parte de la vida los unos de los otros.

Promovemos el amor. «Y considerémonos unos a otros para estimularnos al amor» (Hebreos 10:24). Aquí aparece de nuevo la expresión «unos a otros», que es una de las preferidas de Pablo. El apóstol la usa treinta y ocho veces en sus epístolas, y de Hechos a Apocalipsis la encontramos en sesenta y ocho ocasiones. El Nuevo Testamento es un libro relacional, no un texto escrito para el eremita en el desierto. El autor de Hebreos quería recordarnos que reunirnos nos mantiene conectados por el amor *agape*.

El sencillo compañerismo es uno de los ingredientes más importantes del amor; de hecho, es tan sencillo que casi se nos pasa por alto. Si dejamos de reunirnos, nos alejamos unos de otros y nos desconectamos. Estar juntos nos recuerda las necesidades que todos tenemos. Compartimos nuestras preocupaciones más sentidas, comemos y nos reímos juntos, adoramos codo a codo ante el trono de la gracia y Dios une nuestros corazones en amor. Después, el amor humano aumenta nuestro amor por este Dios que nos une.

La fe, la esperanza y el amor crecen dentro de nosotros cuando vamos a la iglesia e interactuamos unos con otros: fe en Cristo, esperanza en el futuro y amor unos por otros a medida que nuestros corazones se entrelazan en una verdadera familia espiritual. Esto es algo que todos anhelamos en este mundo marcado por las crisis. En lo profundo de nuestra alma no queremos sentarnos en los bancos de forma anónima. Asistir a la reunión, escuchar un sermón y marcharnos a casa no nos satisface. No solo queremos conocer a Dios y que Él nos conozca, sino también que esto suceda con sus hijos. Tenemos que dar un paso al frente y arriesgarnos por el accidentado territorio que supone cualquier clase de relación personal. Pero tenemos la profunda necesidad de estimular el amor que Dios nos ha dado para compartir.

La palabra «estimular» se traduce en otras versiones como «animémonos, exhortémonos». Su sentido en griego es el de un «arrebato encendido». La elección de estas palabras puede parecer extraña en relación con el amor y las buenas obras, pero es muy deliberada. La comunión debería tener una energía que nos impulsa hacia la obra de Dios. ¡Deberíamos sentirnos estimulados!

Reggie Jackson, el conocido jugador de béisbol, se refirió a sí mismo como la «caña que agita la bebida».[13] Atrevido y categórico, Jackson tenía un don especial para mantener vivo el flujo de adrenalina entre sus compañeros de equipo. Hebreos nos está diciendo a todos nosotros que seamos la caña que agita la bebida en la comunión cuando estimulamos el amor entre el pueblo de Dios. Me gusta pensar en una iglesia que es, si me permites la expresión, «agitadora de la pasión», un lugar en que las personas se levanten cada mañana con un incesante propósito y piensen: *Por la gracia de Dios, hoy encontraré una manera de mostrarle amor a un nuevo amigo. Señor, ¡dame, por favor, una palabra de ánimo y guíame al alma que necesita escucharla! Mi vida está llena de bendiciones, y hoy yo voy a ser una bendición, al menos para una persona.*

Hace poco, un amigo me contó un ejemplo de esto. En la iglesia, Barbara se sentó junto a Sherry, una mujer más joven a la que conocía. Después, en un momento del servicio, Barbara tocó a Sherry en el brazo y susurró: «Ayer compré este pequeño colgante. Es solo una figura diminuta que me pareció bonita, y he sentido que Dios me decía que te la diera a ti, Sherry. También tengo el sentir de que Él me ha estado guiando a conocerte mejor». Aquella tarde, Barbara llamó a Sherry por teléfono. Estaba un poco nerviosa, no acostumbrada a ser tan asertiva. Pero le dijo: «Por favor ¡no pienses que estoy loca! Realmente me he sentido movida en el corazón a hacer amigos, y he pensado en llamarte y romper el hielo».

A partir de este momento, ambas tuvieron una conversación maravillosa. El amigable gesto de Barbara había emocionado a Sherry hasta hacerle saltar las lágrimas. Había estado buscando desesperadamente el toque personal y genuino de Dios. Quería saber si de verdad actuaba en este mundo o si todo era mera palabrería. Este encuentro inesperado durante este periodo de dudas y preguntas la llevó, finalmente, a Cristo. Esta es la clase de episodios de los que habla Hebreos cuando dice: «¡Por favor! No abandonen la comunión. ¡Estimúlense el uno al otro!».

Provocamos buenas obras. Estamos mejor juntos. Juntos podemos hacer más por Cristo que por nuestra cuenta. Juntos podemos emprender grandes cosas para Dios y esperar grandes cosas de Él. Juntos podemos extendernos por todo el mundo ofreciendo apoyo financiero y en oración a innumerables misioneros. Juntos podemos conectarnos por radio, televisión, internet y la página impresa, llegando literalmente a todas las personas del planeta Tierra.

Movernos entre el pueblo de Dios debería ser algo provocativo: no un alejamiento del mundo, ¡sino una orden de avanzar! El sermón debería provocar un «arrebato encendido» para ir a hablarles a las personas sobre el Señor. La música debería inspirar el alma y llevarnos a traer a nuestros amigos para que la escuchen. Escuchar lo que Dios está haciendo en el extranjero —o al otro lado de la ciudad— debería conmovernos y motivarnos a ir y ayudar. La pregunta para los creyentes sería esta: ¿está tu iglesia avivando la llama de tus dones? Y para los pastores: ¿están los ministerios de tu iglesia avivando a las personas para el servicio?

Seamos claros. No somos salvos *por* buenas obras, pero sí lo somos *para* llevarlas a cabo (Efesios 2:10). A lo largo de su historia, la iglesia, en su mejor versión, ha bendecido al mundo que la rodea. En los primeros siglos hubo persecución. Pero tan pronto como las iglesias fueron libres para reunirse por todo el imperio, los cristianos comenzaron a ayudar a los enfermos. San Basilio construyó el primer hospital en Cesarea de Capadocia, y pronto comenzaron a aparecer en muchas ciudades instituciones de este tipo.

En su libro *How Christianity Changed the World* [Cómo el cristianismo cambió el mundo], Alvin J. Schmidt cuenta que los cristianos habían estado levantando hospitales casi cuatro siglos antes de que los árabes siguieran su ejemplo y comenzaran a construirlos en sus países. La influencia cristiana llevó, pues, a curar a los enfermos, no solo en Occidente sino en muchos países de Oriente Medio. Después, a través del movimiento misionero, los creyentes se pusieron a ayudar a los enfermos y necesitados por todo el planeta. Schmidt concluyó: «La parábola del buen samaritano se había convertido en mucho más que un simple relato interesante».[14] Dios diseñó nuestra fe para que fuera productiva.

Suelo leer los libros de Philip Yancey de principio a fin. En *Alcanzando al Dios invisible*, Yancey cuenta que, tras una de sus charlas, un hombre fue hasta él y le soltó a bocajarro: «Usted escribió un libro titulado *Dónde está Dios cuando duele*, ¿verdad?». Yancey asintió y el hombre siguió: «De acuerdo. Yo no tengo tiempo de leerlo. ¿Puede explicarme lo que dice en una o dos frases?».

Después de pensarlo un poco, Yancey contestó: «Supongo que tendría que responderle con otra pregunta: "¿Dónde está la iglesia cuando duele?". La iglesia —explicó— es la presencia de Dios en la tierra, su cuerpo. Y si la iglesia cumple su tarea —si aparece en la escena de los desastres, visita a los enfermos, dota de personal a las clínicas que tratan enfermos de sida, aconseja a las víctimas de violación, da de comer a los hambrientos, alberga a los sintecho— no creo que el mundo haga esta pregunta con la misma urgencia. Sabrán dónde está Dios cuando duele: en los cuerpos de su pueblo, ministrando a un mundo caído. De hecho, nuestra conciencia de la presencia de Dios es muchas veces un subproducto de la presencia de otras personas».[15]

Ofrecemos ánimo. «No dejando de congregarnos, como algunos tienen por costumbre, sino exhortándonos; y tanto más, cuanto veis que aquel día se acerca» (Hebreos 10:25). Otra traducción de la palabra *exhortándonos* es *alentándonos*. En otras palabras, cuando nos reunimos para tener comunión deberíamos estar animándonos sin cesar unos a otros. Si estás desanimado con la vida —sin trabajo, con problemas de salud o simplemente estresado por el ritmo de vida moderno— la actividad eclesial debería animarte en lugar de añadir más estrés.

Ted Engstrom cuenta que en la Universidad de Wisconsin se creó un grupo literario estudiantil. Los miembros de este grupo querían ser poetas, novelistas, ensayistas y escritores, y tenían talento para conseguirlo. Estos jóvenes se reunían periódicamente para leer y evaluar sus trabajos. Después de un tiempo, comenzaron a llamarse los Estranguladores porque eran muy duros en sus evaluaciones. Competían entre ellos para ver quién analizaba cada palabra y expresión de forma más crítica. Era como someter la preciosa creatividad de cada uno a la disección de un incisivo bisturí.

Este grupo estaba formado íntegramente por hombres, lo cual explica quizá este espíritu tan competitivo. Pero algunas mujeres formaron otro grupo que se llamaba no los Estranguladores, sino las Discutidoras. Cuando leían sus obras en voz alta sucedía algo muy distinto. Se daban sugerencias constructivas con un talante estimulante y positivo. Preferían pecar de exceso de motivación que de exceso de mutilación.

Veinte años más adelante, un exalumno estudió la trayectoria de sus compañeros de clase e hizo un descubrimiento sorprendente. Ninguno de los dotados Estranguladores había conseguido logros importantes en el ámbito literario. Pero al menos seis escritoras exitosas habían estado en las Discutidoras. Una de ellas era Marjorie Kinnan Rawlings, autora del clásico *El despertar*.[16]

Alentar es «insuflar aliento» a alguien que lo necesita.

Los cristianos son dispensadores de bendición y embajadores de la esperanza. Dondequiera que van deberían dejar una estela de logros y fecundidad por las relaciones personales que dejaron a su paso.

Cuando la iglesia se ocupa de sus asuntos y se convierte en un invernadero de inspiración y evangelización, no puede dejar de crecer ni de poner al mundo patas arriba. ¿Quién no quiere formar parte de un lugar que hace a todo el mundo más fuerte y confiado? En nuestro tiempo, el mundo ya tiene todos los Estranguladores que necesita. Se especializa en encontrar la culpa, humillar a las personas. El entorno laboral genera enfado en las personas. El matrimonio y la educación de los hijos parecen más difíciles que nunca. Estamos creando una cultura de la desesperación, y este es un suelo fértil para que la iglesia intervenga y ofrezca un ánimo real, unas relaciones personales reales y un amor real mediante el verdadero poder de Jesucristo. No hay nada que pueda competir, ni de lejos, con la esperanza y la paz que podemos ofrecer.

Vivir fuera de la comunión de la iglesia conlleva su propia sentencia. Es como un mundo sin firmamento, o uno sin música pero con mucho ruido. ¿Por qué privarse de las buenas cosas que Dios nos da? La comunión en una iglesia local es la más hermosa de estas cosas.

Es cierto que la iglesia —en nuestra experiencia actual— tiene sus faltas, pero recordemos que, mediante la sangre de Cristo, Dios la ve perfecta y sin mancha.

EL PODER EN TUS MANOS

Siempre me he sentido fascinado por la vida y ministerio de Charles Spurgeon, el «príncipe de los predicadores», cuya predicación irrumpió en Inglaterra durante la primera década de 1800. Leí una nueva biografía de él que aportó nueva información sobre su conversión: un tema que creía conocer bien.

Cuando era adolescente, Spurgeon no era creyente. Planeaba ser granjero, pero decidió estudiar latín y griego. Realmente no sabía lo que iba a hacer. En la escuela de Newmarket, su vida fue impactada por una persona. No fue un profesor o instructor, ni tampoco un compañero de clase o un amigo. A Charles Spurgeon le cambió la vida la cocinera de la escuela, una señora mayor llamada Mary King. Un día Mary le invitó a asistir a su iglesia, lo cual dio pie a muchas conversaciones con ella sobre su fe que, finalmente, le pusieron en el camino de la salvación. Años más tarde, Spurgeon supo que Mary King vivía jubilada con cierta precariedad y complementó sus ingresos de su propio bolsillo.[17]

Esta historia me plantea una pregunta: si una cocinera puede preparar el camino para el predicador más importante del siglo, ¿qué puede hacer Dios por medio de ti? Rara vez reconocemos lo mucho que Dios ha usado para sus grandes propósitos a personas corrientes que se han puesto a su disposición. Muchos millones de personas tienen una deuda de gratitud con Mary King por la aportación de Spurgeon a su fe.

Si este poder estaba en las manos de Mary King, está también en las tuyas. No es difícil animar, inspirar y edificar a otro ser humano. Puedes hacerlo hoy con una llamada telefónica, una tarjeta escrita, un correo electrónico, un vehículo, tu voz o incluso sentándote estratégicamente en un banco de la iglesia. ¿Qué sucedería si hicieras un pacto con todos los creyentes que conoces con respecto a esta meta? Tú y tus cómplices se comprometerían a impartir una potente palabra de ánimo al menos a una persona cada vez que van a la iglesia. Y puede que alguien se te acerque y te anime a ti. Si te decidieras a hacer esto, Dios también tomaría una decisión. Comenzaría a enviarte personas de todas partes, corazones necesitados de esperanza, oídos faltos de palabras edificantes. No te imaginas la alegría que experimentarías siendo solo un voluntario instrumento de ánimo y bendición.

Soy consciente de que, a veces, tú también necesitas un empujón. No te olvides de cuál es la mejor fuente: la Palabra de Dios. «Porque las cosas que se escribieron antes, para nuestra enseñanza se escribieron, a fin de que por la paciencia y la consolación de las Escrituras, tengamos esperanza» (Romanos 15:4). Abre la Biblia y Dios comenzará a hablarte por medio de ella. Yo tengo mi propia serie de textos que siempre me elevan el ánimo. Espero que también tú tengas los tuyos.

EL INCENTIVO DE LA CONECTIVIDAD

El autor de Hebreos nos dice que nuestra fidelidad en la asistencia a la iglesia debería aumentar cuando vemos que se acerca el regreso de nuestro Señor. No sabemos cuándo será concretamente ese día, aunque parece que se alinean muchas señales. Lo indudable es que cada día nos acerca más a esta posibilidad. Con cada día que no se cumple aumenta la posibilidad de que sea mañana.

Aunque Jesús no hubiera prometido una segunda venida, el estado del mundo sería suficiente para aferrarnos a la maravillosa comunión del pueblo de Dios. Pero sabemos que Jesús volverá. Quiero que Él me encuentre siendo fiel a todo aquello que le importa, y nada le importa más que su iglesia.

Aun en medio de las crisis nacionales, el hábito de la mayoría de las personas es encontrar otras cosas que hacer; el domingo es el nuevo sábado. En unos Estados Unidos que se han dado en llamar «postcristianos», los asistentes a la iglesia son ahora una minoría en comparación con quienes el domingo practican el golf, el *jogging* o se quedan en la cama hasta tarde sin encontrar ninguna razón para adorar a su Creador.

Cuando vemos que se acerca el día, deberíamos sentirnos motivados a edificar el cuerpo de Cristo y convertirlo en algo que, en justicia, glorifica a Dios. Deberíamos tomarnos menos domingos libres y ser más fieles a nuestras clases eclesiales y grupos pequeños. Y cuando asistimos, no solo deberíamos estar presentes físicamente, sino también de forma mental y espiritual dedicándonos plenamente a la obra de Cristo por medio de la iglesia, dando generosamente de nuestros recursos como hacían los primeros cristianos. Cuando tu pastor anuncia una necesidad, sean colaboradores para la guardería, voluntarios para cortar la hierba de las instalaciones o ayuda financiera para las misiones, debería sentirse abrumado por la cantidad de respuestas positivas. Y cuando lee públicamente la lista de nuevos miembros, debería quedarse ronco de tantos nombres.

La iglesia no es un edificio; no, ni siquiera son las personas que la forman, sino la presencia viva de un Dios santo en un mundo caído. Es la prueba tangible de una esperanza invisible, encarnada en la vida de todas las personas que han descubierto esta esperanza. Y cuando la sociedad pierde la compostura, como hemos visto últimamente, la iglesia se convierte en el faro de Dios que ilumina el camino de nuestros barcos para que estos eviten las rocas, sobrevivan a la tempestad y lleguen al puerto sanos y salvos. Si alguna vez ha habido un tiempo en que necesitamos a la iglesia, es ahora. Y si alguna vez ha habido una buena oportunidad para invitar a nuestros amigos no creyentes, es también ahora.

Hay una leyenda sobre una iglesia del sur de Europa llamada la «Casa de muchas lámparas». El edificio se construyó en el siglo XVI y se diseñó sin luz artificial, solo se hizo un receptáculo en cada asiento para que pudiera ponerse una pequeña lámpara. Al anochecer, cuando las personas se reunían, llevaban una lámpara. Cuando entraban en el edificio de la iglesia y comenzaba la adoración, colocaban su lámpara en el receptáculo. Si alguien no asistía, su lugar quedaba a oscuras. Si un buen número se quedaba en casa, la oscuridad se propagaba. Era necesaria la presencia habitual de todos los miembros para iluminar aquel santuario.[18]

Cuando dejas de reunirte —cuando esta pequeña luz tuya no resplandece— dejas un espacio de oscuridad. Si un número suficiente de personas siguen tu ejemplo y se toman el domingo libre, una gran oscuridad comienza a caer sobre la casa de muchas lámparas. Es desalentador entrar en una casa de Dios medio vacía, y hay muchísimas congregaciones donde los asientos vacíos superan a los ocupados. En

Europa, la oscuridad casi ha absorbido a un continente dominado en otro tiempo por la cristiandad, un continente que nos dio a Lutero, Calvino, Wycliffe, Wesley, Spurgeon y tantos otros. La ausencia de tu luz produce también un sentido de fría vaciedad.

Una fría y ventosa tarde de invierno, un hombre y su esposa se acomodaron ante una chimenea chisporroteante mientras esperaban la llegada del pastor. Habían concretado la cita aquel mismo día por la mañana. El marido se armaba de valor pensando en la represión que les caería. Habían tenido el hábito de asistir a todas las reuniones, cada semana. Pero durante el último año ni siquiera asistían una vez al mes. «¡Somos tan buenos como algunos que van a la iglesia dos veces cada domingo, y se lo voy a dejar claro al pastor!», bramó el marido.

Sonó el timbre y entró el pastor. Sin quitarse el abrigo, se dirigió directamente a la chimenea, tomó las tenazas y, con ellas, cogió del fuego un carbón al rojo vivo, lo puso en un rincón del hogar y, todavía en silencio, se alejó un poco para mirar.

Finalmente, el marido le siguió en aquella observación extraña y silenciosa. Transcurrido un buen rato, el brillo rojo y vivo se convirtió en una masa fría y oscura. Por último, sin decir una palabra, el pastor se volvió hacia el hombre y le dirigió una mirada que lo decía todo. El hombre captó el mensaje. Como un pedazo de carbón, ardemos al rojo cuando estamos juntos, pero nos apagamos cuando nos quedamos solos.[19]

Por lo que a mí respecta, aquí estoy, completamente del lado de la iglesia de Dios. En mi juventud, entregué mi corazón a Cristo y mis manos a la iglesia. He tenido muchos días maravillosos y algunos dolorosos. Si Cristo viene mañana (¡un pensamiento maravilloso!), quiero que me encuentre sirviéndole fielmente en la comunión de los santos, la reunión del santo sacerdocio.

CAPÍTULO 6

MANTÉN EL FOCO

Laura Ling y Euna Lee sabían que corrían un gran riesgo cuando el año 2008 se dirigieron a la región fronteriza entre China y Corea del Norte para filmar un documental de investigación sobre el tráfico humano. Ling ya había producido un documental para la televisión sobre la iglesia subterránea en China y estaba trabajando conjuntamente con una agencia cristiana de Corea del Sur. Las mujeres fueron detenidas, juzgadas y condenadas por un «delito grave» contra el régimen de Kim Jong-il.[1]

El mismo día que las periodistas eran sentenciadas a doce años de trabajos forzados, el gobierno amenazaba al mundo con «medios ofensivos e inmisericordes para lanzar un ataque justo y retributivo a aquellos que amenazan la dignidad y la soberanía del país aunque solo sea un poco».[2] Esta retórica se expresa en el contexto de los debates en el Consejo de Seguridad de la ONU para la aprobación de nuevas y más severas sanciones contra Corea del Norte por sus ensayos nucleares y de misiles balísticos.

Dos días antes de que esas mujeres fueran sentenciadas, la organización cristiana La Voz de los Mártires recibió una amenaza por fax desde Corea del Norte. «Algo muy malo les va a suceder», decía el comunicado, si la organización seguía sus actividades evangelísticas en la nación comunista mandando mensajes del amor de Cristo por fax.[3]

En Corea del Norte, donde solo se permite adorar al presidente, se considera que ser un seguidor de Cristo es traicionar al gobierno. Corea del Norte tiene la turbia distinción de ocupar el primer lugar en la lista mundial de Puertas Abiertas, y no solo en el año 2020, sino durante los últimos dieciocho años. Esta lista contiene los nombres de los cincuenta países del mundo donde los cristianos son más perseguidos por su fe en Cristo.[4]

A pesar de la extrema pobreza e intensa persecución de los cristianos en Corea del Norte, ¡se estima que hay unos cuatrocientos mil cristianos que arriesgan sus vidas para reunirse en secreto![5] En la actualidad hay un 10 por ciento de estos creyentes encarcelados en los atroces campos de prisioneros políticos de Corea del Norte.[6]

Aunque este régimen es un entorno hostil para los seguidores de Jesucristo, lo son también otros cuarenta y nueve países. Incluso aquí en los Estados Unidos los cristianos denuncian una persecución creciente. A muchos de nosotros, oír estas cosas nos pilla por sorpresa. Pero si creemos la Palabra de Dios, sabemos que la persecución ha sido siempre parte del llamamiento de los creyentes (2 Timoteo 3:12).

La mayoría de nosotros nunca hemos experimentado la clase de persecución que sufrieron Laura Ling y Euna Lee. Pero tampoco podemos escapar a la nueva hostilidad e intolerancia dirigida hacia los seguidores de Cristo en nuestra nación postcristiana. Como nunca antes, debemos construir nuestras vidas alrededor de los valores esenciales de nuestra fe. Debemos mantenernos centrados en Cristo o nos convertiremos en luchadores desanimados y derrotados.

Cuando el apóstol Pablo escribió a un grupo de cristianos que estaban viviendo en un momento parecido al nuestro, les ayudó a encontrar su centro espiritual: «Ya que han resucitado con Cristo, busquen las cosas de arriba, donde está Cristo sentado a la derecha de Dios.

Concentren su atención en las cosas de arriba, no en las de la tierra, pues ustedes han muerto y su vida está escondida con Cristo en Dios. Cuando Cristo, que es la vida de ustedes, se manifieste, entonces también ustedes serán manifestados con él en gloria» (Colosenses 3:1–4 NVI).

En la última afirmación de Pablo en el versículo cuatro, hay una referencia al regreso de Cristo para que sepamos que estamos en el buen camino. Los textos proféticos van seguidos de instrucciones prácticas. Lo que Pablo les escribió a los creyentes colosenses, lo escribió para nosotros.

FIJA TU CORAZÓN EN CRISTO

Piensa en algún momento de tu vida en que hayas puesto tu corazón en algo. ¿Te acuerdas de cómo esta idea creció delante de ti, estimulando tu espíritu cada día?

Solo tengo que hablar con alguien unos minutos antes de que la ilusión que le mueve aparezca de una forma u otra. Algunas personas quieren encontrar al compañero o compañera de su vida y casarse. Anhelan comenzar una familia o tienen un apasionado deseo de empezar un negocio. Sueñan con convertirse en músicos famosos o fieles misioneros.

Cuando ponemos nuestro corazón en algo, eso nos motiva, nos cambia y nos vigoriza: nos pone brillo en los ojos, acelera nuestros pasos y centra toda nuestra atención en una sola dirección con la intensidad de un láser.

Kevin Everett estaba tendido bocabajo sobre la hierba del campo de los Buffalo Bills intentando desesperadamente levantarse. Los espectadores guardaron silencio mientras los Bills y los Broncos se unían en oración. Kevin se dio cuenta de que estaba paralizado por el feroz placaje que había recibido en el primer partido de la temporada. Intentó levantar un pulgar cuando finalmente le llevaron fuera del campo en una camilla. «Me esforcé al máximo, ya sabes, puse todo el corazón en ello. Quise hacerles saber que todo iba bien. Pero no era así».

Los primeros informes indicaban que era una lesión potencialmente mortal, y en el caso de que sobreviviera, las posibilidades de que volviera a andar eran casi inexistentes. Mediante una serie de milagros, algunos de ellos médicos, y mucho trabajo intenso por su parte, Everett no solo sobrevivió, sino que también fue capaz de andar sin ayuda por aquel mismo terreno de juego un año más tarde. Había puesto su corazón en hacer todo lo que fuera necesario para recuperarse. Un reportero le preguntó a Everett si había pensado alguna vez en tirar la toalla. «Yo no soy así —respondió—. No tiro la toalla. No me conformo con menos. Sigo esforzándome y trabajando duro».

Aunque nunca volverá a jugar, tiene una nueva ilusión. La gratitud al Señor se ha convertido en su fuerza transformadora y le ha dado una nueva perspectiva en la vida. «Sigues poniendo tu fe en Dios y permites que Él te muestre el camino».[7]

Estoy seguro de que has atravesado momentos difíciles, quizá la pérdida de un trabajo o de un ser querido. Aunque rodeado por la aflicción, quizá has descubierto que es de ayuda fijar tu mente en una cosa, algo positivo y productivo. Por ejemplo, el trabajo puede ser una verdadera bendición. Lo llamamos «mantenernos ocupados». Pero Pablo nos aconseja que pongamos nuestra mira en Cristo de tal manera que cada faceta de esta vida sea transformada por su relación con Él.

Sabemos que estamos destinados al cielo. Nos damos cuenta de que somos ciudadanos de otro mundo. Por tanto, hemos de poner el corazón en las cosas de Dios, que son perfectas y hermosas, y no en las cosas de este mundo, que aun en los mejores momentos son caóticas. Cuando Pablo escribió esta afirmación utilizó un tiempo verbal que significa «sigue haciendo esto», en contraste con las acciones de una sola vez. En otras palabras, no es «piensa en el cielo en este momento», sino *«sigue* manteniendo tu mente sumergida en Dios y su Palabra, constantemente». Esta es una disciplina que muy pocos de nosotros hemos asimilado: el arte de pensar con el punto de referencia del cielo. Algunos lo llaman la práctica de la presencia de Dios.

Hemos de entender lo que significa «poner el corazón». Según Pablo, significa que nuestros «deseos y pensamientos, nuestra capacidad de anhelar y pensar, toda nuestra energía emocional e intelectual ha de ser dirigida hacia [el cielo], donde Cristo reina a la diestra de Dios».[8] Imagino que cada uno de nosotros hemos centrado nuestros deseos y pensamientos, toda nuestra energía emocional e intelectual, en distintos objetivos terrenales en las distintas épocas de la vida. ¿Podemos pensar y sentir con esta misma intensidad sobre Cristo?

En tiempos como estos, hemos de buscar respuestas en algún lugar. El psicólogo nos dice que tenemos que mirar en nuestro interior. El oportunista nos insta a mirar a nuestro alrededor. El optimista nos dice que miremos hacia delante, y el pesimista, que tengamos cuidado y cubramos la retaguardia. Pero Dios nos dice que tenemos que mirar hacia arriba aun cuando nos sintamos por los suelos.[9]

Piensa por un momento en una brújula de las que se llevan en las excursiones por la montaña. Tú puedes volver los pies en cualquier dirección, pero la flecha de la brújula señalará fielmente hacia el norte magnético. De este modo, si alguna vez te pierdes la brújula te ayudará a establecer tu ubicación. En la vida, nuestro verdadero norte es Cristo. Sea cual sea la dirección por la que nuestro mundo se tuerza, por mucho que este se extravíe, nuestras vidas deben apuntar fielmente al único Señor de cada lugar, cada momento, cada situación. Cuando Él es nuestro punto determinante, todo encontrará su orientación correcta.

«Mas nuestra ciudadanía está en los cielos, de donde también esperamos al Salvador, al Señor Jesucristo» (Filipenses 3:20). El anciano y sabio predicador Vance Havner lo expresa así: «Los cristianos no son ciudadanos de la tierra que intentan llegar al cielo, sino ciudadanos del cielo que pasan por este mundo».[10]

Si nos sumergimos profundamente en la historia cristiana y regresamos al año 149 A. D. encontramos una carta llamada «Epístola o discurso a Diogneto». El autor desconocido describe de este modo a los cristianos:

Residen en sus propios países, pero solo como transeúntes; comparten lo que les corresponde en todas las cosas como ciudadanos, y soportan todas las opresiones como los forasteros.

Todo país extranjero les es patria, y toda patria les es extraña. Su existencia es en la tierra, pero su ciudadanía es en el cielo. Obedecen las leyes establecidas, y sobrepasan las leyes en sus propias vidas. Aman a todos los hombres, y son perseguidos por todos. No se hace caso de ellos, y, pese a todo, se les condena. Se les da muerte, y aun así están revestidos de vida. Piden limosna y, con todo, hacen ricos a muchos. Se les deshonra, y, pese a todo, son glorificados en su deshonor.[11]

O considera el juramento de lealtad obligatorio para los ciudadanos estadounidenses recientemente nacionalizados, en el que «declaran bajo juramento» que «libremente y sin ninguna reserva mental» renuncian a cualquier vínculo de lealtad hacia sus antiguos países de origen y que defenderán a Estados Unidos contra todos sus enemigos.[12]

Como estadounidenses, esperamos que los nuevos ciudadanos sean leales y dignos de confianza y que nunca traicionen su nueva patria. ¡Cuánto más importante es nuestro papel como ciudadanos del cielo! Esta es la afirmación más esencial de nuestra verdadera identidad, y es más importante que cualquier otro hecho sobre nosotros.

CONCENTRA TU ATENCIÓN EN CRISTO

Hemos estado hablando de asuntos del corazón; hablemos ahora de la mente. Poner nuestro corazón en Cristo significa que nuestra voluntad, emociones, esperanzas y sueños están centrados en Él.

La expresión «concentrar la atención» significa «tener comprensión; ser sabio; sentir, pensar, tener una opinión, juzgar; dirigir la mente hacia una cosa; buscar o esforzarse por los propios intereses o ventaja». En otras palabras, es la disciplina mental del pensamiento dirigido.

Este es el mandamiento positivo, pero va acompañado de una advertencia sobre lo negativo: «Busquen las cosas de arriba, [...] no las de la tierra» (Colosenses 3:1–2). Inmediatamente nos encontramos cuestionando esta forma de vida. Pablo no está diciéndonos que ignoremos los desafíos físicos y las tareas de la vida cotidiana para sentarnos a cavilar sobre el cielo y los ángeles, sino que nuestra preocupación última deberían ser las realidades y valores celestiales, controlados por la presencia y poder de Cristo, que se sienta a la diestra del Padre.[13] Por ello, puede que el sábado por la mañana sientas el impulso físico de darte la vuelta en la cama para dormir una hora más, pero el Espíritu Santo te susurra al oído que quiere que vayas a ministrar las necesidades de alguien. El cristiano entrena su mente para ver estas dos alternativas y dar preferencia a las cosas de Dios.

A veces, Dios quiere que atiendas cuestiones terrenales. Es un hecho que vivimos en este mundo físico, y deberíamos hacerlo todo, también el desempeño de las responsabilidades cotidianas, como para el Señor. En el mundo antiguo, los gnósticos querían tergiversar el cristianismo para que despreciara esta esfera de lo físico. Pero esto no es lo que enseña la Escritura. Cristo es Señor del cuerpo, la mente y el espíritu.

En su carta a sus amigos de Corinto, Pablo comparte una perspectiva celestial sobre las cosas terrenales: «A causa de la crisis actual [...] nos queda poco tiempo. De aquí en adelante los que [...] compran algo [deben vivir], como si no lo poseyeran; los que disfrutan de las cosas de este mundo, como si no disfrutaran de ellas; porque este mundo, en su forma actual, está por desaparecer» (1 Corintios 7:26–29, 31 NVI).

¿Es, pues, correcto comprar un automóvil o invertir en una casa? Naturalmente. Pero no concentramos nuestra mente y corazón en cosas perecederas porque están por desaparecer. Las cosas eternas son las que tienen nuestra lealtad.

Quiero presentarte una analogía que me ayuda a pensar en lo que significa vivir una vida terrenal con una mente celestial. Viajar es una parte necesaria de mi ministerio, y a menudo implica que debo moverme entre zonas horarias. Si vuelo al otro lado de Estados Unidos, este cambio horario de tres horas puede afectar significativamente a cuestiones como comer y dormir. En los aeropuertos veo personas que se detienen un momento para sincronizar sus relojes con la hora local. En mi caso, soy muy testarudo y siempre dejo mi reloj con la hora del Pacífico. Cuando lo miro hago el cálculo, dependiendo del número de zonas que me separan de mi tierra, y suelo pensar en lo que está sucediendo en mi entorno según qué hora sea. Si es domingo, me imagino a personas preparándose para adorar en nuestro santuario, y me invade una cierta nostalgia porque no estoy allí. Puede que donde yo estoy sea de noche, pero en San Diego, que para mí es «el País de Dios», el cielo está soleado y los pasillos están llenos de personas charlando, buscando un lugar donde sentarse y preparándose para adorar a Dios.

Por alguna razón, la consistencia horaria del reloj me conecta con el lugar donde vivo. No me importa añadir o sustraer las horas necesarias para calcular qué hora es en el lugar donde me encuentro. Creo que, en este pasaje, Pablo está diciendo algo parecido. Mantén tu reloj mental sincronizado con el huso horario celestial. Mira primero a Cristo y, después, haz tus cálculos para saber cómo funcionar en este mundo. Tienes que vivir en este mundo durante un tiempo, igual que yo, de vez en cuando, tengo que salir de California. Aprende a decir con el salmista: «¿A quién tengo en el cielo sino a ti? Si estoy contigo, ya nada quiero en la tierra» (Salmo 73:25 NVI).

La disciplina de centrar nuestro corazón y mente en Cristo requiere que enfoquemos. A partir de las palabras de Pablo a los colosenses, surgen cuatro verdades que nos ayudarán a mantenernos centrados en Cristo:

CONCÉNTRATE EN SU CONEXIÓN CONTIGO

Colosenses 3:1–4 (NVI) dice: «Ya que han resucitado *con* Cristo, [...] su vida está escondida *con* Cristo, [...] también ustedes serán manifestados *con* él en gloria» (cursiva del autor).

He subrayado la Palabra *con* solo para mostrar lo importante que es en este marco mental. *Con* es un término de conexión, la cuerda de salvamento que nos une a Cristo. Cuando Él murió, nosotros morimos con Él. Cuando Él fue sepultado, lo fuimos también nosotros. Y compartimos su gloriosa resurrección, de modo que ahora podemos estar sentados en los lugares celestiales con Él.

Cuando la Biblia dice que Jesús murió por nosotros, no solo significa que murió a nuestro favor, sino que lo hizo también en nuestro lugar. Jesús murió cuando los que teníamos que morir éramos nosotros. Igual que Adán fue la manifestación personal de nuestra caída en el pecado, Cristo lo es de nuestra salvación y gloria. «Porque así como en Adán todos mueren, también en Cristo todos serán vivificados» (1 Corintios 15:22). Caímos con Adán, pero fuimos resucitados con Cristo.

¿Ves la importancia de esta corta palabra para nuestro destino espiritual? Watchman Nee, el gran predicador y escritor cristiano chino, lo entendió. En 1927, había estado luchando con tentaciones y con su naturaleza pecaminosa. Una mañana estaba sentado leyendo el libro de Romanos y llegó a estas palabras: «Sabiendo esto, que nuestro viejo hombre fue crucificado juntamente con él» (6:6). Para Nee, fue como si estas palabras cobraran vida. Saltó de la silla, corrió al piso de abajo y tomó por las manos a un cocinero. «Hermano —dijo gritando—, ¿sabes que he muerto?».

El cocinero se limitó a mirarlo con perplejidad. Nee le espetó: «¿Sabes que Cristo ha muerto? ¿No sabes que yo morí con Él? ¿No sabes que mi muerte es un hecho tan real como la suya?».

Era todo lo que Watchman Nee pudo hacer para no salir corriendo por las calles de Shanghái proclamando su muerte y su nueva vida. A partir de aquel día, su fe fue confiada y fuerte. Su biógrafo escribió que era imposible decir nada que pudiera ofender a Nee. ¿Por qué iba a ofenderse? ¡Hacía mucho que aquel Watchman Nee había muerto![14]

Charles Spurgeon tenía su propia forma de explicar este sorprendente fenómeno de morir con Cristo:

Supongo que si te encontraras con tu viejo yo, le costaría mucho reconocerte porque has sido alterado. Me atrevo a decir que te diría algo así: «Ven, colega, vamos al teatro, o vente conmigo a esta taberna, o vámonos a casa y encontremos alguna forma de divertirnos».

Tú responderías: «No; hace mucho tiempo que dejé de ser tu amigo, y no tengo ninguna intención de tener nada que ver contigo, de modo que puedes ir a lo tuyo cuando quieras. No soy lo que era, porque he sido crucificado con Cristo, y estoy muerto, y mi vida está escondida con Cristo en Dios».[15]

Un día alguien llamó a la puerta de Martín Lutero y este salió a abrir. «¿Vive aquí el Dr. Martín Lutero? —preguntó el visitante—. No —respondió Lutero—; murió. Ahora, aquí vive Cristo».[16] ¿Entendemos que esta verdad es así de radical? Tu viejo hombre está muerto y sepultado; tu nuevo ser ha sido resucitado para andar en novedad de vida y vivir victorioso para Cristo. ¿Por qué no apartas un momento hoy y reflexionas sobre esta verdad?

CONCÉNTRATE EN SU CONTROL SOBRE TODO LO QUE TIENE QUE VER CONTIGO

¿Qué imagen te viene a la mente cuando piensas en Jesús? ¿Piensas acaso en el aburrido estereotipo del «Jesús amable», el débil y contemporizador maestro de los medios? ¿O tienes la imagen del Señor resucitado, ascendido y glorioso que ha recibido un nombre sobre todo nombre, «para que en el nombre de Jesús se doble toda rodilla de los que están en los cielos, y en la tierra, y debajo de la tierra; y toda lengua confiese que Jesucristo es el Señor, para gloria de Dios Padre» (Filipenses 2:10-11)?

Las imágenes mentales cambian las cosas. La realidad es que Jesús ha resucitado, está sentado a la diestra del Padre, y cuando regrese se manifestará en toda su magnificencia. Cuando centramos la atención en *este* Señor, en su poder y autoridad, nuestra fe crece con intensidad. El apóstol Pablo dijo:

> También pido en oración que entiendan la increíble grandeza del poder de Dios para nosotros, los que creemos en él. Es el mismo gran poder que levantó a Cristo de los muertos y lo sentó en el lugar de honor, a la derecha de Dios, en los lugares celestiales. Ahora Cristo está muy por encima de todo, sean gobernantes o autoridades o poderes o dominios o cualquier otra cosa, no solo en este mundo sino también en el mundo que vendrá. Dios ha puesto todo bajo la autoridad de Cristo, a quien hizo cabeza de todas las cosas para beneficio de la iglesia. Y la iglesia es el cuerpo de Cristo; él la completa y la llena, y también es quien da plenitud a todas las cosas en todas partes con su presencia (Efesios 1:19– 23 NTV).

Deja que estas palabras impregnen tu mente durante unos minutos. Te aseguro que después de hacerlo no verás la situación actual del mundo con la misma ansiedad y preocupación, ¡no *podrás*! Nuestro Señor está entronizado en el centro del universo gobernando todas las cosas. ¿Crees que puede apañárselas con un mercado de valores agitado? ¿Un virus? Él derrotó a la misma muerte. Todas las naciones, todas las criaturas doblarán su rodilla delante de Él. ¿Tenemos algo que temer estando bajo su protección?

Ten calma, aun cuando el mundo parece girar descontrolado; es solo lo que parece. De hecho, el Dios todopoderoso sigue en su trono, y como dice el antiguo himno: «Él tiene todo el mundo en sus manos».

CONCÉNTRATE EN SU CUIDADO DE TI

Colosenses 3:3 (NVI) dice: «Pues ustedes han muerto y su vida está escondida con Cristo en Dios».

Escondida. Igual que tu mano puede envolver suavemente un pétalo de rosa, la mano de Dios te envuelve suavemente a ti, una vez más, *con* Cristo. La expresión es «*con* Cristo *en* Dios». No puedo imaginarme un lugar más seguro en el que estar.

Cuando dependo de mis capacidades personales no me siento seguro. No tengo una gran fe en nuestra economía, vacunas, fuerzas armadas ni en ninguna otra cosa de este pobre mundo caído. Pero en Cristo me siento completamente seguro y protegido. Él es mi roca, mi refugio en tiempo de tormenta.

Fíjate en que no se nos pide que nos escondamos en Dios. Tu vida «está escondida». En otras palabras, ¡está hecho! Es una realidad presente y acabada, no algo que hemos de esperar ansiosamente que suceda. Si eres seguidor de Cristo, estás con Cristo, en Dios, y en última instancia eres libre y estás seguro. La próxima vez que te sientas preocupado busca un lugar tranquilo y reflexiona en esto.

De hecho, la Biblia está repleta de imágenes literarias y vocabulario relacionados con esta seguridad. Nos imaginamos con Sadrac, Mesac y Abednego siendo arrojados a un horno ardiente y saliendo de él sin siquiera oler a humo. Un cuarto hombre (Cristo) está junto a ellos (Daniel 3:25). Nos subimos al torbellino con Elías, algo que normalmente sería aterrador. Pero allí Elías encuentra paz, y nosotros también. Zarandeado por los potentes brazos de la tormenta, girando vertiginosamente y con un sonido atronador a su alrededor, Elías sonríe, tan cómodo como si estuviera descansando plácidamente en la cama de su casa (1 Reyes 19:10–12).

En lugar de preocuparnos por las catástrofes que afrontamos, podemos preguntarnos: ¿hay alguna razón, después de estos miles de años, para que Dios deje de protegernos? Nuestra seguridad no está en las cosas de la tierra, sino en nuestra posición con Cristo, en Dios, donde estamos *escondidos*.

CONCÉNTRATE EN SU COMPROMISO CONTIGO

Colosenses 3:4 (NVI) dice: «Cuando Cristo, que es la vida de ustedes, se manifieste, entonces también ustedes serán manifestados con él en gloria».

Una parte de estar con Cristo es que vamos siendo más como Él. Hoy estamos siendo transformados en algo que está un poco más cerca de su imagen cada día, pero cuando Él vuelva en gloria, el cambio será repentino e impresionante. Cristo vendrá con su glorioso cuerpo de resurrección, y nosotros tendremos también cuerpos semejantes al suyo.

Pablo reiteró este punto afirmando que Cristo «transformará el cuerpo de la humillación nuestra, para que sea semejante al cuerpo de la gloria suya» (Filipenses 3:21). ¿Te suena bien?

A medida que vamos haciéndonos mayores, vamos apreciando cada vez más el valor del bienestar corporal. No sé cuál es tu caso, pero mi «tienda» esta cada día más desvencijada. Un día conseguiré cambiarla por una nueva de un modelo de lujo. Este es el compromiso de Cristo conmigo y también contigo. Pon tu fe en Él y serás completa y asombrosamente renovado —espíritu, mente e incluso cuerpo— a su regreso.

En su libro *La fe y la duda*, John Ortberg nos recuerda que, para mantenernos centrados en Cristo, tendremos que aprender la diferencia entre esperar *algo* y esperar a *alguien*. Esperar algo, escribe, significa querer un desenlace concreto: un trabajo, una casa, una sanación. Pero, en última instancia, todas estas esperanzas terrenales nos decepcionan. Se deterioran, se rompen, se desvanecen o quizá nunca se cumplen. Todos aprendemos a vivir con lo inevitable de las esperanzas defraudadas.

En momentos tan significativos la pregunta es: ¿hay alguna esperanza más profunda? ¿Existe alguna cosa, alguien en esta vida que no nos decepcione nunca? La Biblia, afirma Ortberg, señala a un hombre, una esperanza, un Dios en quien merece la pena confiar, no por ninguna cosa en particular que pueda darnos, sino por quién es. Él es aquel *en quien* y *por quien* podemos tener esperanza. «Esperanza —concluye— es fe que espera el mañana».[17]

TRES FORMAS DE MANTENERTE CENTRADO EN CRISTO

Espero haberte convencido de la importancia de vivir centrado en Cristo. De ser así, puede que te digas: *De acuerdo, pero ¿cómo paso de estar centrado en las cosas de la tierra a estarlo en las del cielo?* Ahí van tres sugerencias para ayudarte en tu búsqueda esta vida centrada en Cristo.

Busca la voluntad de Dios. «Mas buscad primeramente el reino de Dios y su justicia, y todas estas cosas os serán añadidas» (Mateo 6:33).

¿Qué sucede con este versículo? La gente insiste en leerlo al revés, como si padeciera una extraña dislexia espiritual: «Añade todas estas cosas a tu vida, y después busca el reino de Dios y su justicia en el tiempo que te quede». Bendito el que lo lee como está escrito, como es debido, como resulta ser la verdad. Un misionero reformuló con acierto este texto: «Ocúpate de las cosas que son importantes para Dios y Él se ocupará de las que son importantes para ti».

Estando en la universidad, Richard Greene aprendió esta lección. Se preocupaba mucho por poder hacer frente a los gastos y estaba cada vez más agitado y temeroso. «¿De dónde va a venir el dinero que necesito? —preguntó en voz alta—. Por favor, Señor, ayúdame a pagar estas facturas».

Pocos minutos después recibió una beca inesperada. Después, un amigo le dio un cheque para cubrir el alquiler del mes. Todas estas cosas le fueron añadidas. Dios se ocupó de las necesidades educativas de Greene, y él siguió adelante y sirvió al Señor en Trans World Radio, difundiendo el mensaje de la Escritura por todo el mundo.[18]

Investiga la Palabra de Dios. Un día Jesús estaba invitado en casa de María y Marta, como nos cuenta el Evangelio de Lucas. El Señor se vio atrapado en un fuego cruzado entre prioridades en conflicto. Marta hacía de anfitriona y ama de casa mientras que María se sentó a los pies de Jesús y escuchaba atentamente lo que enseñaba. A Marta no le parecía justo, y así se lo hizo saber a Jesús: María, le dijo, tenía que hacer su parte. Como siempre, Jesús dio la respuesta menos esperada: «Marta, Marta, afanada y turbada estás con muchas cosas. Pero solo una cosa es necesaria; y María ha escogido la buena parte, la cual no le será quitada» (Lucas 10:38–42).

Nosotros afrontamos esta decisión cada día. Mantenernos centrados en Cristo requiere que permanezcamos enfocados en la Palabra de Dios. Geoffrey Thomas escribió: «El amor de Cristo es la motivación más fuerte para conocer las Escrituras, y si tenemos poco deseo de leer la Biblia, deberíamos preguntarnos si conocemos realmente al Salvador». En otras palabras, nuestra relación con la Biblia es un reflejo de nuestra relación con Cristo.[19]

Cuando tenía catorce años Jerry Bridges fue el solitario testigo de la muerte repentina y terrible de su madre. Su padre se encerró en su dolor y no se ocupó de ministrar a su hijo. Años más tarde, Bridges estudiaba ingeniería en la Universidad de Oklahoma como miembro del ROTC (Cuerpo de Entrenamiento de Oficiales de la Reserva). Una noche mientras estudiaba, alargó la mano hacia el estante para tomar un libro de texto. Su mirada se posó en una Biblia que sus padres le habían regalado cuando era niño. Se le pasó por la mente que ahora que era un verdadero cristiano tenía que leer la Biblia, y siguió aquel impulso durante muchos años.

Finalmente resultó que unas deficiencias auditivas impidieron que Bridges siguiera en la carrera naval. Se estableció en California y trabajó como escritor de manuales técnicos para un fabricante de aeronaves. Aunque su carrera no estaba siguiendo el guion deseado, Bridges prestó todavía más atención a lo que la Biblia dice sobre la vida en este mundo. Comenzó a experimentar una pasión por la Biblia que le llevó a pasar cincuenta años no en la Marina, sino con Los Navegantes, el ministerio internacional dedicado al estudio y a la memorización de las Escrituras.[20]

Durante este tiempo, Bridges se encontró escribiendo cuadernos, que después le llevaron a verdaderos libros que han alimentado a millones de almas hambrientas. Todos sus esfuerzos literarios brotaron de su vida íntima con Dios y su navegación diaria en la Palabra: su salvavidas cuando intentaba sobrellevar el desaliento de sus sueños profesionales frustrados. En su libro para días agitados, *Confiando en Dios: aunque la vida duela*, nos dice esto: «La voluntad moral de Dios que se nos da en la Biblia es racional y razonable. Las circunstancias en las que debemos confiar en Dios parecen muchas veces irracionales e inexplicables. Únicamente por medio de las Escrituras, aplicadas a nuestro corazón por el Espíritu Santo, recibimos la gracia para confiar en Dios en la adversidad. La fe para confiar en Dios durante la adversidad viene solo por la Palabra de Dios».[21]

Esto es lo que significa poner nuestra mente en Dios por medio de su Palabra. Como afirma Bridges, las Escrituras a menudo le dan la vuelta a la lógica de este mundo. La gente puede pensar que somos poco razonables. La verdad es que solo aquellos que ponen su mente en Dios saben lo que es realmente razonable; el curso de Dios es el único que finalmente prevalecerá.

Apoya la obra de Dios. El último secreto para permanecer centrado en Cristo es muy simple, potente y muchas veces olvidado. Sencillamente dirígete donde está su acción, y si no puedes estar físicamente encuentra otras formas de involucrarte.

En el sermón del monte, Jesús nos dijo: «No almacenes tesoros aquí en la tierra, donde las polillas se los comen y el óxido los destruye, y donde los ladrones entran y roban. Almacena tus tesoros en el cielo, donde las polillas y el óxido no pueden destruir, y los ladrones no entran a robar. Donde esté tu tesoro, allí estarán también los deseos de tu corazón» (Mateo 6:19–21 NTV). Podemos llamar a este texto un manifiesto de inversión para los hijos del reino. Derrámate en las cosas eternas, cosas que afectan al mundo invisible; cosas que cambian la población del cielo.

Jesús dijo que, de forma natural, nuestros corazones siguen a nuestros tesoros. Aquello que tenemos en más estima es un imán para nuestros pensamientos y emociones. Debemos, pues, aprender a valorar supremamente las cosas de Dios. Cuanto más nos entreguemos a sus propósitos, más centrados en Cristo estaremos. Esta es una forma rápida de poner a prueba esto: habla con alguien que acaba de volver de un breve periodo en la obra misionera. Puede que tú mismo hayas tenido esta experiencia. ¿Cómo te sentiste a tu regreso? ¿Cómo fue tu experiencia de dedicar varios días o semanas por completo al avance del evangelio? La mayoría de nosotros nos sentimos como personas completamente diferentes. Como nos recuerda un antiguo himno: «Lo terrenal sin valor será a la luz del glorioso Señor»[22] y en el santificado sudor de su servicio.

Ciertamente, nuestros tesoros terrenales comienzan a perder su brillo cuando los ponemos junto a los tesoros del reino de Dios. Y lo único que hemos de hacer para demostrar esto es apoyar la obra de Dios. En su libro *El principio del tesoro*, Randy Alcorn escribe: «Al decirnos que nuestros corazones siguen a nuestro tesoro, Jesús estaba diciendo: "Muéstrame tu talonario, tu extracto de la tarjeta de crédito y tus recibos, y yo te mostraré dónde está tu corazón"».[23]

Alcorn ofrece la ilustración de la compra de acciones como inversión. Cuando compramos unas determinadas acciones, pasamos a tener un interés personal en esta firma. Sus previsiones, sus dividendos y sus declaraciones de ganancias pueden afectar directamente nuestro patrimonio personal. Pueden subir o caer, dependiendo de cómo funcione dicha empresa en el mercado. De modo que estamos atentos a las páginas financieras y leemos nuestras alertas de Google para conocer cualquier indicio de cambio. Cuando vemos artículos sobre «nuestra compañía» o incluso sobre cualquier cambio relacionado con el sector en que hemos invertido lo leemos minuciosamente. Un mes antes no habríamos ni siquiera mirado esta noticia.

Esto es sencillamente la conducta lógica del inversor sensato, y cuando invertimos nuestra vida en el reino de Dios, nuestra mente y corazón actúan de la misma forma. Si comenzamos enviando dinero para ayudar a niños africanos con sida, sigue diciendo Alcorn, comenzamos a leer más sobre este tema que antes. Si estamos apoyando una nueva iglesia en India y oímos hablar de un terremoto, nos quedamos pegados a las noticias, orando todo el rato. La brújula siempre señala el norte, y nuestro corazón va donde nos lleva nuestro dinero.[24]

Puede que sea algo simple, pero es también un asunto de obediencia. ¿Estás dispuesto a redistribuir tus recursos para ayudar a centrar tu corazón y mente en Cristo? Es algo que siempre funcionará. Cuanto más ofrendes para sus propósitos, más centrado estarás en Él.

Hay otros muchos medios de permanecer centrado en Cristo en tiempos caóticos. Pero si empezamos buscándole de forma prioritaria e investigando lo que dicen de Él las Escrituras, si recordamos que nuestro corazón seguirá a nuestro tesoro y hacemos de las cosas de arriba ese tesoro, estaremos andando con paso firme por una vida centrada en Cristo.

Cuando vienen tiempos difíciles, como ha sucedido últimamente, es muy útil considerar el ejemplo de personas que han sufrido de forma mucho más profunda. A menudo podemos aprender muchas cosas de ellos. Un ejemplo perfecto es Viktor Frankl, quien sobrevivió a un campo de concentración nazi. Durante varios años su vida diaria se desarrolló en una atmósfera de crueldad, torturas, trabajos forzados, inanición y muerte. Solo habían estado casados durante nueve meses cuando él y su joven esposa fueron separados. Ella fue deportada a Bergen-Belsen y él fue enviado a Auschwitz.

En su libro *El hombre en busca de sentido*, Frankl describe una marcha de madrugada por la cárcel con un regimiento de hombres hambrientos y apáticos, moviéndose con torpeza en la oscuridad, tropezando con las piedras y chapoteando en el barro mientras los guardias les gritaban con saña y les golpeaban con las culatas de sus rifles. Solo se oía el silbido del viento helado. Pero finalmente, el hombre que estaba junto a Frankl susurró: «¡Si nuestras esposas nos vieran ahora! Espero que estén en una situación mejor en sus campos y no sepan lo que nos pasa a nosotros».

Cuando dijo esto, los pensamientos de Frankl se volvieron inmediatamente a su joven esposa. Pensó en su rostro, examinando cada rasgo en el santuario de su recuerdo donde ni siquiera los nazis podían entrar. Pensó en su alentadora sonrisa y en su mente reflexiva. El sol estaba despuntando en el horizonte, pero en su interior aquel pensamiento era más brillante y, de algún modo, daba energía a sus piernas y protegía su cuerpo.

Durante los meses que vendrían, hombres más fuertes abandonaron la esperanza y murieron en su entorno. ¿Por qué consiguió Frankl avanzar por aquel desdichado paisaje de sus días? Él atribuyó su resiliencia al poder de la concentración humana. Frankl mantuvo su mente en la energizante imagen de su esposa, y de ella sacó fuerzas y consuelo, propósito y sentido para una vida que anhelaba estas cosas. «Entendí que un hombre a quien no le queda nada en este mundo puede conocer la dicha —escribe—, aunque solo sea por un breve momento, en la contemplación de su amada».

Frankl descubrió que el amor es el más profundo de todos los motivadores. Finalmente, comprendió las palabras de un antiguo proverbio: «Los ángeles están perdidos en la perpetua contemplación de una gloria infinita».[25] Esos ángeles conocen, mejor que nosotros, dónde se encuentra la verdadera alegría. Esta fuente abundante es un pozo sin fondo, y cuando las pruebas de esta vida nos hacen sentir débiles y sedientos, haríamos bien en encontrar este pozo y saciar nuestra sed en él.

Hace varios años, mi esposa y yo fuimos invitados a la ciudad inglesa de Oxford, a unas conferencias sobre la predicación expositiva patrocinadas por *Preaching Magazine*. El encuentro se celebró en la iglesia de St. Andrew y me invitaron a dar uno de los mensajes desde el histórico púlpito en que el Dr. G. Campbell Morgan había enseñado la Palabra de Dios. Cuando regresé a Estados Unidos después de las conferencias, me sorprendió recibir un paquete con varios libros sobre G. Campbell Morgan, entre ellos *In the Shadow of Grace: The Life and Meditations of G. Campbell Morgan* [Bajo la sombra de la gracia: la vida y meditaciones de G. Campbell Morgan]. Leyendo este libro descubrí que G. Campbell Morgan había ministrado la Palabra de Dios durante un periodo en el que se produjo el hundimiento del Titanic y la Primera y Segunda Guerra Mundial. Todos estos acontecimientos impactaron de un modo personal la vida de los miembros de su congregación.

In the Shadow of Grace cita extractos de los sermones que Morgan predicó durante tiempos de guerra y tragedia. Según sus propias palabras, Morgan era un pacifista. Sin embargo, con el avance de las tropas alemanas hacia Inglaterra, vio necesario hablar a favor de la guerra y de la protección de su nación.

El día 3 de marzo de 1916, G. Campbell Morgan predicó un sermón que tituló «El corazón estable en el día del horror», cuyo propósito, expresado explícitamente por él, era animar a sus oyentes a mantenerse centrados en Cristo.

Las personas fuertes son aquellas que están siempre fijas en algún lugar, que tienen una convicción de la que no pueden ser separados mediante argumentos, que no puede ser cambiada, sean cuales sean las circunstancias en que viven. A veces estas personas son muy rígidas, pero son asombrosamente fuertes; son singularmente obstinadas, pero fantásticamente responsables. Por consiguiente, siempre sabemos dónde encontrarlas. El corazón estable es el secreto del valor. El valor es un asunto del corazón, es la conciencia del corazón estable. ¿Qué, pues, hemos de hacer en el día del horror? Cumplir con nuestro deber; aquello que está más cerca; aquello que tenemos que hacer mañana por la mañana. Lo haremos y lo haremos bien; lo haremos con alegría. Lo que esta nación necesita ahora, tanto o quizá más que ninguna otra cosa, es la multiplicación de almas fuertes y silenciosas que no tienen miedo de las malas noticias, aunque puedan venir los zepelines, y no suscitan este pánico que desmoraliza, sino que simplemente hacen su trabajo.[26]

A esto se le llama estar centrado. Ningún nivel de persecución, ningún titular, ninguna burbuja inmobiliaria, ninguna crisis puede empañar un ápice de esta paz, alegría y amor. Dale a Cristo tu mente y tu corazón. Inviértete en las cosas que más le importan a Él. Descubrirás todo un nuevo mundo, gobernado de forma perfecta y amorosa por nuestro Señor, y muy pronto entenderás que los acontecimientos de esta vida terrenal también están en sus maravillosas manos.

CAPÍTULO 7

MANTÉN LA CONFIANZA

D esde que tengo recuerdos, la Biblia ha formado una parte importante de mi vida. Crecí en el hogar de un predicador bautista y comencé a memorizar la Biblia en mi infancia como miembro de una organización llamada Asociación para la Memorización Bíblica. No estoy seguro de cuál era mi motivación en aquel tiempo. Probablemente competía para ganar algún premio. Pero puedo decirte que todavía hoy, después de tantos años, recuerdo versículos que memoricé cuando era niño.

Mi primera relación significativa con la Biblia se produjo cuando estaba en sexto. Aunque no lo creas, en aquel tiempo los Gedeones tenían libertad para distribuir ejemplares del Nuevo Testamento a los estudiantes de sexto curso en las escuelas públicas. Y recuerdo que me regalaron un ejemplar del Nuevo Testamento y comencé a leerlo por mi cuenta.

Un poco más adelante, mis padres me regalaron una Biblia de referencia de Scofield: la primera Biblia con notas que había visto hasta aquel momento. Era de color gris y aún la conservo en mi oficina. Recuerdo que a menudo leía aquella Biblia y exploraba los comentarios del Dr. Scofield cuando no entendía algo del texto.

Durante los dos últimos años de mi experiencia universitaria en Cedarville, Ohio, hice varios cursos bíblicos y comencé a plantearme en serio hacerme un ministro del evangelio. Cuando me gradué de Cedarville entré en el Seminario Teológico de Dallas y comencé el estudio académico de la Biblia.

En mis cincuenta años de ministerio solo he pastoreado dos iglesias. En 1969, Donna y yo comenzamos la iglesia bautista Black Hawk en Fort Wayne, Indiana, y la pastoreamos hasta 1981. Entonces nos trasladamos a San Diego para dirigir la que ahora se llama Shadow Mountain Community Church. En este momento llevamos casi cuarenta años en esta iglesia. Cuando en 1990 construimos nuestro centro de adoración, encargamos un hermoso vitral para la fachada del edificio. Las palabras que pusimos en esta ventana dan testimonio del lugar prioritario que le damos al libro de Dios, la Biblia. Estas palabras son del Salmo 119:130: «La exposición de tus palabras alumbra».

Cuando la gente me pregunta a qué me dedico, a menudo mi respuesta es: «Pues mire usted, lo que hago es leer la Biblia, estudiar la Biblia, predicar la Biblia y comunicarla por radio y televisión. Escribo libros, artículos y guías de estudio sobre la Biblia, y también comunico la Biblia por internet. Esto es lo que creo que Dios me ha llamado a hacer, es lo que quiero hacer, y francamente, ¡es lo único que sé hacer!».

Creo que la Biblia es el único libro inspirado por Dios que jamás se ha escrito, el único texto de la antigüedad que es eternamente relevante. Las urgentes preguntas de nuestro pasado, presente y futuro se responden en este libro porque las Escrituras, como Cristo, son eternas y tienen autoridad ayer, hoy y por los siglos. Ellas nos explican la vida, pero también nos dan fuerza y consuelo para afrontar los rigores de nuestro recorrido vital. Quizá más que ninguna otra cosa que hayamos hablado hasta ahora, la Biblia es la clave para vivir confiados en un mundo caótico.

Si la historia de la experiencia humana nos enseña algo es esto: la Biblia no es un libro corriente. Compuesta por sesenta y seis libros, escrita por unos cuarenta autores distintos a lo largo de muchos siglos, es una forma de antología milenaria sin ninguna razón terrenal para estar tan perfectamente unificada. Es increíble que hable con una voz tan autorizada, o que todas sus secciones, capítulos y versículos sigan teniendo un poder tan grande sobre las vidas humanas después de varios milenios. No hay explicación para ninguna de estas cosas a no ser que sea la Palabra eterna de Dios. Estoy convencido de que este libro milagroso nos ofrece un riguroso relato de la historia y el *único* relato del futuro. En este mismo instante necesitamos el transformador mensaje de la Biblia.

Beth Moore entiende que deberíamos desear una constante dieta de Escritura por lo que dice sobre sí misma: es «viva y poderosa» (Hebreos 4:12 NVI). No se trata de un documento antiguo y polvoriento con uno o dos pasajes que siguen teniendo un cierto interés. La palabra griega que se traduce como «viva» sugiere que la Palabra está rebosante de vida. Moore concluye que si creemos esto, y si aceptamos que la Escritura es «exhalada por Dios» (2 Timoteo 3:16), «podemos decir que cada aliento nos llega todavía caliente de la boca de Dios. Como si acabara de pronunciar la palabra».[1]

Cuando abres este libro, no estás meramente abriendo un libro. Cuando lees la Palabra, estás haciendo mucho más que leer palabras. No estás solo recibiendo información; estás recibiendo *vida* fresca directamente del aliento de Dios. Tampoco estás estudiando las obras de escritores muertos, sino escuchando la voz del Señor vivo. Y cuando este mundo está en crisis y todo parece haberse vuelto del revés, cuando lo bueno pasa por malo, este libro tiene las respuestas que necesitas. Tú y yo deberíamos habitar sus páginas más de lo que habitamos nuestras casas físicas. Deberíamos nutrirnos de su verdad con la misma tranquilidad con que comemos la comida que servimos en nuestra mesa. Cuando no hay otra fuente visible de confianza, podemos mantenernos confiados en la Palabra de Dios.

CURA PARA EL ESCOZOR DE OÍDOS

Timoteo era un hombre joven con una ardua tarea por delante. Su mentor, el apóstol Pablo, le había dejado en Éfeso para guiar a la iglesia. Aquello no iba a ser fácil.

Pablo entendía que su joven protegido necesitaba ánimo. Inmovilizado en la cárcel poco antes de su ejecución a manos de los romanos, a Pablo no le habría venido mal que alguien le transmitiera un poco de ánimo. Pero el fabricante de tiendas de Tarso era un hombre sabio y piadoso en esta última etapa de su vida, y no dado a la autocompasión. Siempre abundando en el gozo de la obra de Dios, Pablo escribió una carta aconsejando a Timoteo que se mantuviera centrado en una tarea con implicaciones eternas. La carta expresa una urgencia que la lleva a destacarse entre todas sus epístolas. Puede que sintiera lo mismo que Jesús en el aposento alto: el tiempo era corto y había mucho en juego para el reino de Cristo.

Éfeso era un crisol de culturas donde la gente, también los creyentes, se hacían más mundanos cada día. La inspirada Palabra de Dios se trataba como algo trivial, de manera que Pablo le escribió a Timoteo: «Te encarezco delante de Dios y del Señor Jesucristo, que juzgará a los vivos y a los muertos en su manifestación y en su reino, que prediques la palabra; que instes a tiempo y fuera de tiempo; redarguye, reprende, exhorta con toda paciencia y doctrina» (2 Timoteo 4:1–2).

Observa la expresión «Te encarezco». Se utiliza otras seis ocasiones en la Escritura. Siempre precede a un mandamiento claro y urgente. Aun sin la solemne cláusula inicial, estas palabras habrían tenido el mismo peso que cualquier otro mandamiento bíblico. Pero el ruego añadido subraya las palabras que siguen. Nos dice: «Escucha con mucho cuidado; lo que sigue es un asunto de vida o muerte». Después tenemos la expresión: «Delante de Dios y del Señor Jesucristo, que juzgará a los vivos y a los muertos en su manifestación y en su reino». ¿No sientes la solemnidad con que Pablo enmarca esta palabra de consejo? De nuevo, hay una referencia al fin de los tiempos en el contexto de una llamada a la acción presente.

El siglo veintiuno no es distinto del primero. Para nuestra cultura, como sucedía en Éfeso, la Palabra de Dios es objeto de burla y ridiculización. Pablo habla de un tiempo en que las personas «no sufrirán la sana doctrina, sino que, teniendo comezón de oír, se amontonarán maestros conforme a sus propias concupiscencias, y apartarán de la verdad el oído y se volverán a las fábulas» (2 Timoteo 4:3–4).

Vivimos en una era de diez mil voces enfrentadas, todas ellas muy seductoras, todas diseñadas para halagar los oídos de una sociedad sin rumbo. Cada día se inventan religiones nuevas. Si Pablo escribiera hoy, puede que las llamara «caramelos para los oídos». Suenan dulces, pero no tienen ningún valor nutricional. Considera los libros que se encaraman a las listas de los superventas, cada uno de ellos ofreciendo un «nuevo» camino sospechosamente cómodo para encontrar verdad, sentido y propósito sin ningún esfuerzo. Escucha a los gurús que llenan las tertulias y programas de entrevistas. Te darás cuenta de que las nuevas «religiones» de moda apelan al ego sin hacer casi demandas de obediencia o sacrificios.

Pluralismo y tolerancia son las consignas de la época, pero generan más agitación, no más paz. Todas las respuestas que buscamos están en la Palabra de Dios, donde nos han estado esperando durante dos mil años. Pero las masas prefieren escuchar cosas divertidas que la verdad que renueva el alma.

HAMBRE DE ESCUCHAR

Mucho antes de Pablo, el profeta Amós advirtió: «He aquí vienen días, dice Jehová el Señor, en los cuales enviaré hambre a la tierra, no hambre de pan, ni sed de agua, sino de oír la palabra de Jehová» (Amós 8:11). Es una extraña clase de hambre, ¿no crees? El problema no es la falta de alimento físico sino espiritual.

Bien podríamos estar en las primeras etapas de esta hambre de escuchar. Durante muchas generaciones la Palabra de Dios ha sido el centro de la predicación de la iglesia. Hoy está de moda cuestionar la autoridad bíblica, incluso en las principales comunidades de fe. Algunos oradores populares abogan por procesar la Palabra de Dios a través de filtros culturales contemporáneos, en lugar de hacerlo al revés. Nosotros hemos entendido que no es nuestra prerrogativa juzgar la Biblia sino la suya juzgarnos a nosotros. Pero hoy muchos están maquillando la Palabra de Dios para hacerla apetitosa a quienes buscan una espiritualidad que solo cuesta el precio de un superventas. En lugar de conformarnos nosotros a imagen de Cristo, queremos adaptar su imagen, y todo lo demás de la Escritura, a nuestra triste condición. Hace cuarenta años solía decirse: «Si te hace sentir bien, hazlo». Hoy es más sutil. Decimos: «Si te suena bien, créelo».

Cuando intentamos entender cómo vivir con confianza en este mundo demencial y caótico deberíamos acercarnos decididamente a la Biblia, no alejarnos de ella, como tantos están haciendo. Somos como los supervivientes del Titanic, el grandioso trasatlántico de lujo, flotando impotentes sobre las olas. En la botadura de este barco, un empleado de la White Star Line se jactó: «Ni Dios mismo podría hundir este barco».[2] Sin embargo, aunque era una nave moderna y lujosa, se hundió... y dejó a sus pasajeros en el agua, peleándose por un pedazo de madera que los mantuviera a flote.

Esto ilustra nuestra situación en este momento. Nuestra cultura de prosperidad material parecía una nave insumergible, pero se está desmoronando. Aunque todo lo demás pueda fallar, la Palabra de Dios nunca lo hará. El Jesús que calmó la tormenta y anduvo sobre las olas sigue teniendo el control de la situación.

¿Qué son nuestras cifras de desempleo de dos dígitos, o las deudas y rescates de miles de millones de dólares para aquel que creó todas las estrellas del firmamento? Él sigue reinando, sigue hablando, y su Palabra sigue ofreciéndonos la provisión para cada necesidad que tenemos en un tiempo como este.

¿Qué son, pues, exactamente estas necesidades? Pablo va a darnos una clave. En muchos sentidos, el gran apóstol le estaba diciendo a Timoteo lo que la iglesia de Éfeso y las iglesias de nuestras ciudades necesitan escuchar cuando el predicador se levanta para hablar.

NECESITAMOS UNA PALABRA SEGURA DE PARTE DE DIOS

En este texto, Pablo le dio cinco mandamientos a Timoteo. Las directrices del mentor casi saltan de la página por su urgencia y energía:

¡Predica!

¡Está preparado!

¡Redarguye!

¡Reprende!

¡Exhorta!

Recordemos que Pablo había estado trabajando con un gran sentido de urgencia durante tres décadas, estableciendo el máximo número posible de iglesias por todo su mundo. Él sabía que su ministerio había casi terminado, aunque en su interior seguía ardiendo el fuego por alcanzar nuevos territorios y nuevas almas. Ahora debe poner el futuro de todos sus esfuerzos en manos de la siguiente generación de evangelistas, predicadores y maestros, entre los cuales está Timoteo, su apreciado pupilo. Pablo anhelaba ver al Espíritu Santo tomando posesión de la joven vida de Timoteo.

El apóstol escribió: «Porque yo ya estoy para ser sacrificado, y el tiempo de mi partida está cercano. He peleado la buena batalla, he acabado la carrera, he guardado la fe» (2 Timoteo 4:6–7). ¿Captas la pasión de sus palabras?

En el capítulo anterior de esta carta, Pablo le había hablado a Timoteo de la verdad y la importancia de defenderla. Había previsto un tiempo en que los líderes religiosos serían adictos al placer más que a la comunión con el Padre, y tendrían una apariencia de piedad, pero sin el poder que conlleva la verdadera piedad. «A estos evita», concluyó (2 Timoteo 3:4–5). Ahora, en el capítulo cuatro, Pablo le dice a Timoteo que no basta simplemente con reconocer lo que está bien, debe *proclamarlo*. ¡Debe *predicar* la verdad!

La Palabra que utilizó para *predicar* significa «proclamar un mensaje con una formalidad, gravedad y autoridad que impelen a ser escuchado y obedecido». Sabemos que, desde el principio, la predicación ha sido el vehículo de Dios para invitar a las personas a entrar en su reino. Pablo habló de «la locura de la predicación» (1 Corintios 1:21) por cuanto las mismas palabras que el creyente entiende como una revelación divina al resto del mundo le parecen disparates. Naturalmente, la clave de esta diferencia está en el Espíritu Santo. El puritano Thomas Watson explicó: «Los ministros llaman a la puerta del corazón de los hombres; el Espíritu viene con una llave y la abre».[3]

Turning Point es nuestro ministerio internacional para hacer exactamente lo que estamos diciendo: predicar la Palabra al mundo. Utilizamos radio, televisión, internet, mensajes grabados, impresos y, a veces, lo hacemos a la antigua usanza: vamos a distintos rincones del mundo y predicamos el evangelio en persona.

En uno de estos viajes a Wake Forest, Carolina del Norte, me estaba preparando para hablar en una cena. Alguien me dijo que un capellán del ejército estadounidense quería compartir una palabra. Esto no es algo que sucede en nuestras reuniones con mucha frecuencia, pero Dios tenía grandes cosas en mente aquella noche. Permíteme contarte su increíble historia.

Su nombre es Brad Borders. Era joven y su vida estaba marcada por algunas decisiones erróneas. Desde su adolescencia había estado confuso y sin rumbo, y su futuro parecía poco prometedor. Pero un día de 1994, mientras conducía por las escarpadas carreteras de Smoky Mountains, en Carolina del Norte, se concentró en controlar el vehículo para poder encender la radio. De entre todo lo sintonizable, Brad sintonizó a un predicador de la Biblia que, de todos los temas predicables, estaba predicando sobre Apocalipsis, uno de los libros bíblicos más difíciles.

Brad describió a nuestros oyentes de aquella cena la extraña sensación que tuvo al escuchar una enseñanza bíblica siendo ateo.

Como dijo Pablo, a un no creyente puede parecerle pura necedad. Brad siempre había rechazado este tipo de cosas con bastante facilidad. Pero aquel día, el mensaje le llegó finalmente alto y claro. Debió de ser como escuchar a alguien hablando otro idioma, sin entender nada, y luego, en un momento, recibir la capacidad de comprender todas las palabras. De repente todo le encajó.

Dios existe, pensó abruptamente.

El pensamiento siguiente fue: *Y Jesucristo es su Hijo. Y yo no le conozco. Y si esto no cambia, mi vida seguirá siendo un caos.* ¡Es extraño que puedas estar conduciendo por una carretera —dijo Brad— y, de repente, creas que todo tu destino depende de las palabras de un libro que tiene más de dos mil años! ¿Qué puede hacer que alguien crea algo así? ¿Qué clase de misterioso poder puede llevar a una mente adulta a esta conclusión en el espacio de un instante?

De repente, el pastor (este era yo) le estaba hablando directamente a Brad. Le pedía a cada oyente que se detuviera por un momento y se hiciera una pregunta. *¿Qué va a suceder el día que mueras?*

Brad no tenía ninguna respuesta para esta pregunta. No tenía defensa ni excusa. Necesitaba a Jesús. Necesitaba perdón. Estaba seguro de que Dios, el creador de todas las cosas, estaba vivo, y de repente quería conocerle, más que ninguna otra cosa en el mundo. Sentado al volante de un Saturn del 92, Brad derramó su corazón en oración. Pidió perdón, salvación y el privilegio de conocer a Cristo de un modo personal. Dios le concedió todas sus peticiones.

Habían pasado catorce años y aquel mismo hombre estaba ante un micrófono en nuestra cena, donde mantuvo a los oyentes fascinados. Durante los años que habían transcurrido, había sido instruido y discipulado, como Pablo había hecho con Timoteo. Había pasado por el seminario, había sido ordenado como pastor, se había alistado como capellán y encomendado como siervo del evangelio, viajando a lugares que nunca había soñado que vería.

Me quedé asombrado al escuchar su historia. No conocía de nada a Brad ni había oído una palabra de su historia. Solo le conocí porque fui invitado a Carolina del Norte. Me pregunté qué otras cosas estaba haciendo Dios por medio de nuestro ministerio de las que no tenía idea. ¡Alabado sea Dios! Esta es la punta del iceberg; su Palabra nunca vuelve vacía. Él nos ha prometido:

> Porque como desciende de los cielos la lluvia y la nieve, y no vuelve allá, sino que riega la tierra, y la hace germinar y producir, y da semilla al que siembra, y pan al que come, así será mi palabra que sale de mi boca; no volverá a mí vacía, sino que hará lo que yo quiero, y será prosperada en aquello para que la envié (Isaías 55:10–11).

En el caso de que tengas alguna duda sobre los beneficios de la Palabra de Dios, considera esto. Desde que Brad Borders se hizo capellán, ha llevado a más de setecientos soldados a Jesucristo.

Este es el poder colosal de la Palabra de Dios por medio de la predicación. No tiene nada que ver conmigo. Créeme, yo no puedo convencerte, ni a ti ni a nadie, para que creas en la realidad de Cristo y le consagres tu vida completamente, a no ser que el Espíritu Santo vigorice las palabras de mi boca. En circunstancias normales, Brad, un ateo sin dirección, nunca podría haber dado un giro a su vida en un instante y convertirse en alguien capaz de llevar a más de setecientos soldados a Cristo. Y aunque fuera así, sería incluso menos probable que esto hubiera sucedido por un sermón del libro de Apocalipsis. Aunque Brad no creía ni una palabra, evidentemente el predicador sí. En otras palabras, era una segura palabra de Dios.

Te sorprendería saber cuántas veces han sucedido cosas tan improbables como esta, comenzando siempre con una predicación de la Palabra. Considera este relato de una mujer en su lecho de muerte. Ella misma explica que fue salva leyendo un arrugado y ajado pedazo de papel de envolver en un paquete procedente de Australia. Alguien había usado el texto impreso de un sermón de Charles H. Spurgeon para envolver un paquete que mandó por correo. Aquel sermón fue predicado en Inglaterra, impreso en Estados Unidos y enviado a Australia, y después enviado de nuevo a Inglaterra como envoltorio de un paquete, donde una mujer lo leyó y tuvo un encuentro con Jesucristo. La Palabra viajó decenas de miles de kilómetros impresa en un papel de periódico barato, ajado y arrugado. Pero a través de este humilde medio de comunicación, la verdad resplandeció fulgurante y la Palabra de Dios no volvió vacía.[4]

NECESITAMOS UNA SERIA PALABRA DE DIOS

Necesitamos una palabra segura pero también seria. Pablo le escribió a Timoteo: «Insiste a tiempo y fuera de tiempo».

La palabra *insiste* significa «estar dispuesto a ayudar; estar disponible». Esta expresión transmite más que la simple idea de estar atento. Hay un sentido de urgencia y vigilancia en estar preparados del modo en que Pablo lo describe. Es la idea de un soldado que está apostado en el muro a medianoche, sabiendo que el enemigo está a distancia de fuego. «A tiempo y fuera de tiempo» básicamente significa esto: en el momento correcto *y* en cualquier momento. Proclamamos la Palabra de Dios cuando es aceptada de buen grado y también cuando no lo es. Las personas necesitan siempre una seria palabra de Dios.

¡Aquellos que hemos recibido la responsabilidad de enseñar la Palabra de Dios hemos de entender que es un asunto serio! No hay nada más triste que los manjares de la Palabra de Dios servidos con poco aroma y tibios. Nos acercamos a cuestiones que afectan a nuestros corazones, nuestras almas y nuestro destino celestial. El elemento de la solidez racional es importante, como veremos, pero el corazón de la predicación es... el corazón. Predicamos la Palabra para cambiar vidas.

Es posible tener estímulos intelectuales sin ser cambiado interiormente. Esta es la razón por la que hemos de proclamar la Palabra a los corazones de las personas que ministramos, con autoridad y certidumbre.

Una viñeta de mi amigo Rob Suggs en *Leadership Journal* mostraba a un pastor con semblante triste estudiando un gráfico que ilustraba el desplome de la asistencia a la iglesia. Al parecer la mayor parte de su congregación había dejado de asistir a los servicios. Un amigo estaba sugiriéndole amablemente: «No soy un experto, Bob, pero quizá sería de ayuda si no acabaras todos tus sermones diciendo: "Pero de todos modos, ¿qué puedo saber yo?"».[5]

Pablo le ordenó a Timoteo que proclamara el mensaje del evangelio con osadía. Las personas necesitan una palabra seria de parte de Dios, de manera que hemos de dar nuestro mensaje como si no hubiera mañana; y la verdad es que no lo hay.

NECESITAMOS UNA PALABRA SISTEMÁTICA DE PARTE DE DIOS

También necesitamos una palabra sistemática de Dios. Debemos ser atrevidos con nuestro mensaje. Lo compartimos con la mayor certidumbre y urgencia. Pero debemos también expresarlo de un modo inteligente.

Pablo utilizó tres importantes palabras en este versículo: *convencer* (redargüir), *reprender* y *exhortar*. Los escritores los conocen como «verbos fuertes»: se trata de palabras que expresan una acción agresiva. ¿Qué podemos aprender de estas palabras que nos sea útil para estos tiempos de crisis nacional y mundial?

Nuestra mente debe estar convencida por la Palabra

Convencer es «presentar un argumento o una enérgica apelación», algo así como un abogado presentando un informe. Estamos intentando cambiar la mente del oyente.

J. Sidlow Baxter escribió: «Personalmente, las pruebas más satisfactorias de que la Biblia es divinamente inspirada no son aquellas que solemos leer en volúmenes de evidencias religiosas o apologética cristiana, sino las que descubrimos por nosotros mismos en nuestro propio estudio del libro. A quienes exploran la Biblia en un espíritu de oración, esta tiene su propia forma de revelarles sus credenciales internas».[6]

A. T. Pierson, el erudito del siglo XIX, se expresa en el mismo sentido: «Todo estudio de la Biblia es un estudio de las pruebas del cristianismo. La Biblia es, de por sí, el mayor de los milagros».[7]

Este milagro actuó en su momento en un joven G. Campbell Morgan. Él había crecido en un hogar cristiano, sin cuestionar nunca que la Biblia era la Palabra de Dios. Pero en la universidad su fe fue severamente cuestionada y comenzó a tener dudas. «Todo el mundo intelectual estaba bajo el dominio de los científicos físicos y la filosofía materialista y racionalista —dijo posteriormente—. Llegó un momento en que no estaba seguro de nada».

En aquel tiempo estaba de moda atacar la veracidad de la Escritura. Este nuevo grupo contrataba grandes salas de conferencias y espacios para conciertos por toda Inglaterra para atacar la autoridad de la Biblia. Armados con toda su artillería intelectual, aquel ejército de escépticos turbó al joven Morgan. Estudió todos los libros que encontró —a favor y en contra de la Biblia, a favor y en contra del cristianismo— hasta que su mente quedó saturada de argumentos y refutaciones.

Finalmente exhaló un suspiro, reunió todos los volúmenes y los encerró en un armario. Luego fue a una librería y compró una Biblia nueva. Había decidido que iba siendo hora de dejar que el venerable y antiguo libro hablara por sí mismo. El joven Morgan creyó que si la Biblia era verdaderamente inspirada por Dios, y él la leía con una mente abierta, entonces ella misma se encargaría de convencerle. De manera que la abrió y comenzó a leerla.

La Biblia le hablaba con elocuencia y autoridad. La unidad de los sesenta y seis libros inspirados, el gran número de formas literarias reunidas a lo largo del tiempo y la profundidad del propio mensaje: todos estos elementos de la experiencia con la Biblia le abrumaban. ¡En ella encontraba una clara expresión del poder y la presencia de Dios! «Aquella Biblia me encontró a mí», diría más adelante. Después de aquel año, 1883, Morgan fue un devoto estudiante de las Escrituras para el equilibrio de su vida.[8]

A nuestra cínica cultura le gustaría que creyeras que la vida cristiana es algo carente de sentido construido alrededor de un libro corriente que no es más que una mezcolanza de mitos polvorientos. Es todo un asunto de emoción, afirman, puro autoengaño. Según el estereotipo, cuando adoptas el cristianismo tienes que renunciar a la racionalidad, y las personas inteligentes deberían quedarse al margen.

Pero lo cierto es que la Palabra de Dios es el cuerpo de literatura más racional, exacto y bien documentado de la historia del mundo. Necesitamos el intelecto que Dios nos ha dado, ya desde el comienzo mismo del permanente proceso de recibir su enseñanza profunda y multidimensional. Esto es exactamente lo que han descubierto grandes pensadores a lo largo de los siglos: sir Isaac Newton, quien nos dio las leyes esenciales de la física; Blaise Pascal, el famoso matemático y científico; sir Francis Bacon, padre del método científico; Michael Faraday, pionero fundador de la química y el electromagnetismo. Y hoy, por dar solo uno de muchos ejemplos, tenemos al profesor Henry F. Schaefer, uno de los más eminentes físicos del mundo, cinco veces nominado al Premio Nobel y devoto seguidor de Jesucristo.[9] Esto es lo que muchos de estos hombres te dirían: si para ser cristiano hay que tener fe, ¿cuánta más fe se necesita para rechazar este libro sorprendente e intemporal que es la Biblia? Hoy la gente nos dice que el tiempo de los milagros ha terminado y que ellos nunca han visto ninguno. Pero si posees una Biblia, tienes un milagro vivo en la mano.

Nuestras voluntades tienen que ser convencidas por la Palabra

La segunda palabra de Pablo en este texto es *reprender*. No es mi palabra preferida ni la tuya, pero forma una parte necesaria de la vida y de la fe. Significa «reconvenir». Es sinónimo de la palabra *convencer*. En un contexto espiritual, significa hablar claro contra el pecado allí donde lo encontramos.

En la iglesia de hoy esto puede ser una aventura. Pero hasta cierto punto, la naturaleza humana siempre ha sido dura con quienes dicen la verdad. Entendemos por qué los pastores rehúyen muchas veces decir «las cosas como son», pero a decir verdad, muchas veces han subestimado a sus oyentes. Las personas necesitan escuchar un evangelio sin florituras; ¡una palabra segura de parte de Dios!

Demasiados pastores de hoy intentan ser amigables con sus feligreses y no ofender. Mi planteamiento no es predicar o no sobre el pecado. También quiero alcanzar a quienes buscan respuestas espirituales. Pero mi meta es ser fiel a la Palabra de Dios. Predico lo que encuentro en sus páginas y procuro ignorar la conveniencia de tocar o no este tema. Lo que sucede es que, de vez en cuando, ¡la Biblia tiene algo que decir sobre el pecado! Si la Biblia lo dice, nosotros también hemos de hacerlo. Y con mucha frecuencia, es el mensaje que las personas están deseosas de escuchar.

John Steinbeck, autor de *Las uvas de la ira*, no escribió precisamente desde una perspectiva evangélica. Pero en otro de sus libros, *Travels with Charlie* [Viajes con Charlie], relató de forma muy interesante su reacción ante un sermón que escuchó en una iglesia de Nueva Inglaterra:

Lo que suele suceder actualmente, al menos en las grandes ciudades, es que nuestros sacerdotes psiquiatras nos explican que nuestros pecados no son en realidad pecados, sino accidentes que ponen en marcha fuerzas fuera de nuestro control. En aquella iglesia no se decían este tipo de disparates. El ministro, un hombre de hierro con ojos acerados y que hablaba como un taladro neumático, empezó con una oración y nos aseguró que éramos un grupo bastante lamentable. Y tenía razón. Ya en el principio no éramos gran cosa, y nuestros penosos esfuerzos nos han llevado cuesta abajo desde entonces. Luego, cuando nos dio una buena somanta, desgranó un sermón glorioso, un panegírico de fuego y azufre. [...] Habló del infierno como un verdadero experto, no de la pantomima de infierno de estos días blandengues, era un infierno al rojo y bien abastecido por técnicos de primer orden.

Este reverendo explicó las cosas para que pudiéramos entenderlas, y aquello era un buen fuego de carbón. [...] Durante algunos años, Dios había sido para nosotros un colega que practicaba el compañerismo y todo eso. [...] Pero ese Dios de Vermont se preocupaba lo suficiente por mí para asumir la penosa tarea de zurrarme fuerte. Dio una nueva perspectiva a mis pecados. Mientras que hasta entonces habían sido pequeños, perversos y desagradables y mejor olvidarlos, este ministro les dio un cierto tamaño y entidad y dignidad. [...] No era un niño travieso, sino un pecador de primer orden.[10]

Amy Carmichael, la poeta misionera, escribió: «Si nunca te has sentido herido por alguna palabra de parte de Dios, es probable que nunca le hayas escuchado hablar».[11] La Biblia hace muchas cosas. Elevará tu espíritu, te hará llorar lágrimas de pura alegría y te llevará a la adoración. Pero también hay veces que te agarra por la solapa, te acerca el rostro y te muestra el pecado de tu vida de tal manera que no puedes esconderte. Cuando escuchas la Palabra —a través de la predicación, en grupos pequeños o en tu estudio personal—, ¿le pides a Dios que arroje luz en las zonas oscuras de tu carácter, te convenza de pecado y te dé victoria sobre él?

En su carta a Tito, Pablo describe lo que debe hacer un verdadero maestro. «Debe tener una fuerte creencia en el mensaje fiel que se le enseñó; entonces podrá animar a otros con la sana enseñanza y demostrar a los que se oponen en qué están equivocados» (Tito 1:9 NTV).

Pablo también menciona la meta final de la predicación: «Amonestando a todo hombre, y enseñando a todo hombre en toda sabiduría, a fin de presentar perfecto en Cristo Jesús a todo hombre» (Colosenses 1:28). No podemos presentar a todo hombre y mujer perfectos en Cristo Jesús sin confrontar imperfecciones cuando las descubrimos. Las cosas funcionan simplemente así; nuestra voluntad tiene que ser persuadida por la Palabra.

Nuestros corazones necesitan el consuelo de la Palabra

En su libro *Edges of His Ways* [Márgenes de sus caminos], Amy Carmichael da en el blanco cuando señala que sea cual sea nuestra necesidad y por oscura que sea la nube que pende sobre nosotros, en algún lugar de la Biblia encontraremos la palabra adecuada, precisamente el remedio que necesitamos. Puede que no sea el primer pasaje que encontremos al abrirla, pero si escudriñamos la Biblia con diligencia, encontraremos la respuesta a cada asunto que surja.[12]

La Biblia habla a cada aspecto de nuestro ser. Convence la mente, persuade de pecado a la voluntad y conforta el corazón. En el consejo de Pablo a Timoteo, la palabra relevante es *exhorta* —*anima* en algunas traducciones—: «Animar con la meta de llevar a alguien por un camino hacia un resultado final positivo». No hay consuelo ni ánimo que se parezcan a los que pueden experimentarse por medio de la Palabra de Dios. Pablo escribió a los tesalonicenses: «Por tanto, alentaos los unos a los otros con estas palabras» (1 Tesalonicenses 4:18). Y en 1 Corintios 14:3, el apóstol afirma que la profecía tiene como objetivo consolar: «Pero el que profetiza habla a los hombres para edificación, exhortación y consolación».

Es cierto que Dios nos dio su Palabra para guiarnos, pero también para consolarnos porque nos ama. Miramos a nuestro alrededor y nos preguntamos qué puede depararnos el futuro. Tenemos preguntas sobre la dirección de nuestra nación y del mundo. Nos preocupamos por nuestra economía. Pero cuando abrimos la Palabra de Dios recibimos un profundo consuelo. Las Escrituras nos recuerdan constantemente que el destino del mundo no está en las manos de reyes, países y economías, sino en las de Dios, que es un Dios de amor y consuelo. Él nos ofrece un futuro y una esperanza.

Cuando Dios eleva nuestro corazón, podemos elevar el de otras personas. La Biblia nos dice en muchos pasajes que nos animemos y confortemos unos a otros, y es una de las cosas más importantes que hacemos cuando nos reunimos para tener comunión. Uno tropieza, el otro lo levanta.

Uno tiene un corazón ansioso, sus hermanos y hermanas oran por él y le rodean con su amor y apoyo. La iglesia brilla en estos momentos en que permitimos que el Espíritu Santo nos ministre ánimo por medio de la Palabra de Dios.

Te aseguro que las palabras de consolación y ánimo más extraordinarias e impactantes que jamás encontrarás están todas en la Biblia. Pero ¿sabes dónde encontrarlas? Los Salmos, en particular, hablan a todas las condiciones del corazón humano; pero ¿sabes encontrar esta sección de la Biblia? Si te tomas un tiempo para aprender a encontrar lo que necesitas en las Escrituras, tendrás un increíble remedio para el temor y la ansiedad. Mejor aún, si memorizas pasajes clave, el Espíritu Santo los traerá a tu memoria una y otra vez cuando sean pertinentes. Guardar su Palabra en tu corazón es la forma más inteligente de invertir el tiempo.

NECESITAMOS UNA PALABRA SENSIBLE DE PARTE DE DIOS

Hay una última palabra de Pablo en este sorprendente pasaje que merece nuestra atención. El apóstol le detalló a Timoteo tanto el mensaje como el método para ministrar en tiempos caóticos. El líder debe persuadir, reprender y exhortar. Pero debe esforzarse por hacerlo «con mucha paciencia, sin dejar de enseñar» (NVI). ¿Qué es exactamente lo que Pablo quiere decir aquí?

Al leer estas palabras, me doy cuenta de que Pablo se está dirigiendo especialmente a mí como pastor. Cuando enseño la Palabra de Dios, debo ser muy paciente. Los líderes podemos desanimarnos; a veces nos sentimos como si nadie escuchara. Recorremos con la mirada la sala de reuniones y nos preguntamos: *¿Está hoy alguien realmente interesado en aprender la Palabra de Dios? ¿Hay alguna posibilidad de que alguien aplique esto a sus vidas?* La instrucción de Dios para mí es que sea paciente; que espere, por mucho tiempo que sea necesario; que haga la obra del ministerio y recuerde que la cosecha es suya. Si comienzo a jugar a ser Dios, insistiendo en que las cosas funcionen según mi calendario, alejaré a las personas.

Y los predicadores no son los únicos que necesitan esta paciencia. Por ejemplo, hay esposas que han crecido espiritualmente más que sus maridos. Han podido asistir a los estudios bíblicos o invertir tiempo en el estudio personal mientras sus maridos se dedicaban a sus profesiones. Las esposas, también, deben ser pacientes y sufridas; amables y afectuosas mientras Dios hace la obra de represión y persuasión.

Todos nosotros, como seguidores de Cristo, debemos ser sensibles. Nos olvidamos de que el Espíritu de Dios está siempre en movimiento, viendo constantemente el panorama general que nosotros no vemos. Nosotros no sabemos qué hay en la mente de otras personas o qué puede deparar el futuro. Lo que podemos hacer es ser obedientes a Cristo y a su Palabra, y esto significa ser amorosos, pacientes, amables y sufridos.

DÓNDE ENTERRAR EL TESORO

Era febrero de 1944 cuando se produjo la redada en la pequeña relojería holandesa. Un agente de la Gestapo estaba de pie en el salón de la familia de Corrie ten Boom, con sus ojos fijos en los libros de una estantería. «¡Tú, viejo! —gritó—. Veo que crees en la Biblia».

Era verdad. Cada mañana, antes de abrir su relojería Casper, el padre de Corrie ten Boom tenía un tiempo devocional con su familia. El eje central era una gran Biblia con bisagras de latón. Casper leía un capítulo, dirigía una oración y comenzaba el trabajo diario. Después, al atardecer, la familia se reunía de nuevo y retomaba la lectura en el punto en que la habían dejado por la mañana.

Su hija menor le recordaba leyendo: «Lámpara es a mis pies tu palabra, y lumbrera a mi camino. [...] Mi escondedero y mi escudo eres tú; en tu palabra he esperado» (Salmo 119:105, 114). La niña se había preguntado qué quería decir todo esto. ¿Escondedero? ¿De qué clase? ¿Cómo podía una palabra ser un escondedero, y de qué había que esconderse?

Aquel fue el día oscuro en que iba a descubrir su respuesta. El viejo Casper, sus cuatro hijos adultos y un nieto fueron detenidos y llevados al cuartel general de la policía. Allí les aguardaba un desenlace incierto, acusados de esconder a personas judías en un tiempo en que estas estaban siendo perseguidas por los alemanes. Los ten Boom comieron la exigua comida que les dieron en el reducido y oscuro espacio del calabozo. Solo una cosa les daba la sensación de hogar: el tiempo que compartían en la Palabra. Casper siguió dirigiendo el tiempo devocional como si fuera cualquier otro día y cualquier otro lugar. No disponían de su Biblia y, en cualquier caso, tampoco había luz para leer. Pero no importaba porque Casper había guardado la Palabra en su corazón, un escondite que ningún enemigo podía invadir. Conocía los pasajes de consuelo, capítulo y versículo.

Su hija Corrie escribió: «Sus ojos azules parecían estar viendo algo fuera de aquel cuarto cerrado y abarrotado, fuera de Haarlem, fuera de la misma tierra, cuando de memoria citaba: "Mi escondedero y mi escudo eres tú; en tu palabra he esperado. [...] Sostenme, y seré salvo"» (Salmo 119:114, 117).[13]

Más adelante, en el campo de concentración, Corrie se las arregló para conseguir una Biblia y leérsela a sus compañeras. «Cuanto más oscura era la noche —recordaba—, más resplandeciente, veraz y hermosa sonaba la Palabra de Dios».[14] Y ciertamente la noche de su vida se oscureció todavía más. Corrie soportó la muerte de su padre y de su amada hermana, Betsie. Sobrevivió a la humillación, la crueldad y el abandono. Pero la Palabra de Dios y la divina paz que fluye de ella la ayudaron a sobrellevar esta larga pesadilla para que pudiera bendecir al mundo con su mensaje de esperanza.

OCULTO A SIMPLE VISTA

¿Hay algo de este relato, o quizá alguna otra cosa de este capítulo, que te ayude a tener otra actitud hacia el libro que acumula polvo en una de tus estanterías o en el asiento de atrás de tu automóvil donde la dejaste el domingo pasado? No es mi intención apelar a un sentido de culpabilidad, sino motivarte y estimularte a experimentar la gran bendición que experimentan aquellos que leen y aman la Biblia como ha sucedido a lo largo de los siglos.

Algunos de los relatos de este capítulo te han mostrado que la Palabra de Dios ha obrado milagros en la vida de las personas. Viajó en papel de periódico al otro lado del mundo para llevar a una mujer a la salvación en Inglaterra. Fortaleció a un pequeño grupo de humanidad sufriente en un campo de concentración. Un joven rebelde cambió su vida en una carretera de Carolina del Norte. ¿Te das cuenta del patrón? Estas vidas se desarrollaron en distintos periodos y culturas; y cada una de ellas supuso una intensa crisis de algún tipo. Una y otra vez, la Palabra de Dios fue su lámpara y la luz de su camino.

Esta luz parece resplandecer más que nunca cuando la oscuridad cae a nuestro alrededor. Nuestro mundo está ahora en crisis, y conozco a muchas personas que viven con un sentido de pérdida y temor al futuro. La Palabra de Dios puede convencer tu mente, persuadir tu voluntad y consolar tu corazón. Si la lees, la valoras y la atesoras ricamente en tu interior, verás alejarse la oscuridad a medida que la luz de la verdad divina resplandece en tu vida.

Si recuerdas las advertencias bíblicas —en el sentido de que la Biblia y la fe estarán más y más bajo ataque cuando se acerque el regreso de Jesucristo—, no te acobardarás ni tendrás temor cuando los escépticos levanten su voz. Sean cómicos que intentan debilitar tus defensas con humor, académicos que pretenden avasallar tus creencias con argumentos intelectuales o líderes religiosos que quieren convencerte de que la Biblia es un simple libro, estarás preparado. Recordarás que «la hierba se seca y la flor se marchita, pero la palabra de nuestro Dios permanece para siempre» (Isaías 40:8 nvi).

CAPÍTULO 8

MANTÉN LA CONSISTENCIA

«¿**T**ienen ustedes una reunión periódica en su hogar?», preguntó el funcionario municipal.

«Sí», contestó la esposa del pastor (ella fue la que abrió la puerta).

«¿Dicen ustedes "Amén"?», fue la pregunta siguiente.

«Sí».

«¿Oran?».

«Sí».

«¿Dicen "Alabado sea el Señor"?».

«Sí».

El funcionario municipal siguió diciéndole a la esposa del pastor que el estudio bíblico que tenían en su casa violaba las ordenanzas locales. Varios días después la pareja recibió una advertencia escrita con una lista de «Usos ilegales del terreno» advirtiéndoles que detuvieran «cualquier reunión religiosa o que pidieran un permiso especial», un proceso que podría costarles decenas de miles de dólares en cargos legales y de otro tipo.

Si piensas que esto sucedió en Albania, te equivocas. ¿China? ¡No! ¿Cuba? ¡Ni mucho menos! ¿Un país de la antigua Unión Soviética? Buen intento, pero... ¡no!

Lo creas o no, esto sucedió en San Diego, California, en un barrio bastante cerca de donde vivo yo. La iglesia que yo pastoreo tiene más de doscientos grupos pequeños de estudio bíblico que se reúnen cada semana en casa de algunos de los miembros, en diferentes puntos de nuestro enorme condado. Lo más triste de todo esto es que cuando oí esta noticia en nuestro informativo local no me sorprendió. No es que este tipo de normativas sean típicas de los gobiernos locales de nuestra zona, sino más bien un indicador de una creciente tendencia de nuestra nación y de nuestro mundo; una tendencia que exige que los cristianos sean tolerantes con todo el mundo y que nadie sea tolerante con los cristianos.

Y esta tendencia —que irá en aumento a medida que disminuya la tolerancia del mundo por el cristianismo en los próximos años— va a presentar un nuevo dilema para los cristianos en Estados Unidos y otras naciones: ¿voy a vivir una vida cristiana consistente o voy a comprometer mis convicciones cuando la presión se intensifique?

Resulta que algunos vecinos se habían quejado a las autoridades locales del número de automóviles aparcados en las inmediaciones de la casa del pastor durante el estudio bíblico semanal. Y esto bastó para que las autoridades comenzaran a investigar si se estaba celebrando una reunión religiosa sin autorización.[1]

Personalmente, aplaudo a la esposa del pastor por responder de forma valiente y veraz las preguntas del funcionario. Fue coherente. ¿Qué habría sucedido si en lugar de responder *sí* cada vez hubiera dicho: «Bueno, nos hemos reunido alguna vez»; «No, no decimos "Alabado sea el Señor" o "Amén"»; o «Sí, oramos, a veces damos gracias antes de comer, pero no siempre»? Seamos realistas; ella no sabía si la iban a arrestar o algo peor. Sabía que su destino estaba en sus respuestas.

La verdad es que el mundo ya es suficientemente inconsistente. Dudo que su condición sea menos caótica desde que has comenzado a leer este libro. Nuestro sistema político es el epítome de la inconstancia con sus constantes altibajos, acusaciones y negaciones. En cuanto a los conflictos internacionales nada es estable, y a nivel social vemos a muchos matrimonios con tensiones y vidas profesionales que se hunden. Lo único consistente en nuestro mundo es su carácter inconsistente.

Pero ¿y tú? ¿Eres la misma persona el lunes que el domingo? ¿Te guían sólidos principios bíblicos en cada aspecto de tu vida? Si estás casado y tienes hijos, ¿qué tal? ¿Tienes principios consistentes en estas áreas y los vives de forma coherente? Son preguntas difíciles y cuestiones que no siempre es agradable considerar. Pero uno de los puntos bíblicos esenciales para superar tiempos como estos es vivir una vida de sólida coherencia, ser una persona recta, un ejemplo de integridad tenaz e inflexible, una persona que no abandona el plan de acción solo porque las cosas se ponen difíciles.

Los aficionados al deporte entenderán lo que estoy diciendo. Cuando en su primer año como entrenador de los Georgia Bulldogs, Mark Richt llevó a su equipo a Knoxville, Tennessee, para disputar el título nacional contra los Tennessee Volunteers por primera vez, el equipo de Georgia no era precisamente el favorito. Los Bulldogs llevaban veinte años sin ganar en el bullicioso estadio de los Tennessee, con capacidad para cien mil aficionados. Antes de llevar a su equipo al campo, Richt les dijo a sus jugadores: «Si nos marcan al principio del partido, mantengan la calma. Crean en el plan». Cuando comenzó el partido, Tennessee sorprendió, efectivamente, con una gran carrera que desarboló por completo a los linieros menos corpulentos de Georgia. Los aficionados estaban enfervorizados oliendo una victoria aplastante. Pero los jugadores de Georgia recordaron el consejo de su entrenador y todos se ciñeron a las instrucciones del plan de juego. Aquel día los Bulldogs consiguieron darle la vuelta al marcador y llevarse la victoria en un partido universitario que se sigue recordando como uno de los más espectaculares transmitidos por la CBS.[2]

Todos estaremos de acuerdo en que, en nuestro partido, también nosotros hemos sido desarbolados. Nuestra tentación es hacer lo mismo que suelen hacer los atletas indisciplinados: tirar la prudencia por la borda, olvidar lo que hemos preparado y entrenado, y que cada uno se las apañe como pueda. Sin embargo, las claves para recuperarnos son mantener una tranquila seguridad y seguir adelante con un plan correcto. En estos tiempos tenemos la Palabra de Dios. David el salmista dijo que aquellos que no conocen a Dios son como el tamo que arrebata el viento, pero aquel que ama su Palabra será «como árbol plantado junto a corrientes de aguas, que da su fruto en su tiempo, y su hoja no cae; y todo lo que hace, prosperará» (Salmo 1:3).

CONFIANZA + CONSISTENCIA

No solo queremos vivir vidas consistentes, sino que, para ello, dependemos de los demás. Cuando subo a un avión, insisto en que el piloto sea consistente; no me importa que siga una rutina aburrida y previsible, siempre que me lleve entero a mi destino. Si tengo que someterme a una intervención quirúrgica, no quiero que el cirujano que me opera sea de los que tienen días buenos y días malos; quiero saber que su historial de operaciones es consistentemente bueno. Los entrenadores como Mark Richt quieren *quarterbacks* en los que puedan confiar que, de manera consistente, lean correctamente el partido y hagan llegar buenos balones a los jugadores de su equipo.

De hecho, queremos que estas personas, además de consistentes, sean confiadas. Su confianza se convierte en la nuestra. Confiadas y consistentes: ambas palabras comienzan con el prefijo «con». *Confianza* significa «con fe», mientras que *consistencia* se traduce como «con posición», es decir, la idea de mantenernos firmes como el árbol plantado junto a un río. Tiene espacio, sus raíces son profundas y no cede ni un milímetro. Cuando nos centramos en Cristo y confiamos en su Palabra, podemos ser consistentes. Podemos mantenernos firmes porque nuestra fe se construye sobre nada menos que Jesús y su justicia. Y cuando el firmamento se viene abajo y todos corren frenéticamente de acá para allá, nosotros podemos andar serenamente en el Espíritu.

A veces leemos la Palabra de Dios y pensamos: *¿Qué quieres de mí, Señor? ¡Hago todo lo que puedo!* Es un mundo duro, y a menudo sentimos que hemos de ser muchas clases de personas para sobrevivir: el turbulento mundo empresarial requiere una forma de actuar, educar a los hijos otra, etcétera. Incluso Pablo escribió: «Me he hecho débil a los débiles, para ganar a los débiles; a todos me he hecho de todo, para que de todos modos salve a algunos» (1 Corintios 9:22).

Sí, pero Pablo hablaba de identificarnos con todas las personas, como hizo Cristo, para llevarlos al evangelio. Pablo nunca fluctuó en su andar o en su verdadera identidad en Cristo. Por tanto, hemos de seguir el ejemplo de Pablo y ser suficientemente fuertes para ser fieles y suficientemente flexibles para ser útiles. Dios no nos está acusando; todo lo contrario. De hecho, nos llamó a ser fieles porque es lo mejor para nosotros. «Y ahora, hijitos, permaneced en él, para que cuando se manifieste, tengamos confianza, para que en su venida no nos alejemos de él avergonzados» (1 Juan 2:28).

No podemos eludir este mensaje bíblico, aunque hoy suene extraño a la inmensa mayoría que nunca han pensado en su regreso. El mensaje es que nuestras vidas deberían ser conformadas por la certidumbre de que estamos viviendo entre su primera y su segunda venida. En este periodo intermedio somos visitantes en este mundo, pero ciudadanos del cielo. Él volverá aquí para llevarnos allí, y el asunto es que no deberíamos acomodarnos en este mundo y habituarnos a sus caminos. La consistencia que queremos es la que está en sintonía con los caminos del mundo espiritual: con la realidad de Cristo.

LAS MARCAS DE NUESTRA CONSISTENCIA

«Y ahora, hijitos, permaneced en él» (1 Juan 2:28). Juan escribe como un afectuoso padre a su familia. En este capítulo alude a sus lectores como «hijitos» cinco veces. Él fue el apóstol del amor y encarnó esta virtud en todos sus escritos. En su Evangelio, le conocemos como «el discípulo a quien Jesús amaba» (Juan 13:23; 19:26; 20:2; 21:7, 20). En esta carta nos dice que «Dios es amor» (1 Juan 4:8), y hasta tiene su forma entrañable y peculiar de referirse a la idea de consistencia, mediante la hermosa palabra permanecer.

El término permanecer aparece a menudo en nuestras versiones de la Biblia, pero muy rara vez en nuestro lenguaje de cotidiano. El sentido del término griego es «continuar, persistir en una relación, permanecer, ser consistente». Cuando permanecemos en Cristo, nos mantenemos consistentes en nuestra relación con Él. Creemos su verdad, obedecemos su Espíritu y permanecemos firmes en nuestro amor por Él y por sus hijos.

J. Hudson Taylor, misionero y pionero en China, había estado trabajando muchísimo, forzándose hasta el límite. Sus amigos temían que sufriera una crisis nerviosa. John McCarthy, su compañero en la obra misionera, le envió una carta en que le explicaba su descubrimiento personal sobre la alegría de permanecer en Cristo, basándose en Juan 15. McCarthy escribió que permanecer no significa esforzarse o afanarse, sino simplemente confiar en que Cristo nos impartirá el poder necesario. Esta reflexión le había sido de mucha ayuda, y la compartía en su carta de ánimo. McCarthy le recordó a Taylor que Cristo es «el único poder para el servicio, y la única base para una alegría inmutable».

Cuando Hudson Taylor leyó esta carta en su puesto misionero de Chin-kiang el sábado 4 de septiembre de 1869, sus ojos se abrieron. «Mientras leía estas palabras —rememoró más adelante—, lo entendí todo. Miré a Jesús; y viéndole, ¡cómo fluyó la alegría!». A su hermana en Inglaterra le escribió: «Por lo que respecta al trabajo, el mío no fue nunca tan intenso, tan comprometido ni tan difícil; pero el peso y la tensión han desaparecido. El mes pasado o incluso un poco antes ha sido quizá el tiempo más feliz de mi vida; y tengo muchas ganas de contarte un poco de lo que el Señor ha hecho en mi alma. [...] El Espíritu de Dios me reveló la verdad de nuestra unidad con Jesús como nunca antes la había conocido».

McCarthy había escrito: «Pero ¿cómo logramos que nuestra fe se fortalezca? No esforzándonos por conseguirlo, sino descansando en aquel que es fiel».[3] Es decir, permaneciendo.

La mayoría de nosotros descubrimos que en la vida somos más velocistas que corredores de fondo. Somos capaces de explosiones de velocidad y productividad, pero no podemos mantener este esfuerzo. Los corredores de fondo pueden enseñarnos algo sobre la consistencia. Lo que hacen es encontrar su zona de esfuerzo energético y mantenerse en ella. Permanecer en Cristo es lo mismo. Muchos de nosotros vivimos en constantes altibajos, pasamos de la dedicación a la aridez y nos cuesta mantenernos en una vida estable de fe. Si hiciéramos un gráfico de nuestro andar espiritual, parecería una representación del mercado de valores actual, con sus cambios frenéticos. Lo deseable es que nuestro andar sea como una línea lo más recta y constante posible, subiendo a valores más elevados, como Eugene Peterson lo ha llamado en un libro titulado *Una obediencia larga en la misma dirección.*[4] Esto es la vida de consistencia piadosa.

En una viñeta de la revista *Leadership Journal*, el pastor se dirige a su congregación y le dice: «Tenemos un regalo especial para una señora que ha asistido a todas las reuniones durante los últimos cuarenta y cinco años. ¡Eleanor Smith! ¿Dónde está Eleanor? ¿Eleanor? Eleanor...».[5] ¡Vaya!

Admito haber escuchado a una conferenciante que, según nos dijo, había mantenido su cita matutina con Dios sin fallar durante más de cuatro años. Mi impulso natural fue de un inmediato resentimiento porque sabía que yo carecía de esta perfecta consistencia.

Hace poco me encontré con esta oración: «Querido Señor, hasta este momento del día voy bien. No he chismorreado ni he perdido los estribos, no he sido avaricioso, gruñón, desagradable, egoísta o indulgente. No me he lamentado, quejado o hablado mal. Mi tarjeta de crédito está impoluta. Ahora, mientras me preparo para salir de la cama esta mañana, necesito tu ayuda más que nunca».

Son palabras de alguien que se siente como muchos de nosotros: intimidado camino de la línea de salida. Hemos comenzado dietas, seguros de que nada podría detenernos. Hemos iniciado programas de ejercicio, iniciativas de orden y limpieza en el hogar e incontables estrategias para madrugar y tener el devocional, con la idea de que fuera para el resto de nuestra vida. Pero nuestros mejores planes se desvanecen en un tris tras; tristes y abatidos, comenzamos a bajar nuestros objetivos, y ponemos el listón mucho más abajo para no sentirnos de nuevo avergonzados. Nos conformamos con una vida de progreso esporádico y a trompicones.

Mientras tanto el Espíritu de Dios nos susurra al oído: «¡No te condenes! La gracia de Dios te cubre. Pero no tienes que tirar la toalla. Hay un poder ilimitado cuando confías en tu Padre celestial y te mueves adelante cada día». Él quiere que disfrutemos una vida consistente. Descubriremos cómo conseguirlo siguiendo la maravillosa palabra *permanecer* por todo el Nuevo Testamento. Cada vez que aparece nos ofrece otra pieza del rompecabezas que representa una imagen completa de la consistencia.

Consistentemente como Cristo

Escucha las palabras de Juan: «El que dice que permanece en él, debe andar como él anduvo» (1 Juan 2:6).

Si tu meta es la consistencia —definida en este capítulo como permanecer en Cristo—, la clave es, entonces, seguir al líder. Jesús nos mostró el camino mediante su propia vida. Se nos llama cristianos, «seguidores de Cristo», y por esta definición queremos vivir como Él vivió.

De nuevo nos sentimos intimidados, porque ¿quién puede vivir a la altura del nombre de Jesús? He leído que Alejandro Magno oyó que un hombre de su ejército se llamaba Alejandro, como él. Mientras que el general era extremadamente valiente y visionario, al otro bien podrían haberle llamado Alejandro el Pelele. El líder llamó al soldado para que se presentara ante él, le miró fijamente y le dijo: «¿Tú te haces llamar Alejandro? Entonces, cambia tu carácter o cámbiate el nombre».

Si decidimos practicar la disciplina de permanecer en Cristo, descubriremos que no lo conseguiremos practicando una determinada rutina o siguiendo los pasos de un libro de autoayuda. La única forma de ser como Cristo es aceptarle humildemente como Salvador y Señor y permitir que el Espíritu Santo comience su programa de renovación en nuestro interior.

Un viejo amigo misionero me dijo que su estrategia para una vida consistente era pasar tiempo cada día meditando en la pasión, muerte, sepultura y resurrección de Cristo. Aunque durante su tiempo devocional hacía otras cosas, siempre acababa sumergiéndose en el impresionante y amoroso sacrificio del Salvador. Me dijo que su vida cambió cuando comenzó a seguir esta disciplina.

Por tanto, si quieres tener una vida consistente, comienza concentrándote en Jesús y en el modo en que Él vivió. Una dieta de sermones y estudios bíblicos ocasionales nunca conseguirá implantar en tu interior todo lo que necesitas saber. Debes desarrollar una pasión personal por conocer a Jesucristo como solo las Escrituras pueden ayudarte a conocerle.

Igual que el personaje de *El gran rostro de piedra*, de Natanael Hawthorne, estuvo mirando muchos años los rasgos de un rostro en la hendidura de una roca y con el tiempo su propio semblante adquirió aquellos rasgos, también tú, si miras constantemente el rostro de Cristo, acabarás siendo consistentemente como Él.

Preocúpate consistentemente por los demás

Juan dijo: «El que ama a su hermano, permanece en la luz, y en él no hay tropiezo» (1 Juan 2:10). Este es uno de los temas preferidos de Juan. En sus cartas, el apóstol nos dice consistentemente que el amor es la prueba de que estamos en Cristo.

Juan nos dice que sabemos que hemos pasado de muerte a vida por la forma en que nos amamos los unos a los otros, y que donde hay amor, allí está Cristo. Como cristianos, el amor es nuestra razón de ser. ¿Has estado alguna vez entre cristianos auténticos y serios y has contemplado cómo se tratan los unos a los otros? Las personas que no creen no lo acaban de entender; todo esto les parece muy extraño y poco natural. Pero nosotros lo entendemos bien. Sabemos que cuando le entregamos nuestro corazón a Cristo, Él nos da un corazón para amar a otras personas. Después podemos amar de un modo que nunca habría sido posible sin Él.

Para Juan, el mandamiento completo de Cristo es que creamos en el Hijo y nos amemos unos a otros (1 Juan 3:23). A continuación, nos dio el precioso versículo que tantos hemos memorizado: «Amados, amémonos unos a otros; porque el amor es de Dios. Todo aquel que ama, es nacido de Dios, y conoce a Dios. El que no ama, no ha conocido a Dios; porque Dios es amor» (4:7–8). ¿Puede haber algo más claro? Dios es amor, y cualquiera que no tenga amor es porque no ha estado en su presencia últimamente, simple y llanamente.

Por último, Juan llegó al mismo mensaje desde la otra dirección. Amar a Dios y odiar a otras personas, dijo, es una contradicción de términos. Es imposible amar a un Dios invisible cuando no podemos amar a un hermano visible (v. 20). En otras palabras, si eres cristiano, la prueba es que amas a las personas que conoces, las amas de verdad. Esto es lo que hacen los verdaderos cristianos. Cualquier otra cosa es jugar a la religión.

Para la mayoría de los modernos seguidores de Cristo, el problema no es el odio. Lo contrario del amor no es el odio, sino la apatía. La apatía olvida las necesidades de los demás. Puede que estés al corriente de los miles de niños ucranianos que viven en orfanatos, muchos de ellos abandonados por padres que no podían hacerse cargo de ellos. Maryna era una estudiante de doctorado de la Universidad de Tufts que se enteró de que estos niños recibían una atención insuficiente. Sus necesidades físicas eran suplidas, pero no se les daba amor; durante la semana se ocupaban de ellos quince cuidadores distintos, que no se conectaban emocionalmente con ellos; habían sido formados para no establecer vínculos con los niños porque tenían muchas cosas prácticas que hacer; había demasiados niños para establecer relaciones individuales.

Este lamentable acercamiento garantizaba un desarrollo cognitivo y emocional deficiente para los huérfanos. Maryna se sintió movida a encontrar una solución. De modo que comenzó un programa llamado

«Hermana mayor», que asignaba a cada niño o niña una estudiante universitaria para que hablara y jugara con ellos cinco días a la semana durante todo un año. La diferencia para los niños fue profunda. Maryna vio una necesidad, sintió compasión e hizo algo al respecto.[6]

Mark Richt, el entrenador de fútbol americano que antes he mencionado, también se sintió movido por Dios para hacer algo. Él y su grupo de estudio bíblico estaban estudiando Santiago 1:27, donde dice que la «religión pura y sin mancha» significa preocuparse de las viudas y los huérfanos. Mark se dio cuenta de que no podía leer este versículo e ignorar sus implicaciones. Aunque los Richt tenían hijos propios, viajaron a Ucrania y estuvieron mirando detenidamente algunas fotografías de los huérfanos. «Parecía como si Dios nos estuviera dando golpecitos», dijo Katharyn Richt. Vieron la fotografía de una niña que nació con una terrible deformidad facial y les dijeron que era muy probable que nadie la adoptara. Los Richt sintieron el toque de Dios en su corazón. Esta sería su nueva hija. Finalmente, llegaron a casa con dos pequeños adoptados, y tienen una familia feliz y numerosa que se ha convertido en un maravilloso testimonio del poder del amor de Cristo.[7]

Consistentemente confiado

«Os he escrito a vosotros, jóvenes, porque sois fuertes, y la palabra de Dios permanece en vosotros» (1 Juan 2:14).

Seguramente habrás notado el subtítulo de esta sección, y te preguntarás qué tiene que ver este versículo con ser una persona confiada, y qué tiene que ver la confianza con la consistencia. La verdad es que cuando la Palabra de Dios permea nuestras vidas, cuando reflexionamos cada día sobre la naturaleza de Cristo y llegamos a conocerle íntimamente, comenzamos a sentir una fuerza interior que nunca antes habíamos experimentado. Y la fuerza produce siempre confianza.

Es algo que he visto en mi vida y en la de muchos creyentes que se disciplinan en la Palabra de Dios. En estos casos, sus personalidades comienzan a reflejar su verdad y su poder. Las Escrituras salpican todas sus conversaciones a medida que el Espíritu Santo trae determinados versículos a su memoria para aplicarlos a cada nueva situación. Notarás que Pablo cita constantemente el Antiguo Testamento. ¿Crees que tenía siempre un ejemplar a mano, en el barco, en la tienda, o cuando estaba en su celda, o piensas más bien que había guardado la Palabra de Dios en su corazón? Recuerda que Jesús respondió a cada una de las tentaciones del diablo con la palabra escrita de Dios. Estos hombres, y quienes han seguido su estela, han seguido en la Palabra mientras ella ha seguido en ellos. Si tú haces lo mismo, la fuerza y la confianza caracterizarán todo lo que haces.

Unos profesores de las Universidades de Toronto y York anunciaron recientemente que habían identificado una conexión entre la fe y la ansiedad. Investigaron si creer en Dios tenía efectos en el estrés personal. Lo que descubrieron en su estudio fue que el cerebro de las personas con motivaciones espirituales está más sosegado ante situaciones inciertas. Estos investigadores llegaron a la firme conclusión de que la respuesta cerebral a la ansiedad de quienes creían en Dios era un 33 por ciento menor que la de quienes no creían; quienes tenían una absoluta certeza de la existencia de Dios demostraron un 45 por ciento menos de ansiedad que las personas ateas. Por último, concluyeron también que las personas religiosas eran más eficaces en la toma de decisiones. Conocer a Dios desarrolla fortaleza, confianza y un acercamiento calmado a las situaciones.[8]

Consistentemente sumiso

Tenemos que ser oyentes de la Palabra, pero también obedientes a ella. Aunque es hermoso saber que los creyentes gestionaremos mejor nuestra ansiedad, hay un beneficio mucho mayor: «El que hace la voluntad de Dios permanece para siempre» (1 Juan 2:17). Sí, esto es una promesa. Si vives como Dios quiere, disfrutarás de la vida eterna en su presencia.

¿Quién dirías que es la persona más sumisa y obediente de la que has oído hablar? Puede que Jesús no sea el primer nombre que te venga a la mente, pero es la respuesta correcta. Aunque no era una persona pasiva ni indecisa, Jesús vivió cada momento de su vida en plena obediencia a Dios. Incluso cuando tenía ante sí la inimaginable perspectiva de su arresto, tortura y crucifixión, afirmó la voluntad de Dios y se sometió a ella. Los siguientes versículos nos hablan de hasta qué punto era obediente: «Se humilló a sí mismo, haciéndose obediente hasta la muerte, y muerte de cruz» (Filipenses 2:8).

Jesús dijo: «Mi comida es que haga la voluntad del que me envió y que acabe su obra» (Juan 4:34). Y de nuevo: «No busco mi voluntad, sino la voluntad del que me envió, la del Padre» (Juan 5:30). Jesús fue el ejemplo decisivo de obediencia y sumisión a la voluntad de Dios.

Naturalmente, para muchas personas la gran pregunta es: ¿cuál es esta voluntad? Parecen creer que Dios la ha escondido y les toca a ellos buscarla debajo de cada hoja. La voluntad de Dios para tu vida se detalla en la Escritura. No hay una fórmula mágica; no descubrirás su voluntad poniendo la Biblia debajo de la almohada por la noche. A medida que desarrollas un patrón consistente de lectura y meditación de la Palabra de Dios, ¡comenzarás a percibir la realidad de la voluntad de Dios obrando en tu vida!

El nombre de la universidad a la que tienes que ir o la persona con la que tienes que casarte no están reflejados en ningún versículo. Pero descubrirás muchas directrices específicas que te activarán en el servicio al Señor, y las respuestas concretas se te revelarán cuando vivas apasionado por la obra de Dios y no por tus propios intereses personales. La Biblia te mostrará lo que debes hacer; la pregunta es: ¿estás dispuesto a hacerlo?

Consistentemente consistente

He dejado lo mejor para el final. ¿Qué te parece la idea de ser «consistentemente consistente»?

Juan dijo: «Lo que habéis oído desde el principio, permanezca en vosotros. Si lo que habéis oído desde el principio permanece en vosotros, también vosotros permaneceréis en el Hijo y en el Padre» (1 Juan 2:24). Solo permanecerás en Cristo cuando la Palabra permanezca en ti.

¿Has observado que la palabra *permanecer* aparece tres veces en este versículo? Sustitúyela por la palabra *continuar* y léelo de nuevo. Lo entiendes, ¿verdad? Si continuamos con lo esencial de la Palabra, continuaremos con Dios.

Somos muchos los que comenzamos con una profunda devoción a Cristo, pero nos desviamos del estrecho camino de la obediencia. Todos somos proclives a desviarnos. Permanecer no consiste en no saltarte nunca tu cita con Dios, sino más bien en volver al camino cuando te extravías. Como dice una vieja canción: «Levántate, quítate el polvo y empieza de nuevo».[9]

Amy Carmichael procedía de una rica familia irlandesa, lo cual le otorgaba todas las ventajas. Pero los padres de Amy no tenían intención de evitar que sus hijos comprendieran las necesidades de otras personas menos afortunadas. Toda la familia se implicaba en proyectos misioneros y ministeriales, sirviendo a los pobres y hambrientos. La especial generosidad del padre de Amy con sus recursos causó una fuerte impresión en sus descendientes.

Un día, sentada en un elegante salón de té de Belfast, Amy vio por la ventana a una niña descalza y vestida con harapos. Bajo la lluvia, la pequeña aplastaba la nariz contra el cristal, mirando con hambre las galletas y repostería del escaparate. Aquella imagen no se le iba a Amy de la mente. Aquella tarde, escribió en un pedazo de papel:

> Cuando crezca y tenga dinero
> ya sé lo que haré;
> construiré un lugar grande y precioso
> para niñas como tú.

Pero llegaron las dificultades para Amy y su familia. Cuando ella tenía diecisiete años, su padre murió. En lugar de ceder a la amargura de la pérdida, Amy comenzó un ministerio de ayuda y evangelización en los barrios bajos de Belfast. Esta misión llegó a ayudar a quinientas chicas pobres de las fábricas. Era solo el principio de lo que Dios haría a través de ella. Amy Carmichael fue a la India como misionera, y allí cumplió su antigua promesa, construyendo una preciosa casa en honor de la pequeña pobre de Belfast. Estableció lo que hoy conocemos como Dohnavur Fellowship para salvar a los niños del tráfico humano, que era muy frecuente en aquella región.

Amy Carmichael nunca volvió a Irlanda. Pasó sus últimos treinta y cinco años en la India, sirviendo a Cristo con amor y energía ilimitada. Amy creó un precioso hogar para mil niños y niñas que, de otro modo, habrían sido muy probablemente esclavos o prostitutas, y aunque durante sus últimos años estuvo inválida, siguió persistiendo. Aquejada por un dolor físico que la acompañaría siempre, Amy pedía en oración: «Pídanle una cosa para mí... pídanle a Dios generosidad poder para ayudar, consolar y aliviar, al menos, las cargas, aunque no pueda quitarlas del todo. Pídanle un amor que se olvida de todo menos de los demás».[10]

Amy Carmichael nos dejó un listón muy alto. Un elevado nivel de consistencia y sumisión. Pero no tenemos que llegar a este nivel hoy; podemos comenzar exactamente donde estamos. No es necesario que vayamos a la India o a Belfast para ser obedientes a Dios. Él nos hará saber lo que quiere, y nos dará el deseo y el talento para hacerlo. Lo que sí espera de nosotros es que comencemos a ser consistentemente consistentes en nuestro seguimiento a Él.

LA MOTIVACIÓN DE NUESTRA CONSISTENCIA

Esta es nuestra motivación para vivir consistentemente con Cristo: «Cuando se manifieste […] en su venida» (1 Juan 2:28). Oí hablar de una mujer que tenía una sólida comprensión de esta cuestión. Un predicador amigo mío estaba haciendo cola en unos grandes almacenes. Esta mujer estaba justo delante de él, e impedía que avanzara la cola con una petición fuera de lo normal. La noche anterior, la tienda le había cobrado un sacapuntas, pero había comprado dos; ahora volvía para pagar el que no le habían cobrado.

El cajero no sabía exactamente cómo corregir aquel error del día anterior. El encargado, igual de desconcertado, le pidió a la mujer que se quedara los dos sacapuntas sin pagar el segundo. Realmente no merecía la pena todo el papeleo que habría que hacer. Mi amigo pastor, pensando posiblemente que aquella era una gran ilustración para un sermón, siguió a la mujer fuera de la tienda y le preguntó por qué era tan meticulosamente honesta. Ella contestó: «Tal como van las cosas en este mundo, cualquier día se producirá el arrebatamiento, y no quiero que este día me pille con un sacapuntas robado».

Nos reímos con casos como este simplemente porque su punto de vista nos resulta extraño a la mayoría de nosotros. Es posible que en cualquier momento haya cincuenta temas más prioritarios en nuestra mente que el regreso de Cristo. Creemos que, si no se produjo ayer, esto significa que tampoco sucederá hoy, aunque, de hecho, su regreso es mucho más probable. ¿Quieres que te pille con un sacapuntas robado? ¿Un pésimo rendimiento en el trabajo? ¿Discutiendo con tu cónyuge, defraudando en tus impuestos, inactivo en la iglesia?

Mi amigo Charles Swindoll trabajaba en un taller de máquinas mientras estudiaba en la universidad. Cada día, cuando sonaba la sirena al final del turno, los trabajadores corrían frenéticamente de un lado a otro para recoger la bolsa del almuerzo y la ropa. Hacia las 5:15 p. m. más o menos, empezaban a salir por la puerta. Pero había un tipo que siempre iba muy por delante del resto. Treinta segundos después de sonar la sirena ya estaba camino del aparcamiento, con la bolsa del almuerzo en la mano y el abrigo en el hombro. Un día, Swindoll le preguntó: «¿Cómo es que sales tan rápido?».

El hombre le contestó: «Mira, muchacho. [...] Yo estoy siempre preparado para no tener que prepararme».[11]

No es una mala estrategia. Cristo va a regresar y hemos de estar preparados para no tener que prepararnos. Mantén tu casa en orden y no tendrás que ponerla en orden. Procura que tu matrimonio no se estropee y así no tendrás que arreglarlo. Y mantente en el camino de una fe consistente para no tener que volver a él cuando te pierdas. El hecho es que, cuando llegue el momento, no tendremos la opción de prepararnos. Huelga decir que la pregunta más importante de todas es si has aceptado a Cristo como tu Salvador. Si tienes alguna duda, por pequeña que sea, sobre esta cuestión, detente ahora mismo y dirígete al final de este libro, donde encontrarás unas palabras sobre cómo rendirle tu vida a Él (ver páginas 237-239). Hay un asunto infinitamente más importante que ningún otro en tu vida, y es tu destino eterno. Si todavía no lo has resuelto, ¿no crees que es el momento de hacerlo?

LA MEDIDA DE NUESTRA CONSISTENCIA

¿Cómo, pues, medimos la consistencia? Juan dijo que sabremos que estamos en el buen camino cuando «podamos presentarnos ante él confiadamente, seguros de no ser avergonzados en su venida» (1 Juan 2:28 NVI).

Este versículo habla de un claro compromiso que, ocasionalmente, puede requerir valor. Cuando ochocientos autobuses en Inglaterra, Escocia y Gales llevaban las grandes pancartas ateas que decían *Probablemente Dios no existe. Deja de preocuparte y disfruta de la vida*, algunos estaban de acuerdo con el mensaje, otros lo ignoraron, pero Ron Heather, un conductor de autobuses de sesenta y dos años, quedó horrorizado cuando leyó las palabras pegadas en el autobús que le habían asignado. Heather sabía que no podía conducir un autobús con aquel mensaje y se negó a hacerlo, explicando su postura. Puesto que la empresa no tenía otros autobuses que conducir, se marchó a su casa. Estaba también dispuesto a dejar su trabajo si llegaba el caso. No iba a dar su apoyo a quienes pretendían ridiculizar su fe.

Heather no sabía qué iba a suceder cuando volvió al trabajo al día siguiente. Sus supervisores le dijeron que podría conducir un autobús que no llevaba la pancarta en cuestión. Y el resultado fue este: la historia de Heather, contada por todo el mundo, tuvo una influencia mucho más amplia que la de unos pocos autobuses con mensajes cínicos. Su valor y consistencia inspiró a otras personas a mantenerse firmes en su lugar de trabajo.[12]

Esto es lo que Juan diría al respecto: «Hijitos, vosotros sois de Dios, y los habéis vencido; porque mayor es el que está en vosotros, que el que está en el mundo» (1 Juan 4:4).

Cuando Jesús venga, tendremos confianza o sentiremos vergüenza. La Biblia enseña que daremos cuenta de todas las cosas que hayamos hecho. Este hecho debería llevarnos a hacer inventario de nuestras actividades ahora mismo. Algunos se preguntan: «¿Qué haría Jesús?». Otra pregunta sería: «¿Me sentiría confiado o avergonzado si Jesús regresara ahora mismo?».

Lo primero que sucederá tras la venida de Cristo es que compareceremos ante su tribunal. Es importante entender que no seremos juzgados por el pecado. ¡Todo este asunto fue tratado y resuelto en la cruz! Pero la Biblia sí dice: «Porque es necesario que todos nosotros comparezcamos ante el tribunal de Cristo, para que cada uno reciba según lo que haya hecho mientras estaba en el cuerpo, sea bueno o sea malo» (2 Corintios 5:10). ¡Aunque nuestros pecados sean perdonados, nuestras obras no serán olvidadas!

¿Tendremos confianza?

¿Cómo podemos tener confianza y no ser avergonzados? En primer lugar, nuestra confianza es fruto de nuestra productividad. Juan citó estas palabras que Jesús nos dirigió: «Permaneced en mí, y yo en vosotros. Como el pámpano no puede llevar fruto por sí mismo, si no permanece en la vid, así tampoco vosotros, si no permanecéis en mí» (Juan 15:4). Si permanecemos en Cristo, daremos fruto. Cuando vemos a Dios obrando en nuestra vida, aprendemos a estar confiados en su poder.

Nuestra confianza también procede de nuestra inclinación a la oración. Jesús sigue diciendo: «Si permanecéis en mí, y mis palabras permanecen en vosotros, pedid todo lo que queréis, y os será hecho» (v. 7). Permanecer en Cristo nos sitúa en la longitud de onda de la voluntad de Dios, y tendemos a pedir cosas en sintonía con lo que Él quiere. Cuando le vemos obrar en nosotros por medio de la oración, nuestra confianza en Él crece y madura, y cuando estemos delante de Él en aquel día, tendremos confianza.

La Biblia dice que en el tribunal de Cristo se impartirán cinco coronas distintas. No es que vayamos a ir por el cielo con estas coronas, como presumiendo o jactándonos; las pondremos más bien a los pies de nuestro Salvador en un acto de adoración. Estoy convencido de que el premio más codiciado será escucharle decir: «Bien, buen siervo y fiel; sobre poco has sido fiel, sobre mucho te pondré; entra en el gozo de tu señor».

¿Seremos avergonzados?

¿Cómo es posible entrar por las puertas del cielo y sentirse avergonzado? Lo creamos o no, esto les ocurrirá a muchas personas. Algunos cristianos que no han sido fieles a Dios estarán en el cielo. La preciosa sangre de Cristo fue derramada por sus pecados igual que por los del más fructífero y productivo de los santos. Pero estos son cristianos que han aceptado el regalo sin haberlo valorado. Ahora, delante del trono, lo verán todo con claridad. Serán conscientes de su necedad y sentirán vergüenza, aun en medio de la salvación. El Señor dirá: «Precioso hijito, derramé mi sangre por ti en la cruz. Di todo lo que tenía, ¿y qué hiciste tú con mi regalo?». ¿Qué respuesta puede darse a esta pregunta sino un silencio compungido?

Es después de esto, según la Biblia, cuando Dios enjugará toda lágrima y todos entraremos en su gozo y perfección. Yo no quiero comenzar la eternidad con un breve instante de autohumillación, y estoy seguro de que tú tampoco.

Por ello voy a estar preparado para no tener que prepararme. Cada mañana, cuando me levante de la cama, voy a pedirle al Señor que me fortalezca para que mis ojos se mantengan enfocados en el galardón eterno. Voy a trabajar con todo mi corazón aquí en la tierra, pero espiritualmente tendré las maletas hechas. Voy a mantenerme al día, sin rencores ni cuestiones sin resolver en mis relaciones personales. Y voy a esforzarme por entender, lo mejor que pueda, qué es exactamente lo que Dios quiere que haga cada día, para hacerlo de todo corazón.

A nuestros dos hijos les encantaba el fútbol y fueron excelentes pasadores. Uno de ellos fue cazatalentos de la NFL. Como invitado en el campo de entrenamiento, he observado cómo se preparaba el equipo para la temporada. Me interesaba especialmente ver cómo desarrollan la consistencia los pasadores. Resulta que el secreto son las *reps* (abreviatura de repeticiones).

El pasador titular se encarga de todas las repeticiones en el entrenamiento diario. Es el que lanza el balón en los entrenamientos, trabajando con todas las rutas y jugadas del manual de juego del equipo. El pasador repite una y otra vez los movimientos exactos con los pies, la lectura de la defensa y los mecanismos de su desmarque. Finalmente, acaba desarrollando una especie de «memoria corporal» casi perfecta para ejecutar la estrategia de ataque del equipo. Su movimiento es suave, fluido y confiado.

Yo practiqué el baloncesto. Pasé muchísimas horas en la cancha para tirar con precisión desde todos los ángulos. Un amigo se ponía debajo del aro y me devolvía el balón tras cada lanzamiento, y yo trabajaba los disparos desde la izquierda, desde la derecha, desde la línea de tiros libres y desde todas las posiciones hasta que cada lanzamiento formaba parte de mi ADN. Cuando jugaba un partido, mi cuerpo tomaba el control y sabía exactamente lo que tenía que hacer y cuánta intensidad poner exactamente en cada lanzamiento desde cualquier posición. Las *reps* eran también la clave.

Estas son las *reps* que te llevarán a una perfecta ejecución en la vida cristiana. El primer ejercicio es el estudio reflexivo de la Biblia cada día. El segundo es ser una persona de oración: habitual y disciplinada. Haz estas cosas una y otra vez, en cada situación. Habrá días en que no sentirás el deseo de hacerlas, al igual que el lanzador dolorido del entrenamiento de ayer no está muy motivado para darlo todo en la práctica de hoy. Pero estas decisiones prácticas y realistas de ser consistente te separarán de la multitud que vive la fe con tibieza. Te llevarán a experimentar a Cristo de formas que nunca habrías imaginado.

Lee, ora, sirve, repite. Haz estas cosas diariamente, y en aquel día maravilloso del regreso de Cristo podrás ponerte delante de Él sin sentir vergüenza. Después de vivir de forma consistente en esta vida, vivirás con un gozo sin límite en la perfecta consistencia que se llama cielo.

Pero antes de llegar allí, tu consistencia en Cristo podría ser puesta a prueba de formas que hoy ni te imaginas. La Biblia dice que un gobierno mundial, dirigido por un hombre con delirios de deidad, impondrá a las naciones una estrategia económica, política y religiosa. Y que todos los habitantes de la tierra tendrán que jurarle lealtad, so pena de muerte si se niegan.

Si eres cristiano, no estarás aquí durante los siete años en que el anticristo controlará plenamente la tierra. Pero sí podemos estarlo cuando el mundo comience a experimentar los dolores de parto de su venida: situaciones intensas, dolorosas y cada vez más frecuentes que recortarán la libertad de nuestra vida espiritual. Comenzará con cosas pequeñas —como por ejemplo funcionarios diciéndote que no puedes tener un estudio bíblico en tu casa— e irán aumentando y extendiéndose. El momento de decidir si vas a vivir de manera consistente como seguidor de Cristo cueste lo que cueste es ahora, no entonces.

La única forma de tener suficiente fuerza el día en que todo esto suceda es practicar diariamente tus *reps* espirituales. No puedes ponerte en forma para la contienda más importante de tu vida la mañana misma del gran partido. Debes vivir consistentemente hoy para pasar la prueba mañana.

CAPÍTULO 9

MANTÉN EL COMPROMISO

L e dijo a su familia que volvía a la oficina. Condujo hasta el aparcamiento de la empresa en la que había ganado su fortuna y salió del vehículo con las primeras sombras de aquel atardecer de enero. En lugar de dirigirse a la entrada del edificio, subió el terraplén, bajó por el otro lado y se arrojó al tren de las 5:30 p. m. cuando este aceleraba al pasar junto a su fábrica. Tenía setenta y cuatro años. Al parecer dejó una nota para su familia que decía: «Lo siento».[1]

En los últimos años ha habido muchos relatos como este en las noticias. En este caso se trata de Adolf Merckle, el gran fabricante de medicamentos. Era una de las personas más ricas del mundo, con una fortuna estimada de más de nueve mil millones de dólares. Vivió una vida sencilla con una esposa maravillosa y cuatro hijos encantadores. A pesar de su enorme riqueza, se dice que vivían muy modestamente.[2] En su juventud, Merckle heredó la empresa química de su familia y la convirtió en Merck & Co., una de las mayores farmacéuticas del mundo.

Tenía una intuición especial para los negocios que le convirtió en el rey Midas. Cuando en 1967 se puso al frente de la pequeña empresa química y farmacéutica, el negocio familiar tenía ochenta empleados, que pasaron a ser casi cien mil en el año 2008. Aquel año, Merckle fue el quinto hombre más rico de Alemania, y Forbes lo situó en la parte alta de la lista de las grandes fortunas del mundo.[3]

Era «un símbolo del industrioso espíritu alemán»[4] con una notable anomalía: algunos años atrás comenzó a asumir mayores riesgos en el mercado de valores. En una entrevista poco antes de su muerte, Merckle culpó de toda la situación a «"una reacción en cadena" que ha derribado el modelo financiero que había funcionado "magníficamente" antes de la crisis».[5] Nunca sabremos lo que hizo que los cimientos de su confianza se desmoronaran. Pero no estaba solo en su descenso a la desesperación.

Uno o dos días después de la muerte de Merckle, el *Wall Street Journal* hizo público el suicidio de Steven Good, el magnate de las subastas inmobiliarias de cincuenta y dos años. En su Jaguar rojo, aparcado en una reserva natural cerca de Chicago, Good se quitó la vida con un único disparo.[6] No dejó ninguna nota.

USA Today publicó recientemente un artículo sobre «muertes por desesperación» como consecuencia de la pandemia del coronavirus. Según un estudio, es probable que el número de estas otras muertes por suicidio y abuso de alcohol y drogas relacionadas con la pandemia sea, al menos, de setenta y cinco mil personas. «Vemos señales muy perturbadoras por toda la nación —dijo la Dra. Elinore McCance-Katz, subsecretaria del Departamento de Salud y Servicios Humanos, sobre las secuelas de la pandemia—. Hay más consumo de drogas, más sobredosis, más violencia doméstica y abandono y más maltrato de niños».[7]

¿A qué recurre la gente cuando las situaciones se complican? Una escuela de pensamiento dice que van a la iglesia. Como hemos mencionado en un capítulo anterior, esto es un hecho demostrado. Tras los ataques terroristas del 11 de septiembre y otras crisis, los aparcamientos de las iglesias se han quedado pequeños. Pero cada acción tiene una reacción igual y contraria. «Las turbulencias económicas pueden darles a los jugadores, fiesteros, bebedores y fumadores más razones para ceder a sus deseos», escribió Thomas Anderson en *Kiplinger's Personal Finance* tras la crisis financiera de 2008, convirtiendo las «llamadas acciones del pecado [...] en una apuesta segura».

¿No es intrigante? Las crisis son realmente cruces de caminos. Tienes dos opciones, una que te eleva y otra que te degrada. Jesús usó esta clase de lenguaje cuando dijo que había un camino ancho que toman la mayoría de las personas mientras que su camino es estrecho y pocos lo transitan (Mateo 7:13–14). Durante las pruebas y tragedias, algunos levantan el puño hacia los cielos y dicen que esto demuestra que no hay Dios. Otros llegan exactamente a la conclusión contraria y nos dicen que nunca habían experimentado a Dios de forma tan real ni un consuelo tan alentador de su parte. Las pruebas revelan nuestro carácter, y esto se aplica a las personas, a las iglesias y a las naciones.

No cabe duda de que estos son días terribles. Warren Buffett, el multimillonario gurú de las inversiones, observó: «Nunca he visto a los estadounidenses más asustados. Solo son necesarios cinco minutos para asustarse, pero recobrar la confianza es mucho más complicado». Buffet añadió una profunda afirmación: «El sistema [financiero] no funciona sin confianza».[8]

Entretanto, vemos que los programas para estimular la economía, los rescates financieros y cualquier otra cosa que se intente o no, genera otra polémica. Los riesgos son muy altos, y hay tan poco consenso sobre cómo proceder que se suscitan tensiones y contiendas internas e internacionales.

Vemos todas estas cosas y reconocemos, una vez más, señales de una civilización que se acerca gradualmente a su último clímax. A medida que la situación se hace más caótica, nos es más fácil gravitar hacia los extremos: un camino de menor resistencia, sea de desesperación, ira o simplemente de cerrar los ojos y pretender que todo va bien.

Una sugerencia alternativa: ¿y si nos sentamos y reflexionamos sobre la soberanía del Dios todopoderoso, recordándonos que a Él nada le toma por sorpresa? Dios no está en absoluto confinado por los límites del momento. Él gobierna desde fuera del tiempo, lo cual es solo un elemento más de su compleja soberanía. Cuando estableció el mundo, Dios anticipó este momento que ocupa un lugar concreto dentro de su plan maravilloso. Está entretejido, junto con todo lo demás, en el tapiz infinitamente precioso de su voluntad y de su obra.

Conocer este hecho nos trae una paz profunda. Si el mundo lo creyera, las personas no recurrirían al *whisky*, el juego o los narcóticos. Habría menos personas escondiéndose y aislándose en estos días, y esto sería bueno para todos. Las personas entenderían que el verdadero destino de la creación está en buenas manos, y los creyentes darían un paso al frente con renovada determinación y aprovecharían la oportunidad para la gloria de Dios. Estos son tiempos en que la esperanza de nuestro Señor resplandece con nueva intensidad y disipa la sombría niebla del mundo. Nuestro destino está decidido: a su regreso seremos reclamados por Cristo para pasar la eternidad en su presencia. Ahora tenemos la apasionante tarea de ver a cuántas personas podemos llevar con nosotros en este viaje.

DATE PRISA Y ESPERA

Santiago, el más práctico de los autores del Nuevo Testamento, nos dice: «Por tanto, hermanos, tened paciencia hasta la venida del Señor. Mirad cómo el labrador espera el precioso fruto de la tierra, aguardando con paciencia hasta que reciba la lluvia temprana y la tardía. Tened también vosotros paciencia, y afirmad vuestros corazones; porque la venida del Señor se acerca» (Santiago 5:7–8).

Mientras, pues, esperamos el regreso del Señor, hemos de ser pacientes, algo que aprendemos fortaleciendo el fundamento de nuestra fe. Cuanto más fuertes son nuestras convicciones, mejor gestionamos las situaciones difíciles. Hay una correspondencia directa entre la fuerza de nuestra fe y la profundidad de nuestra paciencia.

La paciencia puede ser una de las virtudes más escurridizas, incluso para quienes tienen una gran esperanza. Ciertamente no es uno de los mejores atributos de nuestra nación. Durante la administración Reagan, entrevistaron a Richard Nixon sobre el tema de la paz mundial. Se le preguntó si la nación estaba en una situación mejor que un año atrás. Nixon contestó: «Los estadounidenses tenemos muchos puntos fuertes, pero una de nuestras debilidades es la impaciencia. Los rusos piensan en términos de décadas; los chinos, de siglos; pero nosotros pensamos en términos de años, meses y días».[9]

Alguien ha dicho que la paciencia tiene un gusto amargo, pero un regusto dulce. Me pregunto si alguno de nosotros trabajaría con la perseverancia de los grandes misioneros cristianos del pasado, o si contaría con el persistente compromiso de sus consejos y supervisores de apoyo. Cuando los primeros misioneros llevaron el evangelio a África Occidental, pasaron catorce años hasta ver el primer convertido. En África Oriental fueron necesarios diez años, y dieciséis en Tahití para conquistar la primera alma. William Carey es considerado el padre del moderno movimiento misionero, y tardó siete años en ver su primer convertido hindú.[10] Adoniram Judson, el primer misionero estadounidense, trabajó seis años antes de bautizar al primer creyente birmano.[11] Más paciente que las iglesias que le apoyaban una vez escribió a su familia en Estados Unidos diciéndoles: «Suplicad a las iglesias que tengan paciencia, el éxito es tan seguro como puede serlo la promesa de un Dios fiel».[12]

En todos estos lugares el regusto de la paciencia fue dulce porque estos obreros de Cristo —y quienes les apoyaban— supieron esperar en el Señor y confiaron en su calendario. ¿Difícil? Sin lugar a duda. Pero la paciencia es el aula de Dios para instruirnos en la fe y la obediencia. Si no tuviéramos tanto que aprender, quizá no tendríamos que esperar tanto tiempo. Queremos sacar una buena nota en este curso de formación espiritual. Aprendamos lo que la Palabra nos enseña sobre esperar, confiar y esperar.

LA INSTRUCCIÓN DE LA PACIENCIA

Me gusta la forma en que J. I. Packer describió nuestra tarea diaria: «Vivir con la convicción de que Dios ordena todas las cosas para el bien espiritual de sus hijos. La paciencia no consiste solo en apretar los dientes y soportar las cosas con estoicismo, sino en aceptarlas con alegría, como ejercicios terapéuticos planeados por un entrenador celestial que está decidido a ponerte en la mejor forma».[13]

Esta clase de creyente entiende que Dios tiene el control de la situación incluso cuando sucede algo desagradable. Lo acepta como una pieza más oscura y multifacética del rompecabezas de su vida, para el que no tiene la imagen original. Confía en aquel que ve el proyecto terminado y desea que desarrollemos una paciencia basada en la confianza. El puritano Thomas Watson escribió: «No hay pecados que estén tan presentes en el pueblo de Dios como la incredulidad y la impaciencia; están siempre al borde de tirar la toalla por incredulidad, o de angustiarse por la impaciencia».[14]

Si piensas en tu vida pasada, te darás cuenta de que mientras el cirujano necesita una luz intensa para llevar a cabo su intervención, a Dios le gusta trabajar a oscuras. No aprendemos carácter cuando la vida discurre plácidamente, sino solo cuando nos exige echar mano de nuestro interior para encontrar nueva paciencia, nueva fe en Dios y nuevos recursos para vencer los obstáculos.

Puede que en este momento tu familia esté pasando por tiempos difíciles. ¿Por qué no lo consideras como un tiempo de revelación de parte de Dios, una oportunidad de aprender a confiar en Él y un peldaño para acceder a cosas buenas en el futuro? Es así como Dios ha obrado siempre. ¿Por qué, pues, va a ser diferente esta vez? Si tú y tu familia comenzaran la próxima semana con esta actitud firmemente arraigada en su alma colectiva, dando gracias a Dios en todo, ¿no tendrían todos una perspectiva mucho mejor?

Si hojearas mi Biblia, verías toda clase marcas y notas rápidas. Las escribo en el mismo pasaje en que las pienso porque pueden serme útiles la próxima vez que lea el mismo texto. He notado que la palabra *paciencia* (o uno de sus sinónimos) aparece nueve veces en el capítulo 5 de Santiago. Es muy notable que esta idea sale una y otra vez. He puesto estas apariciones en cursiva en esta lista:

- «Tened *paciencia* […] hasta la venida del Señor» (Santiago 5:7).
- «El labrador *espera* el precioso fruto de la tierra, *aguardando con paciencia*» (v. 7).
- «Tened también vosotros *paciencia* […]» (v. 8).
- «Tomad como ejemplo de *aflicción y de paciencia* a los profetas que hablaron en nombre del Señor» (v. 10).
- «He aquí, tenemos por bienaventurados a los que *sufren* [*perseveraron* en la versión NVI]. Habéis oído de la *paciencia* de Job […]» (v. 11).

Paciencia. Esperar. Sufrimiento. Perseverancia. Persistencia. Estos no son los ingredientes más recurrentes de la predicación o lectura popular en estos días. Somos adictos a los pensamientos alegres y al optimismo sintético, aunque sean pequeñas mentiras. En el mundo verdadero, la vida está llena de esperas y de persistencia.

Como muchos de nosotros, el apóstol Pablo no era el tipo de persona a la que le gustaban los retrasos. Era visionario y ambicioso, un torbellino de energía cinética que evangelizaba a personas no creyentes, tutelaba a jóvenes creyentes y pastoreaba congregaciones enteras, todo al mismo tiempo. Sin embargo, era también un hombre que conocía a su Señor y confiaba en Él lo suficiente como para confiar en su calendario. Cabía esperar que las cartas que escribía desde su reclusión expresaran rabia en su frustración contra los obstáculos que los gobernantes romanos ponían a todas las cosas que quería hacer para Dios. Lo que encontramos es exactamente lo contrario. A sus amigos de Filipos les escribió: «Estoy encadenado por causa de Cristo» (Filipenses 1:13 NTV). El apóstol relata que pudo compartir el evangelio con toda la guardia de palacio, y que sus enviados habían cobrado valor en su fe por causa de estas experiencias. Una carta que cualquier otra persona habría escrito en un tono de angustia se convierte para Pablo en una epístola de gozo. Saber que Dios estaba haciendo algo —¿y cuándo no lo está?— le llevaba a encontrar contentamiento.

En 1 Corintios, Pablo nos brinda los más sublimes párrafos sobre el amor que jamás se hayan escrito, y la paciencia encuentra un hueco en sus ingredientes. ¿Cuál es el primer atributo del amor piadoso en su lista? «El amor es paciente, es bondadoso. El amor no es envidioso ni jactancioso ni orgulloso» (13:4 NVI). Después, cuando en Gálatas 5:22 leemos sobre el fruto del Espíritu —las cualidades cruciales que desarrollamos cuando crecemos— encontramos la paciencia (*longanimidad* en algunas traducciones) en un lugar destacado, justo después de la tríada inmortal del amor, el gozo y la paz. Evidentemente Pablo tenía una gran consideración por esta cualidad que, probablemente, no habría sido fácil de aprender para un vigoroso y ardiente evangelista.

Si la paciencia, la longanimidad y la perseverancia son de una importancia tan esencial, ¿por qué nos resultan tan difíciles? Creo que se debe a que este esquema de respuesta fiel solo se puede aprender por medio de la tribulación. Pablo nos dice también: «Y no solo esto, sino que también nos gloriamos en las tribulaciones, sabiendo que la tribulación produce paciencia; y la paciencia, prueba; y la prueba, esperanza» (Romanos 5:3–4).

Cuando empiezo un nuevo día, la tribulación no suele estar mi lista de peticiones a Dios: «Señor, ¿puedes mandarme hoy algo exasperante, algo que me golpee? ¡Mi carácter necesita una buena prueba!». No espero que nadie ponga una petición así en su tiempo de oración. Sin embargo, en cierto modo, tendría sentido hacerlo si la madurez cristiana es nuestra meta. La tribulación nos enseña a persistir en una situación difícil, y persistir en este tipo de situaciones desarrolla carácter en nosotros. Y esto, nos dice Pablo, produce algo increíblemente maravilloso: *esperanza*. Y cuando decimos *esperanza* no estamos hablando de un tibio deseo de que suceda algo, como en la frase: «Espero que mañana no llueva». Estamos hablando de una perspectiva de la vida sólida y fundamentalmente positiva; una convicción absoluta de que Dios ya ha vencido cualquier batalla concebible que pueda depararnos este día, de modo que, *pase lo que pase*, podemos sonreír confiadamente. ¿No crees que necesitamos una esperanza así en tiempos como estos?

Déjame decirte de nuevo que no te sientas obligado a pedir una tribulación para mañana. Estas nos llegan sin pedirlas. Las pruebas llegan a tus circunstancias las busques o no. Entran por la puerta sin llamar, aunque esta esté bien cerrada y acerrojada. Esto se debe a que el mundo está caído y también a que Dios quiere que crezcas. Esta es la razón por la que Santiago apoya a Pablo diciéndonos que adoptemos la cualidad de la paciencia; que la busquemos dentro de nosotros durante los tiempos difíciles, y que dependamos de ella para inspirarnos.

PERO ¿CUÁL ES EL GRAN RETRASO?

Santiago escribe a creyentes que estaban sufriendo profundamente. No era fácil ser un cristiano en el siglo primero. Muchos creyentes pensaban que el único desenlace positivo para ellos sería que Cristo regresara lo antes posible; ciertamente no había nada de esta vida que pudiera incrementar su esperanza. Santiago les estaba diciendo: «¡Sean pacientes! Si Cristo se retrasa, es por una buena razón: todavía no quiere abandonar este mundo, por tanto, tampoco deberíamos hacerlo nosotros».

Muy cierto. Nuestro Señor Jesucristo es «el Alfa y la Omega, principio y fin, [...] el primero y el último» (Apocalipsis 1: 8, 11). Él conoce el final desde el principio, y a veces hay retrasos en la vida porque Dios todavía tiene cosas que hacer, circunstancias que alinear, cuestiones inacabadas que terminar. Es probable que sea algo maravilloso. Estos son tiempos para aprender la disciplina de esperar en el Señor, tener paciencia en su calendario y descansar en que su plan es perfecto.[15]

Me estoy encontrando cada vez con más personas que oran fervientemente para que Cristo regrese y detenga la locura. Repiten la petición que encontramos en las últimas palabras de la Escritura: «Amén; sí, ven, Señor Jesús» (Apocalipsis 22:20). Según el Centro de Investigaciones Pew, más de un 75 por ciento de los cristianos estadounidenses creen en la segunda venida de Cristo, y un 20 por ciento creen con bastante seguridad que volverá durante el periodo de su vida.[16] Se trata de cifras verdaderamente asombrosas. Es muy positivo que tantas personas entiendan que Cristo va a regresar y que hay algo más aparte de este triste mundo. Aun así, no podemos decirle a Dios lo que tiene que hacer. Santiago entendía esto y nos recuerda que hemos de ser pacientes y permitirle llevar el volante.

¿Alguna vez te has sentido frustrado cuando te has encontrado en un atasco en la autopista? Siempre parece suceder cuando ya vamos con el tiempo muy justo para llegar a nuestro destino. Empezamos a caldearnos y pronto nos subimos por las paredes. Pensamos: *Pero ¿qué está pasando? ¡Esto es ridículo!* Después, de vez en cuando, llegamos al punto del atasco y vemos la ambulancia y las camillas. Entonces suspiramos y nos quedamos en silencio. Sabemos que algo trágico ha sucedido en aquel lugar, y habríamos esperado con más paciencia si hubiéramos visto el panorama general desde arriba.

Yo he sido un paciente impaciente en algunas salas de espera; ¿a ti no te ha sucedido? Ojeamos revistas con impaciencia y esperamos que una enfermera abra la puerta y diga: «Pase, por favor. El doctor le atenderá ahora». Somos pacientes sin paciencia. La palabra *paciencia* procede de una palabra latina que significa «alguien que persevera» o «alguien que sufre». En la consulta del médico, se nos pide que esperemos con una actitud calmada, y este es el sentido bíblico de la palabra. Los retrasos no se producen porque alguien —en el cielo o en la tierra— pretenda irritarnos personalmente. En la mayoría de los casos hay muy buenas razones para tales retrasos; por lo que se refiere al cielo, en *todos* los casos.

Una primera dama del pasado —y me refiero literalmente a la primera dama de nuestro país— nos brinda un ejemplo de paciencia. En diciembre de 1789 Martha Washington le escribió a una amiga confesándole que preferiría vivir en su casa de Mount Vernon, jugando con sus cuatro nietos, que servir como una figura simbólica en la nueva capital de la nación en la ciudad de Nueva York. Sin embargo, «sigo decidida a estar alegre y feliz —escribió—, en cualquier situación en que me encuentre; porque también sé, por experiencia, que la parte más importante de nuestra felicidad o desdicha depende de nuestra disposición y no de nuestras circunstancias. Llevamos con nosotros, en nuestra mente, las semillas de la una o la otra, dondequiera que vamos».[17]

Esta actitud está llena de la fragancia que agrada a Dios. Expresa la clase de madurez que Dios quiere desarrollar en todos nosotros a medida que ponemos nuestro corazón en las cosas eternas más que en las circunstancias superficiales y cambiantes.

LA ILUSTRACIÓN DE LA PACIENCIA

Santiago, que siempre usa imágenes verbales muy valiosas, nos ofrece una referencia visual para la paciencia procedente del ámbito de la agricultura: «Mirad cómo el labrador espera el precioso fruto de la tierra, aguardando con paciencia hasta que reciba la lluvia temprana y la tardía» (Santiago 5:7).

Tanto Santiago como su hermano Judas tenían trasfondos rurales, de modo que el ámbito de su trabajo les proporcionó un campo rico y natural de analogías. En una cultura rural, «el precioso fruto de la tierra» es una descripción apropiada de la importancia del suelo y lo que procede de él. En aquel mundo, si no cultivabas bien la tierra, no comías. Hemos también de entender que en la agricultura hebrea del primer siglo no había sistemas de riego. La «lluvia temprana» iniciaba el ciclo de crecimiento, y la «lluvia tardía» proporcionaba a los cultivos la humedad necesaria para madurar la cosecha.

Yo vivo en California, que en los últimos años ha sufrido frecuentes sequías. Los agricultores del Valle Central se han acostumbrado a contar con una limitada asignación de agua para sus cultivos, ¡o con ninguna! Cuando esto sucede, no hay cosecha. La vida que está en la semilla permanece aletargada. Esto es lo que sucedería con un riego adecuado: la semilla absorbería agua, mucha agua, y se activaría el proceso de crecimiento. Cuando el proceso de crecimiento se pone en marcha, la semilla se expande y acaba rompiendo las paredes que la confinan. El extremo de la raíz emerge, la semilla se arraiga y la nueva planta absorbe directamente agua y nutrientes del suelo que la circunda.[18]

En una sociedad postagrícola como la nuestra, estas cosas no las entendemos de forma intuitiva; pero este no es el caso de Santiago. Siendo agricultor, sabía que sin el agua no sucedía nada. Y él no podía hacer nada en cuanto a ella porque caía del cielo. Su trabajo se limitaba a cultivar el suelo, plantar las semillas y, si por la gracia de Dios llovía, a recoger la cosecha. La paciencia es instintiva para los agricultores, ya que no pueden producir por sus medios la lluvia que necesitan. En nuestra espera de la segunda venida de Jesús, la analogía está clarísima. Nuestra tarea se limita a labrar la tierra, alimentarnos mutuamente, hacer un buen uso de la «lluvia temprana» (cuando Cristo vino a la tierra por primera vez) y prepararnos para la «lluvia tardía», cuando Él vendrá de nuevo para traer la cosecha.

Sonreímos cuando pensamos en la impaciencia del primer siglo por el regreso de Cristo. Ellos habían estado esperando durante tres décadas, mientras que nosotros llevamos haciéndolo durante doscientas décadas, dos milenios. Si fuéramos agricultores, diríamos que las nubes se han cerrado para siempre y que la lluvia no volverá a caer nunca más. Ha pasado mucho tiempo. ¿Cuál es, pues, la evidencia de su regreso? Sugiero que nosotros veamos el asunto desde esta perspectiva. ¿Cuánto tiempo esperó la humanidad la primera venida de Cristo? Creemos que en Génesis 3:15 se menciona por primera vez al Redentor que ha de venir. La profecía se cumple en el segundo capítulo de Lucas. ¿Cuánto tiempo pasa entretanto? Pongamos la fecha que pongamos a las primeras páginas de Génesis, no cabe duda de que fue un periodo muy extenso. Han pasado dos mil años desde que Cristo prometió su regreso, sin embargo, es menos de la mitad de los años que transcurrieron entre Génesis y Lucas. Según la tradición judía estamos en el año 5781; resta 2020 años y el resultado sería de casi cuatro mil años entre Adán y el nacimiento de Cristo.

Alfred Edersheim, el historiador judío y erudito de hebreo, describe las antiguas conversaciones rabínicas sobre el retraso de la venida del Mesías. Algunos rabinos creían que el Mesías estaba esperando a que Israel se arrepintiera. Otros tenían la convicción de que cuando Él viniera llamaría al pueblo al arrepentimiento. Según el Talmud, algunos rabinos creían que el Mesías aparecería exactamente cuatro mil años después de la creación de la tierra. ¿No es intrigante? Jesucristo encaja en esta estimación: vino precisamente durante este marco temporal. Lo que podían hacer los rabinos era muy limitado. Podían hacer cálculos con sus calendarios, examinar a fondo las palabras de los antiguos profetas, esperar y soñar, pero, en última instancia, lo único que podían hacer era esperar. Edersheim escribió: «Uno por uno, todos los plazos habían pasado, y cuando la desesperación se asentó en el corazón de Israel, llegó a pensarse de forma general que el tiempo de la venida del Mesías no podía conocerse de antemano».[19]

Demasiado para adelantarse a Dios.

HORA OFICIAL DEL CIELO

Desde la perspectiva rabínica, el Mesías se estaba retrasando; pero Dios veía las cosas de manera distinta. Encontramos su perspectiva en el libro de Gálatas: «Pero cuando vino el cumplimiento del tiempo, Dios envió a su Hijo, nacido de mujer y nacido bajo la ley» (4:4). Esta expresión «el cumplimiento del tiempo» alude a la cronología de Dios. Solo Él sabe cuándo se han «cumplido» todos los elementos que tiene en mente y que determinan el momento preciso.

Por ejemplo, Jesús vino a la tierra por primera vez cuando los romanos habían construido una red de carreteras que interconectaba un enorme imperio; cuando dicho imperio estaba unido por un idioma ideal, perfecto para explicar el evangelio; cuando los judíos habían establecido sinagogas por todo el Mediterráneo que serían espacios donde la «semilla» del evangelio eclosionaría; y cuando se habían pronunciado ya todas las profecías hebreas sobre su venida, de modo que había un silencio profético. Ahora podemos ver la precisión con la que Dios seleccionó su calendario para enviar a su Hijo la primera vez. ¿Hay alguna razón para creer que el tiempo de su segunda venida será menos preciso?

Para la mayoría de las personas, el problema no es intelectual sino espiritual. Incluso en el tiempo del apóstol Pedro, la gente no quería aceptar ninguna posibilidad de la venida de Cristo; muchos vivían confortablemente relajados en su pecado. Pedro escribió: «En los postreros días vendrán burladores, andando según sus propias concupiscencias, y diciendo: ¿Dónde está la promesa de su advenimiento? Porque desde el día en que los padres durmieron, todas las cosas permanecen, así como desde el principio de la creación» (2 Pedro 3:3–4).

Kevin Miller afirmó conocer a un *coach* ejecutivo que les hace la siguiente pregunta a sus CEO: «¿Qué es lo que están pretendiendo no saber?». Miller escribió:

Esta es la misma pregunta que Pedro está planteando a quienes piensan que nunca va a haber una segunda venida, un juicio final o un fin del mundo. Pedro dice: Puedes decirte a ti mismo lo que quieras, pero la idea de que nunca va a haber un «fin del mundo» no procede de una evaluación imparcial y objetiva. Surge más bien de tu deseo profundo y no reconocido de hacer lo que quieras y salir impune.[20]

Pedro sugirió que nunca olvidemos un hecho: «Que para con el Señor un día es como mil años, y mil años como un día. El Señor no retarda su promesa, según algunos la tienen por tardanza, sino que es paciente para con nosotros, no queriendo que ninguno perezca, sino que todos procedan al arrepentimiento» (2 Pedro 3:8–9).

Traducción: Dios tiene su reloj en una zona horaria a la que nosotros no tenemos acceso. Una vez más hemos de recordar que Él es aquel que creó el tiempo, como todo lo demás, y lo utiliza para sus propósitos. Dios no está dentro del tiempo, preguntándose qué pasará en la siguiente curva, como hacemos nosotros, sino fuera de él, en el eterno «ahora». Es Él quien *creó* la siguiente curva.

El autor puritano Stephen Charnock escribió: «Dios no es un ser temporal sino eterno. [...] Él es la morada de su pueblo en todas las generaciones. [...] Si tuviera un comienzo, podría tener un final, y por ello toda nuestra felicidad, esperanza y ser expirarían con él. [...] Cuando decimos que Dios es eterno, excluimos de Él cualquier posibilidad de principio y final, de inestabilidad y de cambio».[21]

Me gusta la anécdota sobre la necedad de cuantificar el tiempo de Dios. Un niño le preguntó a Dios: «¿Cuánto dura un segundo en el cielo?». Dios le dijo: «Un millón de años». El muchacho volvió a preguntar: «¿Cuánto vale un penique en el cielo?». Dios le respondió: «Un millón de dólares». El muchacho le dijo: «¿Podrías darme un penique?». A lo que Dios respondió: «Sí. Dame un segundo».

EL PORQUÉ DE LA ESPERA

Dios tiene su calendario. Desde nuestra perspectiva, Él espera. ¿Y qué está esperando? En particular, que nosotros proclamemos las noticias acerca de Él. Hay alguien que necesita oír sobre Cristo en este mismo momento, alguien dentro de tu esfera de conocidos. Hay países y pueblos que están a punto de escuchar las buenas nuevas o de experimentar un verdadero avivamiento. Como dijo Pedro, Dios no quiere que ninguno perezca, y como el capitán que no empujará el bote salvavidas hacia el agua hasta que no esté absolutamente lleno de personas para salvarlas, Dios espera para poder introducir en el cielo a la mayor multitud posible.

Jesús lo expresa de forma muy sencilla: «Y será predicado este evangelio del reino en todo el mundo, para testimonio a todas las naciones; y entonces vendrá el fin» (Mateo 24:14). La gran comisión y el regreso de Cristo están entretejidos de este modo. Si quieres ver su regreso, ve a proclamar el evangelio.

Es probable que Robert Ingersoll sea uno de los ateos más famosos de todos los tiempos. No es solo que Ingersol fuera un descreído, sino que militaba activamente para extender su ateísmo. Era un poco como las personas de nuestro tiempo que culpan a los cristianos y su fe en Dios de todos los males habidos y por haber. En sus conferencias itinerantes, Ingersoll ridiculizaba a cualquiera que creyera en Dios. Parte de su rutina era tomar su reloj de bolsillo, abrirlo y decir: «Dios todopoderoso, te doy cinco minutos para fulminarme por todo lo que he dicho». Después esperaba durante trescientos segundos a que Dios interviniera visiblemente mientras miraba el reloj. Cuando el tiempo expiraba, decía: «Esto demuestra que Dios no existe», y se guardaba el reloj.

Cuando un evangelista llamado Joseph Parker oyó lo que hacía Ingersoll, le preguntó: «¿Pensaba, acaso, este caballero que podría agotar la paciencia del Dios eterno… en solo cinco minutos?».[22]

Abraham debió de preguntarse cuándo iba Dios a darles finalmente el hijo que les había prometido, el que sería primogénito de una nueva nación; Dios cumplió su promesa en la plenitud del tiempo. David, que estuvo escondiéndose en cuevas durante una década, debió de preguntarse cuándo cumpliría Dios la promesa de llevarle al trono que le hizo cuando era niño. Dios lo hizo a su debido tiempo. Y los discípulos debieron de preguntarse cuándo iba Dios a intervenir en la maquinaria de la crueldad romana para rescatar a Jesús de la tortura, el escarnio y la ejecución. Cuando Jesús murió en la cruz, Dios parecía llegar tarde. El domingo por la mañana, en la plenitud del tiempo, Dios llevó a cabo el plan que había concebido antes de fundar la tierra. ¿Hay acaso alguna razón para impacientarnos con nuestro Dios?

Yo oro por cosas sin saber cuándo llegará la respuesta. Anhelo su venida, sin conocer cuándo aparecerá. Quiero ver el final de esta pandemia, la recuperación de nuestra economía y un sinnúmero de otras cosas que puede parecer que se retrasan. Pero sé esto: la palabra *retraso* no está en el vocabulario de Dios. Él nunca se ha retrasado ni anticipado en lo más mínimo. No retrasa sus promesas, y esto es algo que iremos entendiendo mejor con el tiempo. Dios tiene la prerrogativa de programar, y a los humanos nos toca esperar con paciencia y fidelidad.

LAS IMPLICACIONES DE LA PACIENCIA

Finalmente, vamos a explorar las implicaciones de la paciencia. En Santiago 5:8 se nos dice que hemos de «afirmar» nuestros corazones. ¿Qué es exactamente un corazón afirmado?

Esta expresión significa «hacer tu corazón firme». Una paráfrasis del Nuevo Testamento dice: «Deben poner hierro en sus corazones».[23] Y la Biblia de Jerusalén nos llama a «fortalecer» nuestros corazones.

Santiago estaba hablando de tomar la iniciativa para fortalecernos desde dentro, a fin de ceñir el alma. En otras palabras, hemos de desarrollar confianza mientras esperamos. Su imaginería tiene que ver con reforzar un objeto de apoyo para que no se hunda la estructura, como por ejemplo verificar unas columnas de carga para comprobar que aguantarán el peso del tejado. Queremos evitar que nuestra fe se debilite mientras esperamos a Dios, o caer en la trampa de los burladores que describe Pedro. La fe tiene que ser reforzada cuando es objeto de cuestionamiento. Por tanto, lo que Santiago estaba diciendo es: «No se queden de brazos cruzados; revitalicen su fe para que puedan mantenerse firmes».

Linda Derby de Tulsa, Oklahoma, recibió la noticia de que, a su nuera, una joven misionera casada con su hijo y con niños gemelos, se le había diagnosticado un cáncer de mama. Linda esperaba noticias con una enorme impaciencia: ahora pensaba que iba a curarse y se sentía jubilosa; al cabo de un rato estaba segura de que iba a empeorar y se sentía profundamente deprimida. Era terrible sentirse tan impotente y preocupada por su nuera. Finalmente, Linda se dio cuenta de que no podía mantener aquellos altibajos emocionales. Se retiró a su habitación y pasó tiempo en oración seria. Linda le dijo a Dios que le iba a dejar ser Dios. Tenía que reconocer que Él mantenía el control de todas las cosas, incluso durante un periodo como aquel de temor y ansiedad.[24] Desde el momento en que lo encomendó todo a su propósito soberano, su ansiedad comenzó a remitir.

El caso de Linda es un ejemplo de la actitud que deberíamos desarrollar. No es que debamos entregarnos a una resignación triste y pasiva ante el destino. Dios no nos quiere encogiéndonos de hombros complacientemente y diciendo: «Es lo que hay». Estoy hablando de una esperanza real ante la incertidumbre. Lo que Dios quiere desarrollar en nosotros no es una sumisión insípida y apática, sino una paciencia dinámica y vibrante. La base de nuestra perspectiva es que quien está a cargo de este universo es el Dios de amor, y paciencia significa permanecer firmes en nuestra fe aun cuando la vida es difícil. En Él podemos tener una paciencia, fuerza y tenacidad llenas de confianza.

Se ha dicho que la paciencia es «hacer otra cosa entretanto». Y esta «otra cosa» que hacemos es encontrar formas de beneficiarnos de las mismas dificultades que atravesamos.[25]

¡Cuántas bendiciones no llegan hasta nosotros porque carecemos de paciencia! Muchas veces no conseguimos ver que las pruebas son oportunidades disfrazadas. Hemos de «afirmar nuestros corazones» reivindicando las promesas de la Escritura y esperando que Cristo regrese o redima nuestra fe por medio de la fecundidad.

CUANDO EL HIJO TE HACE LIBRE

El novelista Herman Wouk escribió sobre una reunión que tuvo con David Ben-Gurión, el primer presidente de Israel. Ben-Gurión le instó a trasladarse a la nación que se había establecido recientemente. Era 1955, y los fedayines seguían cometiendo habitualmente actos sangrientos en las zonas rurales. En aquella época, Ben-Gurión había dejado su cargo y había comenzado a escribir sus memorias; invitó a Wouk y a su esposa a que le visitaran en su casa, donde conversaron durante horas. Al final de la visita, Ben-Gurión renovó su invitación para que trasladaran su residencia a Israel. «Aquí serán libres», les dijo.

Los Wouk habían llegado acompañados de un escolta con una ametralladora montada en su camioneta por la alerta de terroristas. «¿Libres? —preguntó Wouk—. ¿Con las carreteras intransitables después de la puesta del sol?».

«No he dicho seguros —contestó el anciano—, sino *libres*».[26]

Lo que queremos es valor dependiente de una seguridad terrenal; pero lo que necesitamos es un valor basado en la seguridad celestial. Queremos comodidad, pero Él nos da algo mejor: *libertad*. Puesto que nuestro destino está resuelto, y puesto que este mundo está en las manos de Dios, podemos ser libres de la ansiedad si tenemos fe. Podemos ser libres de la tiranía emocional de las circunstancias. Una incomodidad presente que nos ofrece una alegría eterna es una fórmula que podemos recibir con corazones agradecidos.

Ya antes he mencionado mi capacidad excepcional para perderme en ruta, vaya donde vaya. Naturalmente tengo un sistema de navegación GPS en mi automóvil. ¡Genial! Esto ha resuelto la mitad del problema. Tienes que comprometerte a no programar el dispositivo mientras estás conduciendo, y esto es bueno porque mientras estoy aparcado y mirando la pantalla del navegador no puedo perderme más. Pero ahora tengo que saber cómo introducir las direcciones en el sistema, que es aún más difícil que encontrar el lugar donde quiero ir. ¿Dónde puedo encontrar un GPS que me ayude a no perderme cuando introduzco las instrucciones en mi GPS? De acuerdo, ríete, también soy poco ducho en las nuevas tecnologías. Pero hay esperanza. Mi nuevo automóvil de *leasing* vino con OnStar. No tenía idea de que era algo tan útil hasta el día en que pulsé el pequeño botón de OnStar. Inmediatamente oí una voz femenina agradable y clara ¡que sabía mi nombre! «¡Buenos días, Dr. Jeremiah! ¿Cómo puedo ayudarle?».

Quería ir a un partido de fútbol para ver jugar a mi nieto. Ya había estado en aquel campo, pero fue cuando su padre jugaba con este equipo. Le di la ubicación y la amable voz dijo: «Deme un momento, por favor». Casi al instante escuché: «Acabo de cargar las indicaciones en su sistema GPS, que ahora le guiará verbalmente desde donde se encuentra hasta su destino». A continuación, una segunda voz, también clara y femenina, comenzó a decirme exactamente por dónde tenía que ir. Y no solo eso, sino que me decía exactamente *cuándo* tenía que hacer *qué*, ¡como si estuviera allí en el automóvil conmigo! «A veinte metros, gire a la derecha».

Ya sé que, posiblemente, todo esto no es nuevo para ti y no tiene nada de especial, pero yo estaba boquiabierto. Pensaba que aquello era un milagro del nivel de Moisés y la zarza ardiente. ¡Recorría barrios que no conocía de nada, y navegaba por ellos con toda confianza y osadía! No sentía ninguna ansiedad porque sabía que podía confiar en que aquella voz me llevaría a mi destino.

¿No te gustaría que hubiera un GPS para la vida? En un sentido, lo hay. Dios no solo sabe dónde te encuentras, con una precisión mayor que la de los satélites, sino que conoce las pruebas que te aguardan. Él sabe cuáles son los giros que bendecirán tu vida y aquellos que te llevarán a la angustia. Crecer en Cristo es desarrollar más y más la capacidad de recibir esta señal; conocer su voz suave y apacible que es suficientemente clara para aquellos que confían en Él. Cuando te das cuenta de que Él te está guiando, la ansiedad simplemente desaparece de tu vida y es sustituida por la clase de paciencia que describen todos estos autores bíblicos. ¿Qué, pues, harás con toda esta energía extra que solías consumir preocupándote e impacientándote? Te encontrarás utilizándola para ministrar a los demás.

Realmente es un simple asunto de obediencia. He descubierto que todos tenemos amigos y familiares que «desfallecen por falta de fe o se desgastan por su impaciencia», que no tienen trabajo, que están perplejos por lo que está sucediendo en el mundo. Puedes ser el GPS de estas personas cuyas vidas se mueven por lugares nuevos y extraños. Puedes acercarte a ellos y decirles: «Permíteme acompañarte. Déjame ser una voz amable en tu vida». ¿No te das cuenta de que un tiempo como este puede ser una maravillosa oportunidad para quienes conocemos y amamos al Señor?

Para mi vida, la Biblia es el mejor GPS. Recorro sus páginas y oigo un coro de voces que me brindan su testimonio a pesar de que tales personas han experimentado mucha más ansiedad de la que puedes imaginar. Desde el libro veterotestamentario de Deuteronomio nos llegan las palabras de Moisés, quien soportó cuarenta años en el desierto con un coro de gimoteos en sonido envolvente. Moisés dijo: «Esforzaos y cobrad ánimo; no temáis, ni tengáis miedo de ellos, porque Jehová tu Dios es el que va contigo; no te dejará, ni te desamparará» (Deuteronomio 31:6).

David, quien se las vio con las más tenebrosas noches del alma, expresó su confianza: «Hubiera yo desmayado, si no creyese que veré la bondad de Jehová en la tierra de los vivientes. Aguarda a Jehová; esfuérzate, y aliéntese tu corazón; sí, espera a Jehová» (Salmo 27:13–14).

Después de llorar por una nación rebelde, Isaías añadió: «Y el efecto de la justicia será paz; y la labor de la justicia, reposo y seguridad para siempre» (Isaías 32:17).

Pablo hizo enseguida su aportación: «Y tal confianza tenemos mediante Cristo para con Dios» (2 Corintios 3:4). Y añadió: «Nuestra suficiencia proviene de Dios» (v. 5). ¡Nuestra confianza procede de Él!

Desde Hebreos nos llegan instrucciones para nuestro giro más importante: «No perdáis, pues, vuestra confianza, que tiene grande galardón» (Hebreos 10:35).

Cuando todo el mundo está colgando de un hilo —y cuando tú mismo te preguntas si el tuyo está a punto de romperse— aférrate a la confianza en el Señor, no la deseches en el tiempo de la prueba. Confianza es un sinónimo de fe, y alude a la tranquilidad del alma en un hijo de Dios. No nos desesperaremos, no cederemos a la ira ni dejaremos de ser fieles y obedientes. Cuando las cosas se ponen difíciles, es tiempo de orar con más fervor, y más aún cuando vemos que el día se acerca.

CAPÍTULO 10

MANTÉN LA CONVICCIÓN

¿Sabes cómo sobrevivir a una bomba sucia? ¿Encender un fuego con una botella de vidrio? ¿Sabes conservar la comida? ¿Te has hecho una reserva de latas de legumbres y botes de carne? ¿Tienes una linterna solar? ¿Y qué de tu lista de contactos? ¿Tienes una en papel por si la electrónica falla? ¿Tienes un botiquín de primeros auxilios y una caja de herramientas? ¿Conoces algunas variedades de setas e insectos comestibles? ¿Sabes impermeabilizar las cerillas?

Muchas personas están pensando en estas cosas hoy día. *The Atlantic* publicó un artículo que explicaba que hay un creciente número de personas que se preparan para sobrevivir a una catástrofe y utilizan portales de internet para intercambiar métodos para construir refugios antiaéreos, almacenar comida y otras provisiones, limpiar armas y aplicar primeros auxilios y cuidados médicos en ausencia de profesionales de la salud.[1] Algunos van incluso más allá. El *Daily Mail* publicó un artículo sobre una familia de Colorado que ha gastado una enorme cantidad de dinero y tiempo preparándose para un día futuro en que «de repente y de forma totalmente inesperada» el mundo experimentará «un apagón total y nos quedaremos sin electricidad, teléfonos móviles, bancos, internet, televisión, servicios de urgencia. Nada».

Esta familia ha acumulado tantas cosas que fue necesario el trabajo de quince personas durante más de seis horas para trasladar todas sus provisiones desde el sótano hasta el césped para sacar una fotografía. Había barriles de comida y garrafas de agua. Tenían un horno solar, un generador, un quemador de propano, un sistema de filtración del agua, calentadores de manos, mascarillas quirúrgicas, armas, parrillas, mochilas, paneles solares y, naturalmente, montones de mantas.

Según la fuente de la noticia, son preparativos para un día en que la economía sufrirá un colapso, nos quedaremos sin electricidad ni energía, las comunicaciones se apagarán y la sociedad caerá en el caos con enormes disturbios y guerras.[2]

Esto son preocupaciones apocalípticas, pero estamos viviendo en tiempos apocalípticos. No soy una persona alarmista, pero a veces me siento alarmado.

Y después me acuerdo de Romanos 13:11, una señal de alarma de parte del Señor para que estemos preparados para su regreso. En este versículo encontramos una clara estrategia para vivir de forma proactiva cuando a nuestro alrededor comienzan a suceder cosas terribles. No hay ningún arma en la tierra que pueda borrar este texto de la Biblia; son palabras que nos enseñan a responder de forma interna y deliberada a los tiempos en que vivimos.

Quiero explicarte la importancia que tiene este versículo para mí. Durante un tiempo, uno de mis libros titulado *¿Qué le pasa al mundo?* fue el más vendido de ellos. Había firmado muchos ejemplares de este recurso, y tras la firma siempre había escrito la cita de «Romanos 13:11» en la hoja de guarda con la esperanza de que el lector buscaría este versículo y sería impactado por su verdad.

Habrás observado que en este libro la conversación, como un bumerán, siempre acaba volviendo al regreso de Cristo. Ahora estamos en un capítulo cuyo tema central es precisamente este. A medida que iba profundizando en la Palabra de Dios, estudiando la cuestión de lo que deberíamos hacer, descubrí que la Biblia habla de este tema una y otra vez. Tanto en los buenos tiempos como en los malos, Dios quiere que estemos atentos a esta cuestión y que nunca nos durmamos como negligentes centinelas en su atalaya. Cuando vemos el declive de nuestra cultura, sabemos que estamos en guerra con el enemigo, y debemos ser más vigilantes que nunca.

Lee y reflexiona en las palabras de Pablo:

> Y esto, conociendo el tiempo, que es ya hora de levantarnos del sueño; porque ahora está más cerca de nosotros nuestra salvación que cuando creímos. La noche está avanzada, y se acerca el día. Desechemos, pues, las obras de las tinieblas, y vistámonos las armas de la luz. Andemos como de día, honestamente; no en glotonerías y borracheras, no en lujurias y lascivias, no en contiendas y envidia, sino vestíos del Señor Jesucristo, y no proveáis para los deseos de la carne (Romanos 13:11–14).

En palabras de Tim McGraw, podemos decir que el mensaje de Pablo en estos versículos es: «Vive como si te estuvieras muriendo».

Por otra parte, Randy Pausch, profesor de la Universidad Carnegie Mellon, fue invitado a dar una conferencia dentro de una serie continua en que se pedía a los ponentes que impartieran su presentación como si fuera la última, como si fueran a morir. En el caso de Pausch, esto fue exactamente lo que sucedió, ya que murió víctima de un cáncer de páncreas a los cuarenta y siete años. Pausch pronunció una charla inolvidable que se convirtió en un libro, *La última lección*, con más de diez millones de lectores.[3]

El cantante de *country* y profesor universitario tocó una fibra que nos es común: la importancia de vivir con un propósito, de pasar por la vida con un sentido de urgencia basado en algo más elevado que la búsqueda del placer. ¡Cuánto más deberíamos aplicarnos esto nosotros, los seguidores de Cristo!

Si en estos días, la iglesia parece estar roncando mientras la alarma de incendios suena con estridencia, no sería la primera vez. Escucha algunos importantes toques de atención que nos llegan del pasado:

- «Ha sido un año de fruto espiritual muy limitado y de enorme pobreza; la iglesia se ha dormido». —Charles Brown, evangelista del medio oeste[4]
- «Estoy seguro de que solo hace falta que ponga una página de la historia ante ustedes y les pida que la miren durante un segundo; porque una y otra vez verán que la iglesia se ha dormido, y sus ministros se han convertido en personas [...] sin celo ni pasión». —Charles Haddon Spurgeon[5]
- «No es correcto decir que la iglesia "se ha dormido" en el último siglo, por el mero hecho de que nunca ha estado despierta». —Henry Richard[6]
- «¿Cuál es el estado presente de la iglesia evangélica? La mayor parte de los cristianos están dormidos. No quiero decir que la mayor parte de los cristianos que asisten a las iglesias evangélicas no se han convertido, porque si quisiera decir esto lo que diría es que estaban muertos y nunca habían nacido de nuevo. Pero lo que digo es que están dormidos. Es posible estar moralmente dormido mientras desde un punto de vista mental, intelectual, físico y teológico se está atento. Nuestro estado presente es que estamos dormidos». —A. W. Tozer[7]

He citado muchas veces una observación de Vance Havner que sigue vigente: «El diablo ha impregnado de cloroformo la atmósfera de este tiempo. [...] Hemos de retirar nuestros letreros de "No molestar", [...] salir de nuestro letargo, superar nuestro estado comatoso y sacudirnos la apatía».[8]

De nuevo Tozer: «La alarma de Dios lleva años sonando. ¿La estamos oyendo? ¡Despertémonos!».[9] Desde las páginas de la Escritura, escrita hace tanto tiempo, esta alarma nunca ha dejado de sonar. Nos llama a salir de la ensoñación de lo que vamos a ver esta noche en la televisión, o dónde encontrar una buena pizza. Casi podemos oír la voz de Jesús, aquella noche en Getsemaní, implorando a sus discípulos: «Velad y orad, para que no entréis en tentación; [...] ha llegado la hora» (Mateo 26:41, 45).

Romanos 13 nos ofrece cuatro claves para resistir la seducción de este mundo.

HEMOS DE VELAR Y ESTAR VIGILANTES

En primer lugar, Pablo nos dice que: «Es ya hora de levantarnos del sueño; porque ahora está más cerca de nosotros nuestra salvación que cuando creímos» (Romanos 13:11). En los días dorados de nuestra radio, la sintonía del programa de suspense *Lights Out* [Luces fuera] introducía una voz que entonaba la frase: *Es... más... tarde... de... lo... que... crees*, sincronizando cada palabra con las campanadas de un reloj.

Con menos sensacionalismo, Pablo estaba diciendo lo mismo. La palabra que se traduce como *tiempo* en este texto es *kairos*, que alude a la clase o cualidad del tiempo en cuestión; se trata de un periodo o una oportunidad. No tiene el mismo sentido que *chronos*, que alude al tiempo real y cronológico. El tiempo es el tema de este pasaje, como lo evidencian las cinco referencias a este asunto.

A lo largo de la Biblia se nos amonesta a conocer los distintos tiempos y épocas. En el Antiguo Testamento, se designó a un grupo para el propósito específico de discernir los tiempos: «De los hijos de Isacar, doscientos principales, entendidos en los tiempos, y que sabían lo que Israel debía hacer» (1 Crónicas 12:32).

Esta tarea crucial de «entender el tiempo presente» es el tema de Pablo en estos versículos. El tiempo presente es la era de salvación que ha venido con la persona de Jesucristo. Pablo establece constantemente un punto de división entre esta era, que comenzó con la primera venida de Cristo, y la venidera, que comenzará con su regreso (1 Corintios 1:20; 2:6, 8; 3:18; 2 Corintios 4:4; Gálatas 1:4, 14; Efesios 1:21; 1 Timoteo 6:19; Tito 2:12; Mateo 12:32; y Hebreos 6:5).

Contar con el futuro siempre forma parte de la sabiduría. Muchos de nosotros contratamos asesores financieros para que nos ayuden a prepararnos para el futuro y a administrar el dinero de forma que tengamos seguridad y (si somos creyentes) glorifiquemos a Dios con nuestras ofrendas. Es siempre sabio, en cualquier momento o etapa, tener en cuenta el futuro en nuestros planes. Pero ahora, el sistema de alarma de Dios ha activado todos los cables y estamos en alerta roja. Debemos incrementar nuestra vigilancia.

En una ocasión Jesús reconvino a sus críticos: «¡Sabéis distinguir el aspecto del cielo, ¡mas las señales de los tiempos no podéis!» (Mateo 16:3). En otras palabras, observaban los indicadores de lluvia o las puestas de sol, pero no las señales espirituales. La tecnología de nuestro tiempo nos permite consultar previsiones meteorológicas a siete días con razonable exactitud. Los médicos son capaces de predecir ciertas enfermedades antes incluso de que se manifiesten. Algunos incluso se pasan la vida compilando datos sobre estrellas que se encuentran a muchos años luz para predecir cuál será su ciclo vital. Pero mientras tanto, somos sorprendentemente ciegos a las intervenciones del Espíritu Santo en nuestra vida. Estamos hipnotizados por el ritmo de la vida y la cultura, como si este momento no tuviera nada que ver con la realidad eterna.

Algunos se ríen abiertamente ante la mera sugerencia de hacer una lectura espiritual del futuro. Como ya hemos visto, Pedro habló de esta clase de personas: «En los postreros días vendrán burladores, andando según sus propias concupiscencias, y diciendo: ¿Dónde está la promesa de su advenimiento? Porque desde el día en que los padres durmieron, todas las cosas permanecen así como desde el principio de la creación» (2 Pedro 3:3–4).

Seguro que tú has oído esta clase de burlas igual que yo. Con gran petulancia, los escépticos sonríen y dicen: «Esta histeria ha estado siempre con nosotros. Cada década alguien abre la Biblia y declara que ha llegado el tiempo del fin. Es divertido que las mismas profecías sean tan flexibles que sirvan para cada generación. Y el arrebatamiento sigue sin llegar».

Este mismo escepticismo se expresó en vísperas de la pandemia de COVID-19. Por supuesto, hubo voces que nos advertían de lo que podía suceder; sin embargo, fueron a menudo ridiculizadas como fatalistas.

Ciertas lecciones tienen que aprenderse de la peor manera.

La inminencia del regreso de nuestro Señor

Cuando hablamos de la inminencia del regreso de Cristo, lo hacemos con la misma idea de tiempo que tenía Pablo, no cronológico sino estacional. No estamos poniendo una fecha, sino hablando de que todo está preparado y no hay ninguna razón por la que no pudiera producirse hoy. La predicción meteorológica podría ver la presencia de nevadas en tu zona, pero ningún meteorólogo podría decirte que los primeros copos comenzarían a caer sobre tu jardín a las tres y cuarto de la tarde. Solo podría decirte que era inminente porque se estaban dando todas las condiciones necesarias para la presencia de la nieve. Con la venida de Cristo, hablamos de prerrequisitos más que de una fecha precisa.

Personalmente, entiendo la frustración del Dr. Paul Kintner de la Universidad Cornell cuando afirma que sus estudiantes «muestran una profunda indiferencia» cuando enseña sobre un evento que tanto él como otros acreditados científicos de la Academia Nacional de Ciencias de Estados Unidos consideran inminente, una violenta tormenta en la superficie del sol que «podría ser el peor desastre natural posible» en la Tierra. Kintner añadió: «Es terriblemente difícil inspirar a personas para que se preparen para una crisis potencial de la que no hay precedente y que puede que no suceda en las próximas décadas».[10] Que un evento muy probable no se haya producido todavía no garantiza que nunca vaya a suceder.

Si consideramos que los científicos de la NASA son un grupo bastante conservador, su advertencia de una probable tormenta geomagnética de efectos catastróficos que se producirá pronto y sin previo aviso debería ser motivo de preocupación.

En 1850 se produjo una de estas tormentas solares, conocida como evento Carrington, que nos proporciona una nota de advertencia para hoy. Justo antes del amanecer del 2 de septiembre de aquel año, estallaron brillantes auroras rojas, verdes y púrpuras por todo el firmamento que se extendieron hasta los trópicos y que «produjeron una luminosidad comparable a la del mismo sol». Aunque, visualmente, el efecto era impresionante, en la práctica fue caótico. La red eléctrica de aquel tiempo quedó carbonizada. En aquel momento el telégrafo era el medio de comunicación más moderno, y los telegrafistas quedaron estupefactos ante la presencia de proyecciones incandescentes. El papel ardía y los mensajes se enviaban después incluso de desenchufar las máquinas de la red.

Los científicos no se sienten cómodos con lo que podría suceder hoy con nuestra tecnología si se produjera algo de este tipo. Habría importantes consecuencias en todos los ámbitos, desde el agua potable hasta el suministro de combustible y los medios de control de la temperatura como la calefacción y el aire acondicionado. Es posible que las tormentas solares produzcan efectos devastadores en la Tierra. La NASA observa la atmósfera buscando señales de llamaradas supersolares que podrían sembrar el caos por todo el mundo.[11]

Pablo nos insta a mirar al firmamento por razones completamente distintas. Su idea de salvación, en comparación con la concepción característica de nuestro tiempo, era como la de una imagen en pantalla panorámica y alta definición comparada con la de una televisión en blanco y negro de los años cincuenta. Tendemos a pensar en la salvación de forma simplista, como si se limitara al breve momento en que aceptamos a Cristo. Por otra parte, la consideramos una mera decisión intelectual que nos une a una religión y nos ofrece un billete para entrar en el cielo: algo que hemos de guardar bien y olvidar, como la póliza de un seguro de vida o un certificado de nacimiento.

Sin embargo, para hablar de salvación Pablo utilizó una dinámica palabra en tres tiempos verbales: tres dramáticas dimensiones. La salvación pasada es el momento en que le decimos sí a Cristo, somos sellados por el Espíritu Santo, lavados de nuestros pecados por la sangre de Cristo y, pagada completamente nuestra deuda, somos sentados con Él en los lugares celestiales. Y esto es solo el aspecto pasado.

La salvación presente es un proceso continuo de crecimiento, molécula espiritual a molécula espiritual vamos siendo conformados a imagen de Cristo por la obra redentora del Espíritu Santo. Por medio de la oración y la Palabra, aprendemos a experimentar victoria en Cristo en todas las áreas de nuestra vida, una por una.

Después, lo más emocionante de todo, hay una salvación futura. Este es el evento que Pablo describe en Romanos 13 y en otros pasajes. Llegará el día en que seremos liberados definitivamente de la presencia del pecado. Puesto que no puede haber pecado en el cielo, ni impureza en la presencia del Dios santo, el pecado debe finalmente desaparecer. Es algo maravilloso e inimaginable que veremos suceder.

Es una salvación en tres dimensiones. Comenzó cuando confié en Cristo y Él me libró de la sentencia del pecado. Siguió desarrollándose a medida que empecé a caminar con el Señor y fui aprendiendo a vivir en victoria, más y más, en las tentaciones y pruebas. La salvación se completará en el futuro, cuando Jesús me lleve a estar con Él, el pecado sea definitivamente juzgado y destruido y comience la vida eterna. Y este día, nos dice Pablo, está «más cerca [...] que cuando creímos».

Nadie podría tener un nombre más profético que el mío: *David Paul Jeremiah* (David Pablo Jeremías). Pero no soy un profeta bíblico. Aun así, leer este versículo nos implica a todos en la profecía. Estamos incluidos en los gemidos del cielo, que nos dicen que nos mantengamos firmes, algo maravilloso está en camino... y los objetos del espejo bíblico están más cerca de lo que puede parecer.

El incentivo del regreso de nuestro Señor

Nuestro amor por Cristo es un incentivo suficiente para hacer que esperemos su regreso. Pero Pablo nos dio más. Nos dijo que, en vista de estas expectativas, tenemos mucho que hacer: «Conociendo el tiempo, que es ya hora de levantarnos del sueño» (Romanos 13:11).

Definimos el sueño como la suspensión de la conciencia. También puede significar el letargo deliberado de la vigilancia, la cautela o la atención: un estado de total inactividad corporal. Podríamos usar algo de este mismo lenguaje para aludir a la iglesia de hoy y hablar de un estado de inactividad total por parte del cuerpo de Cristo. Al menos esto se aplica a la cuestión de su regreso. Los acontecimientos catastróficos del mundo de hoy parecen tener poco o ningún impacto sobre nuestro sentido de urgencia personal o colectivo.

Charles Spurgeon predicó a la Inglaterra victoriana de su tiempo sobre este mismo problema: «Ustedes pueden dormir, pero no pueden hacer que el diablo cierre sus ojos. [...] El príncipe de la potestad del aire mantiene a sus siervos muy activos en su trabajo. Si tuviéramos un vislumbre de las actividades de los siervos de Satanás nos quedaríamos atónitos de nuestra pereza».[12]

Pablo quería asombrarnos de nuestra pereza con sus palabras de urgencia. Y después de captar nuestra atención, nos dijo lo que teníamos que hacer: «No debáis a nadie nada, sino el amaros unos a otros; porque el que ama al prójimo, ha cumplido la ley» (Romanos 13:8). Siguió con un resumen de los diez mandamientos (Éxodo 20). Seguramente recordarás que los cuatro primeros mandamientos nos dicen cómo amar a Dios y los otros seis nos enseñan a amar a las personas. En estos versículos de Romanos, Pablo estaba subrayando los últimos mandamientos, los relacionales. Como hizo Cristo en los Evangelios, el apóstol concluye que el amor es el grandioso resumen de todos ellos.

El amor, en otras palabras, se hace cargo de la factura. Si tienes amor, no tendrás ninguna de las deudas que Pablo nos mandó evitar porque si amas a tu prójimo, no le robarás ni le mentirás. El amor es el maravilloso atajo para cumplir los mandamientos de Dios. El sistema del Antiguo Testamento funciona en base a detalladas restricciones que se formulan en clave negativa: *no* robarás, *no* mentirás, etcétera. El evangelio, sin embargo, ofrece una forma de vida simplificada y proactiva. No tenemos que preocuparnos tanto de lo que *no* debemos hacer porque nos ocupamos de lo que sí debemos hacer, que es únicamente una cosa: amar a aquellos a quienes normalmente no amaríamos. Sencillo, sí, pero radical y extraño para este mundo. En palabras del predicador escocés Alexander Maclaren, nos convertimos en «algo nuevo, [...] una comunidad unida por el amor y no por accidentes geográficos, afinidades lingüísticas o las cadenas de hierro del conquistador».[13]

¿Qué tiene esto que ver con la segunda venida de Cristo?

El amor es un buen incentivo para tomar buenas decisiones cuando nos encontramos bajo presión. La próxima vez que te encuentres en un atasco, piensa: *¿De verdad quiero estar tocando el claxon y levantando el puño cuando de repente me encuentre delante de mi Señor?* Pablo estaba diciendo: «Pon tus relaciones en orden. Jesús podría estar aquí antes de que acabes de leer esta frase». Un autor lo expresó de forma acertada: cada día que pasa, «plantamos [nuestra] tienda un día de marcha más cerca de nuestro hogar».[14]

TENEMOS QUE COMBATIR CON VALOR

¿Qué más podemos hacer? «La noche está avanzada, y se acerca el día. Desechemos, pues, las obras de las tinieblas, y vistámonos las armas de la luz» (Romanos 13:12). Pablo iba a decir algo bastante agresivo sobre el modo en que tú y yo hemos de vivir nuestra vida.

Desecha la oscuridad. Para decirnos esto, Pablo escogió un verbo contundente que significa poner a un lado de forma deliberada, intencional, resuelta y permanente las cosas de la oscuridad. Pero ¿qué clase de oscuridad? El apóstol se refiere al residuo de nuestra antigua vida precristiana; alude a la diferencia entre el hijo de Dios y el hombre natural, que sigue caminando en las sombras. Por derecho el viejo hombre no debería tener ningún poder sobre nosotros, pero aun así seguimos cayendo en sus patrones. Decimos palabras desagradables. Contamos mentiras. Nos juzgamos unos a otros. Nos cuesta alegrarnos de los éxitos de los demás, y a menudo actuamos como si fuera nuestro deber poner a los demás en su sitio.

Pablo nos está advirtiendo de que, aunque a Cristo le aceptamos en un momento, el pecado sigue siendo nuestro enemigo durante toda la vida. Cedemos a las «pequeñas» tentaciones; hacemos una concesión aquí, una excepción allá y antes de que nos demos cuenta hemos cedido mucha autoridad al pecado. Debemos desechar la oscuridad de forma deliberada y resuelta y hacer lo mismo mañana y cada día. Cada victoria de los redimidos nos hará más fuertes, mientras que cada concesión nos arrastrará más profundamente a la esclavitud del pecado.

Igual, pues, que estamos atentos en nuestra espera del regreso de Cristo, como un centinela en su torre, hemos de estarlo contra la invasión de nuestros antiguos patrones de vida. No podemos permitir que el diablo consiga poner el pie en la puerta. La buena noticia es que «la noche está avanzada», como dice Pablo poéticamente. «El día se acerca». El diablo ha jugado todas sus cartas, y tenemos la victoria de Cristo de nuestro lado. Como buenos soldados, pues, nos vestiremos con «las armas de la luz» y nos prepararemos para mantener nuestra posición.

Vistámonos de luz. ¿Cómo podemos echar la oscuridad fuera de una habitación? Es fácil: accionamos un interruptor y la luz expulsa la oscuridad. En el tiempo de Pablo no había electricidad, por ello utilizó un lenguaje militar: «Vistámonos las armas de la luz». Esta es la imagen del Nuevo Testamento de una vida en comunión con Dios. «Si andamos en luz, como él está en luz, tenemos comunión unos con otros» (1 Juan 1:7). Puesto que hemos sido salvos y el Espíritu Santo vive en nosotros, podemos repeler la ofensiva de los gobernantes de las tinieblas con la contundencia de un gran soldado.[15] En tiempos caóticos la batalla es feroz. Más que nunca necesitamos abrocharnos esta armadura; más que nunca hemos de distinguir a nuestros aliados de nuestros enemigos. Los soldados pueden estar de pie en la muralla, pero nunca miran los toros desde la barrera.

Y hablando de mirar los toros desde la barrera, un informe de Barna sugiere que un 75 por ciento de los cristianos estadounidenses cree que Dios es el «Creador todopoderoso y omnisciente del universo que hoy gobierna el mundo». Hasta aquí todo bien. Los problemas surgen cuando pasamos a hablar de Jesús, Satanás y el Espíritu Santo. Un 39 por ciento de los cristianos creen que Jesús pecó mientras estuvo en la tierra, y un 58 por ciento no creen que el Espíritu Santo sea un ser vivo. Extrañamente, casi un 60 por ciento de los encuestados no creen que Satanás sea real, mientras que el 64 por ciento consideran que los demonios pueden afectarnos. Por lo que parece los demonios son más creíbles para algunas personas que la obra del Espíritu Santo que mora en nosotros.

Considera también que uno de cada tres cristianos cree que la Biblia y el Corán enseñan las mismas verdades. Hemos de concluir que la mayoría de ellos no han leído ninguno de los dos libros. ¿Ves ahora por qué hablamos de la necesidad de que los creyentes se despierten?[16]

Esta encuesta no sugiere, creo yo, que estemos mirando el conflicto desde la distancia, sino que estamos ayudando abiertamente al enemigo en sus estrategias. Barna concluye que los cristianos estadounidenses tienden a hacer que la Biblia encaje en sus experiencias diarias. Lo que estamos llamados a hacer es afrontar nuestras experiencias con la sabiduría pura y sin diluir de la Palabra de Dios. Somos soldados, no desertores.

TENEMOS QUE ANDAR VIRTUOSAMENTE

Ahora estamos preparados para la tercera amonestación de Pablo, mientras velamos vigilantes y combatimos con valor; también debemos andar virtuosamente. «Andemos como de día, honestamente; no en glotonerías y borracheras, no en lujurias y lascivias, no en contiendas y envidia» (Romanos 13:13). Pablo enumera a menudo listas de rasgos buenos y malos. Como suele ser el caso, la de este versículo no es exhaustiva. Sin embargo, sí es suficiente para trazar un buen perfil de alguien que no vive en la luz. Tenemos aquí dos puntos de control:

- **Hemos de rechazar los pecados públicos de la noche.** Las «glotonerías [orgías en la versión LBLA] y borracheras» son la primera categoría que menciona Pablo, y no es difícil entender la clase de pecado a que se refiere: una conducta social desordenada. Siguiendo con la imaginería bélica, es posible que Pablo tenga en mente al soldado que va a la ciudad de permiso y abusa del alcohol. Al día siguiente, no tiene valor alguno para el ejército. El mensaje de Pablo sería: «Formas parte del ejército. No deshonres el uniforme».

- **Hemos de renunciar también a los pecados privados.** ¿Qué sucede cuando nadie está mirando? Pablo nos advierte contra «lujurias y lascivias, [...] contiendas y envidia». Estos son normalmente los pecados más peligrosos, porque se esconden en el corazón humano. Los demás no podrán hacernos responsables de lo que no ven, pero seremos inútiles para Dios. La persona egocéntrica está más preocupada de su ego que de Cristo, y con esta palabra se ha compuesto el acrónimo **E**dging **G**od **O**ut (desbancando a Dios), que expresa su significado. Pablo quería que fuéramos conscientes del pecado en sus manifestaciones nocturnas y diurnas y de sus ataques desde dentro y desde fuera.

TENEMOS QUE ESPERAR EN VICTORIA

Hasta ahora hemos encontrado mucha disciplina militar. Este es su beneficio: todas estas cosas que Pablo nos pide que hagamos son posibles y positivas. Tenemos a nuestra disposición tanto la fuerza como la estrategia: la fuerza por medio del Espíritu y la estrategia por medio de la Palabra. Una vez que decidimos vivir de este modo, somos más felices, saludables y mucho más productivos.

Pero ¿cómo llegamos desde donde estamos hasta donde queremos estar? Muchos cristianos viven en una silenciosa derrota cada día. Puede que tú te encuentres dentro de esta categoría. Muchas buenas personas aman al Señor, asisten a la iglesia de forma habitual e intentan orar, pero tienen siempre la sensación de que *hay más*. A. W. Tozer escribió sobre los anhelos espirituales de las personas de su tiempo: «"Las ovejas hambrientas buscan alimento y no lo encuentran". Es algo solemne y no poco escandaloso en el reino, ver hijos de Dios pasando hambre mientras se sientan a la mesa del Padre».[17]

Puede que estés leyendo algunos capítulos de este libro y pensando: *Por supuesto que me encantaría experimentar más de Dios, pero parece que nunca lo consigo. Mis días son una serie de pequeñas derrotas, racimos de pecados que no puedo vencer y oraciones que no parecen pasar del techo. ¿Hay alguna forma de superar los obstáculos y vivir la clase de vida que estás describiendo?*

Y la respuesta, como seguramente esperas, es sí. Nadie tiene por qué vivir una vida cristiana decepcionante. A poco que lo pienses, verás que hay personas que están viviendo en victoria. Sabemos que es posible porque lo hemos visto, y sabemos también que Dios no hace acepción en su trato con las personas. Esta siguiente sección de Romanos 13 nos da una estrategia veraz y práctica para vivir la clase de vida que nos gustaría estar viviendo cuando Cristo regrese. En Romanos 13:14 encontramos dos llamadas a la acción.

Lee de nuevo el versículo y verás cuáles son: «Vestíos del Señor Jesucristo, y no proveáis para los deseos de la carne». Sí, es cierto que es más fácil hablar de estos pasos que ponerlos en práctica. ¿Cómo nos «vestimos de Cristo» y cómo evitamos «hacer provisión para los deseos de la carne»? Vayamos por partes, y permíteme ofrecerte una perspectiva que a mí me ha sido de ayuda.

- **Vestirnos de Cristo.** Ray Stedman sugirió este acercamiento: «Cuando me levanto por la mañana, me visto con la idea de que la ropa que me pongo me acompañe todo el día, que vaya donde yo voy y que haga lo que yo hago. La ropa me cubre y me hace presentable a los demás; este es su propósito. De igual manera, el apóstol nos dice: "Vístete de Jesucristo cuando te levantes por la mañana. Hazle parte de tu vida ese día. Decide que Él te acompañe dondequiera que vayas, y que obre por medio de ti en todo lo que hagas. Pídele sus recursos. Vive tu vida EN CRISTO"».[18]
- **No proveer para los deseos de la carne.** ¿Qué podemos decir sobre la segunda advertencia? Significa evitar cualquier tentación de gratificar los deseos de la carne.

David McCullough, biógrafo de Harry Truman, contaba una anécdota de la vida de Truman. El presidente estaba en medio de unas conversaciones con la Unión Soviética y Gran Bretaña. El asunto que trataban era cómo debían proceder con la Alemania de la postguerra, y la atmósfera de las conversaciones era muy tensa. Según un agente de los servicios secretos, Truman se disponía a regresar a su cuartel después de un día especialmente duro. Un oficial de relaciones públicas del ejército soviético le preguntó con desenvoltura si podía llevarle en su vehículo. Truman, que fue siempre un hombre práctico, le hizo un hueco en su vehículo. Como gesto de agradecimiento, el extranjero se ofreció para conseguirle a Truman cualquier cosa que quisiera en el próspero mercado negro de la ciudad. El oficial soviético le sugirió algunos productos: cigarrillos, relojes, *whisky*, mujeres; la última palabra la dijo con una entonación lasciva.

La sonrisa había desaparecido del rostro del presidente. Truman respondió: «Escucha, hijo, yo estoy casado con el amor de mi vida. Ella no me engaña a mí, y yo no la engaño a ella. Quiero que esto quede claro. No vuelvas a mencionarme jamás este tipo de cosas».

Cuando llegaron a la casa de estuco amarillo que le habían asignado durante la conferencia, Truman salió del automóvil sin decirle nada más al ahora humillado agente.[19]

Un antiguo dicho indio reza: «Ora a Dios, pero no remes cerca de las rocas». La idea es situarse en la mejor posición para conseguir el objetivo perseguido y lo más lejos posible de los peligros que puedan hacerte fracasar. Algunas personas tienen que borrar algunas calles de sus mapas. Otras han de instalar un *software* que proteja sus ojos de determinadas páginas de internet. Cuando estás siguiendo una dieta no te pasas el rato rondando por la heladería. Esto es lo que Pablo quiere decir cuando habla de no hacer provisión para los deseos de la carne.

Según un reportaje, cada minuto hay más o menos 1,7 millones de usuarios mirando pornografía, que gastan unos tres mil dólares cada segundo en esta actividad.[20] Una *inmensa mayoría* de hombres entre los dieciocho y treinta y cuatro años visitan cada mes páginas pornográficas. Entre los adictos a la pornografía hay un gran número de personas que profesan ser seguidores de Jesucristo. Nos preguntamos si tales personas saben que algunas investigaciones muestran que la pornografía produce cambios en el cerebro de sus usuarios, unos cambios que afectan la propia capacidad de dar o recibir verdadero amor.[21]

Considero que se trata de hechos sumamente desalentadores, trágicos incluso. ¿No te lo parece a ti? Muchos hijos de Dios, benditos beneficiarios de la sangre de Cristo y del incomparable amor de Dios, están decidiendo entregarse a una nueva clase de esclavitud. Tenemos la oportunidad de andar en la luz, pero nos desviamos por callejuelas oscuras. Dañamos la preciosa mente que Dios nos ha dado, el templo en que habita el Espíritu Santo.

La Biblia nos dice que huyamos de cuatro cosas: la idolatría (1 Corintios 10:14), las pasiones juveniles (2 Timoteo 2:22), el materialismo (1 Timoteo 6:17) y la inmoralidad sexual: «Huyan de la inmoralidad sexual. Todos los demás pecados que una persona comete quedan fuera de su cuerpo; pero el que comete inmoralidades sexuales peca contra su propio cuerpo. ¿Acaso no saben que su cuerpo es templo del Espíritu Santo, quien está en ustedes y al que han recibido de parte de Dios? Ustedes no son sus propios dueños; fueron comprados por un precio. Por tanto, honren con su cuerpo a Dios» (1 Corintios 6:18–20 NVI).

Ray Stedman explica este texto con un lenguaje que nadie puede malinterpretar: «"Huyan de la inmoralidad", este es el consejo que la Biblia nos da en muchos lugares. No intentes luchar contra ella; no intentes vencerla; no intentes suprimirla. ¡Huye! Se trata de fuerzas sutiles y poderosas, y la extensa destrucción que vemos en tantas vidas a nuestro alrededor es un sencillo testimonio de la sutileza con que pueden conquistarnos».[22]

El diablo tiene un amplio arsenal. Pero nosotros no carecemos de recursos. Podemos ponernos la armadura de la luz (Efesios 6) y Satanás huirá. Podemos dar unos pasos sencillos para evitar las incesantes tentaciones que caen sobre nosotros. Sobre todo, podemos pedirle a Dios que nos ayude. El poder de la cruz es la fuerza más asombrosa del universo. Pablo escribió: «Con Cristo estoy juntamente crucificado, y ya no vivo yo, mas vive Cristo en mí; y lo que ahora vivo en la carne, lo vivo en la fe del Hijo de Dios, el cual me amó y se entregó a sí mismo por mí» (Gálatas 2:20).

Simplemente saber —saberlo *de verdad*— que Cristo vive en ti es media victoria. Puedes experimentar este poder cada día. Nunca olvidaré la primera vez que vi la película *La pasión de Cristo*. Asistí con un grupo de la iglesia al estreno en Dallas. Como la mayoría en aquel momento, habíamos oído publicidad y controversia sobre la película, y no teníamos idea de lo que nos íbamos a encontrar. Naturalmente, era solo una película y habíamos visto un sinnúmero de otras películas sobre Jesús. En pocas palabras, estábamos completamente desprevenidos para la experiencia cinematográfica que íbamos a vivir en aquella oscura iglesia. He pasado una buena parte de mi vida estudiando los Evangelios, leyendo, orando y reflexionando sobre el significado de la cruz. Pero nunca lo había visto de aquel modo, ¡ni por asomo! Nos sentamos y vimos una representación sangrienta, gráfica y cruenta de lo que el Señor soportó por nosotros.

Sí, sabíamos que era solo una película. Sabíamos que la sangre no era real. Pero nada de esto supuso ninguna diferencia. Dios nos habló a los rincones más profundos de nuestras almas, lugares que nunca habían sido tocados de un modo tan emocional. No fue solo la crucifixión, sino la flagelación, los escupitajos y la patética burla de Jesús. Estuvimos escuchando palabras en arameo tal como se hablaban hace dos mil años. Nunca habría pensado que una película podría afectarme tanto.

Puede que recuerdes lo que sucedía en las salas de proyección de todo el país cuando se encendía la luz después de la película: silencio sepulcral; sollozos apagados. En el vuelo de regreso a California todos estábamos callados, cada uno con sus pensamientos y reflexiones, procesando lo que habíamos visto y hablando con Dios sobre ello. Mi oración fue: «Señor, ayúdame a vivir desde este momento en adelante de forma que nunca haga nada que te duela o te rompa el corazón. No después de lo que tú has hecho por mí».

Esto es el poder de la cruz, ¿no? Sigue allí en aquella roca del Calvario, arrojando su sombra por todo el planeta, y a lo largo de veinte siglos envolviéndonos a todos nosotros con su poder inextinguible. Experimentar aquella cruz —llorar frente a ella con María y Juan, con el centurión y con millones de cristianos a través de los tiempos— significa ser transformado de forma radical y completa desde dentro hacia fuera. Captar un fugaz destello de Cristo y su increíble amor por nosotros, aunque solo sea oscuramente, a través de un cristal, es entregarle de todo corazón nuestras vidas como contrapartida.

Otra película de dos décadas atrás cubre un periodo de cincuenta años a través de una serie de escenas retrospectivas. Los cuatro hermanos Ryan están en Europa luchando valientemente en la Segunda Guerra Mundial. Cuando llega la noticia de que tres de los cuatro han fallecido en cuestión de días, un veterano oficial ordena, desde Washington D. C., una misión especial para traer al soldado James Francis Ryan a casa desde el frente. Puesto que la unidad de Ryan está desaparecida en combate, la misión de rescate se convierte también en una misión de búsqueda. El capitán Miller forma un escuadrón de rescate de siete hombres y consigue localizar a Ryan, pero este se niega a abandonar su unidad, aun sabiendo que sus hermanos han muerto. La mayoría de los hombres que forman parte de aquella misión pierden la vida en su esfuerzo por salvar a Ryan o en un combate posterior entre la unidad de Ryan y las fuerzas del enemigo. Como responsabilizando a Ryan del gran sacrificio que se ha hecho por él, el capitán Miller, herido de muerte, acerca al atónito soldado hacia su rostro y con su último aliento le dice: «James, ¡hágase usted digno de esto! ¡*Merézcalo!*».

Después la escena regresa al presente donde James Ryan, que ahora tiene más de ochenta años, está frente a la tumba del capitán Miller en la playa de Omaha en Normandía, Francia. Abrumado por la emoción y puede que por cierta culpa, Ryan dice ante la lápida, como hablándole a Miller y a los demás: «Espero […] haberme ganado lo que todos ustedes han hecho por mí».[23]

Todos sabemos que nadie podría jamás merecer un sacrificio tan inmenso; nadie podría hacer nunca lo suficiente para ganarse el increíble precio del regalo de una vida rescatada. Los regalos nunca se ganan, especialmente el regalo de la vida.

Esta es también la verdad sobre la salvación; nunca podremos merecerla. No hay ninguna posibilidad matemática de que una vida pecaminosa pueda nunca, bajo ninguna circunstancia, intercambiarse por la única vida perfecta y santa que jamás ha vivido; de ningún modo puede jamás equipararse la sangre de un ser humano con la sangre del Hijo de Dios. No podemos merecerla. Pero lo que sí podemos es saber lo que Cristo ha hecho en el pasado, saber que Él está con nosotros ahora mismo y saber que regresará pronto físicamente. Sabemos estas cosas mentalmente. Pero ¿las sabemos con el corazón? ¿O estamos acaso dormitando?

Un titular reciente describía el desarrollo nuclear de Corea del Norte e Irán como una llamada de atención para el mundo.

El mundo ha tenido una serie interminable de avisos durante la última década.

Si a estas alturas no hemos saltado de la cama puede que estemos inconscientes.

Creo que los cristianos de todo el mundo están hoy muy despiertos y más conscientes que nunca de los tiempos que vivimos. Como seguidores de Cristo debemos estar atentos, alertas y vigilantes, con un ojo en los titulares y el otro en el firmamento de oriente.

Esto es lo que Pablo estaba diciendo: «¡Despierta! ¡Despierta! ¡Él viene! Vive cada momento para Él como si supieras que será el último en la tierra y previo al dulce momento de reunión. No hagas nada que no te gustaría estar haciendo cuando el Señor del universo venga a recoger a su novia. La victoria será abrumadora; vistámonos las armas de la luz y tomemos nuestra posición».

EPÍLOGO

Una cosa más

Ahora que hemos terminado nuestro recorrido por estos capítulos, me gustaría pedirte que reflexionaras sobre dos estados y consideraras si alguno de ellos ha cambiado.

1. El estado del mundo. ¿Cómo ha cambiado?
2. El estado de tu espíritu. ¿Cómo ha cambiado?

Es posible que durante la redacción de este libro y el periodo en que tú lo estás leyendo nuestro país haya cambiado totalmente de rumbo. Puede que haya paz en la tierra, un pujante clima empresarial y un nuevo consenso sobre cómo abordar las pandemias. Tengo mis dudas de que vaya a ser así, pero no voy a decir que sea imposible. Podemos estar de acuerdo, al menos, en que el nuestro es un mundo grande en manos de un Dios grande. ¿Quién sabe lo que Él tiene reservado?

Por otra parte estás tú, y esto es otra cuestión. Si has interactuado seriamente con las verdades bíblicas de este libro, creo de verdad que te has convertido en una persona distinta. Mi oración sería que estés más lleno de esperanza, entendiendo que el regreso de nuestro Señor es seguro y, creo, muy cercano. Tengo también la esperanza de que tendrás más deseos de involucrarte profundamente en la iglesia y de que comenzarás a animar a otros; de que te acercarás a Dios en oración con un renovado deseo de experimentar su toque en tu vida; y de que harás que tu alegría en Cristo sea una luz radiante en este tiempo de tanta oscuridad.

Estos son los días más desafiantes que he vivido a lo largo de mi vida, y diría que lo son también para ti. Pero mi fe no ha sido sacudida ni una sola molécula. Amo y confío en el Señor del universo más que nunca. Cuanto más rebelde se vuelve nuestra sociedad y más oscura nuestra cultura, más atractivos me resultan la vida y el amor de Jesús. Más que cualquier otra cosa en este mundo, quiero que otras personas vean en Él lo que veo yo. ¿No estás de acuerdo conmigo? Nunca antes he sentido la urgencia que siento ahora de extender la Palabra y de ver avivamiento espiritual entre nosotros.

Si estamos de acuerdo en este punto, pongamos a un lado nuestro temor del mundo y pongámonos manos a la obra. *¡Iluminémoslo!* Hemos de andar por sus calles, encontrar a los solitarios, a los asustados y a los oprimidos y contarles las buenas nuevas que su alma anhela escuchar. Quizá te preguntes: pero ¿qué debo hacer? Junto con los diez puntos de acción que he sugerido, quiero recordarte otro que es absolutamente crucial: *comparte tu fe*. Hay tanta hambre de escuchar el verdadero evangelio que te vas a quedar estupefacto cuando veas que el mundo está más dispuesto que nunca para oír el mensaje de un Dios de esperanza.

Imagínate que se produjera la siguiente situación: hay una gran conmoción en las calles de la ciudad. Desde los cielos llega un atronador sonido de trompetas, una luz cegadora lo envuelve todo y Cristo se manifiesta con toda su gloria como Rey de la creación. Él junta a todos sus hijos a su lado, y cuando viene a buscarte, tus manos están entrecruzadas con las de un nuevo creyente al que acabas de llevar al Señor. En el último segundo de esta era, el destino eterno de tu amigo ha sido sellado: no ha sobrado ni medio segundo. E imagínate que este amigo es uno de los muchos que tú has preparado para que te acompañen al hogar que Jesús ha estado preparando para nosotros.

Hagamos que suceda precisamente así. Solo hemos de decidir que vamos a amar a Cristo de este modo. ¿Estás dispuesto a ponerte manos a la obra? ¿Dónde deberíamos comenzar?

PERO ¿Y DESPUÉS DE LA TIERRA?

¿Qué deberíamos hacer para vivir confiadamente en estos días caóticos? En este libro hemos respondido esta pregunta. Debemos estar en los negocios de nuestro Padre. A medida que se acerca el día, estos negocios son más urgentes que nunca.

Pero quiero plantearte otra pregunta; esta es personal. De hecho, es la misma pregunta que hice a los oyentes de nuestro programa de radio *Turning Point* el día en que el ahora capellán Brad Borders lo oyó. ¿Qué va a suceder el día que mueras? ¿Has hecho algún plan para cuando acabe tu vida en la tierra? No hay duda de que Dios tiene planes para ti y te ha enviado una invitación grabada. Esta invitación vino en la persona de Jesucristo, su Hijo unigénito. Espero y pido a Dios que hayas aceptado la invitación para hacer de Cristo tu Salvador por la eternidad y tu Señor desde ahora mismo. Pero quiero que estés seguro de este asunto.

Uno de los síntomas de nuestros días convulsos es el laberinto impenetrable de confusión y desinformación sobre las cosas que son realmente importantes. Las personas tienen muchas ideas sobre el cielo y la salvación, y muchas de tales ideas no proceden de la inspirada Palabra de Dios. Por tanto, consideremos con atención qué implica identificarnos con Cristo y tener la certeza de la salvación.

La Biblia nos dice que todos somos pecadores. Lo que esto significa es que ninguno de nosotros estamos a la altura de la perfección que Dios requiere. Cada día y de muchas maneras todos incumplimos las normas de Dios. Puesto que Él es santo y perfecto no puede haber pecado en su presencia. Por tanto, cuando se trata de estar en el cielo —el dominio espiritual de su presencia— tenemos un gran problema, puesto que nuestro pecado no nos lo permite. Y no solo eso, sino que el pecado conlleva la sentencia de muerte.

Nuestro pecado crea una barrera entre Dios y sus hijos. Un obstáculo que sería insalvable si Dios no hubiera obrado motivado por su amor y compasión ante nuestra grave situación. Él envió a su Hijo perfecto, Jesucristo, a este mundo. Jesús vivió una vida que nos mostró exactamente cómo deberíamos vivir. Después, aunque su vida estaba totalmente libre de pecado, Jesús murió en la cruz, llevando sobre sí el castigo que merecíamos. Mientras padecía y moría, Jesús cargaba voluntariamente con todo nuestro pecado. El hombre perfecto llevaba el castigo que merecían los pecaminosos seres humanos para que estos pudieran ser declarados justos y dignos de estar algún día en la presencia de Dios.

Este perdón comienza inmediatamente, con la única condición de que aceptes su regalo por la fe. No puedes hacer nada para ganarte esta salvación; solo aceptarla e identificarte con Cristo. Por eso, no puedes hacer nada para perderla. En el momento en que le dices sí a Cristo, tus pecados son completamente perdonados. El Espíritu Santo entra en tu vida para ser, a partir de este momento, tu consejero y animador. Él te moldeará para que seas más como Cristo.

¿Qué, pues, debes hacer para ser salvo? Simplemente orar a Dios y pedirle que te perdone todos tus pecados. Pídele a Cristo que sea tu

Señor y maestro, y después comprométete a servirle durante el resto de tu vida. Puedes orar con tus propias palabras: Dios conoce tu corazón y solo te pide que seas sincero. Pero puedes decirle algo así: «Señor, soy un pecador. Admito que nunca podré agradarte por medio de mis esfuerzos personales. Cada día de mi vida cometo errores. Pero sé que tu Hijo, Jesucristo, murió por mí, en toda su perfección, para pagar por mis pecados. Acepto su don. Reconozco su sacrificio a mi favor. Y a partir de este momento, me identifico con Él y le seguiré de todo corazón, buscando y haciendo su voluntad para mi vida».

¿Qué voy a sentir? Puede que no mucho; al menos no en un principio. No es una cuestión de emociones sino de la voluntad. Aunque puede que sea un momento de intimidad y recogimiento, en el cielo habrá festejos, y Dios te verá vestido en la perfección de Cristo. Tú serás su hijo. Después, cuando empieces a leer la Biblia cada día (el Evangelio de Juan es un lugar genial para comenzar) crecerás como creyente. Dedica un tiempo diario a la oración y busca una iglesia donde se predique el evangelio, se crea en la Biblia como Palabra de Dios y las personas sean amables y se preocupen por los demás.

También queremos estar seguros de que comienzas a seguir a tu Señor y Salvador del mejor modo posible. Si necesitas dirección o tienes preguntas, escríbenos a:

Turning Point Ministries
P.O. Box 3838
San Diego, CA 92163

Si has orado para recibir a Cristo, ¡bienvenido a la familia! Has comenzado una vida gozosa que culminará con la maravillosa reunión que hemos estado describiendo, cuando Cristo vendrá a recoger a sus hijos para llevarlos al hogar celestial. ¡Qué fantástico será este día!

RECONOCIMIENTOS

Cada día de mi vida tengo el privilegio de dedicar mi tiempo y energía a las dos únicas cosas del mundo que son eternas: la Palabra de Dios y las personas. Tengo la enorme bendición de estar rodeado por un equipo profundamente comprometido con estas dos prioridades.

En el centro de este equipo está mi esposa, Donna, cuyo despacho está junto al mío y cuyo corazón ha estado unido al mío durante cincuenta y siete años. Juntos hemos soñado, planeado y trabajado con la meta de influenciar nuestro mundo para Cristo. Más que nunca antes, hemos estado viendo el cumplimiento de nuestros sueños. Como en todos los libros que he escrito, las huellas de Donna están por todas partes.

Nuestro hijo, David Michael, forma parte como administrador del equipo de Turning Point Ministries. Cada año va asumiendo más responsabilidades, y su relevo de mis tareas administrativas me permite producir libros como el que acabas de leer.

Diane Sutherland es la ayudante administrativa de nuestro centro multimedia y la encargada de coordinar mi calendario, viajes, colaboraciones; ¡mi vida, prácticamente! Todo el equipo de Turning Point nos preguntamos cómo hemos podido vivir alguna vez sin Diane.

Cathy Lord se ha encargado de realizar una buena parte de la investigación para este libro, y ha trabajado con nuestro equipo para verificar que nuestra información es oportuna y exacta. Cathy es muy minuciosa con los detalles y un genio para localizar fuentes originales.

Rob Morgan y William Kruidenier han trabajado conmigo en Turning Point para enriquecer mi trabajo. Son probablemente dos de las personas mejor informadas de Estados Unidos. No dejo de asombrarme de las valiosas ideas que aportan a nuestros proyectos editoriales. Rob Suggs es el talento que añade su maestría a la redacción del producto final.

Durante muchos años, Turning Point ha estado apasionadamente implicada en la comercialización de nuestros libros. Nuestro departamento creativo, encabezado por Paul Joiner, ha desarrollado algunas de las mejores estrategias de *marketing* que he visto. Todos los que han visto el trabajo de Paul están de acuerdo con mi valoración. Paul Joiner es uno de los mejores regalos de Dios para Turning Point. Una vez más, como en todos mis demás proyectos editoriales, mi representante es Sealy Yates de Yates & Yates. Estoy convencido de que nadie entiende mejor el mundo de las publicaciones que Sealy. Él es mi agente, mi abogado, el presidente de nuestro consejo y, sobre todo, mi amigo.

Ninguno de nosotros merece que su nombre aparezca en la misma página que el nombre de nuestro Señor y Salvador, Jesucristo. Juntos queremos decir:

Él es el centro de todo lo que hacemos. ¡Este es su mensaje!
¡Nosotros somos su pueblo! Cualquier gloria que proceda de este trabajo
le pertenece única y exclusivamente a Él. ¡Solo Él es digno!

NOTAS

Introducción: Distingue las señales

1. Ben Doherty, «"Escape the pandemic in paradise": Fiji opens its borders seeking billionaires», *The Guardian* (edición estadounidense), 27 junio 2020, https://www.theguardian.com/world/2020/jun/28/escape-the-pandemic-in-paradise-fiji-opens-its-borders-seeking-billionaires.
2. Kerry A. Dolan, ed., «World's Billionaires List», *Forbes*, 18 marzo 2020, https://www.forbes.com/billionaires/.

Capítulo 1: Mantén la calma

1. Basado en conversaciones personales con mis amigos en Pekín (RJM).
2. Marianne Bray, «Beijing to Shoot Down Olympic Rain», *CNN*, 9 junio 2006, www.cnn.com/2006/WORLD/asiapcf/06/05/china.rain/index.html.
3. American Psychological Association, *Stress in the Time of COVID19*, vol. 2., Stress in America 2020, junio 2020, https://www.apa.org/news/press/releases/stress/2020/stress-in-america-covid-june.pdf.
4. Bruce Golding, «More Americans Turning to Anxiety Medication Amid Coronavirus Pandemic», *New York Post*, 25 mayo 2020, https://nypost.com/2020/05/25/americans-are-gobbling-anti-anxiety-meds-due-to-coronavirus/.

5. Paul Tournier, *A Place for You* (Nueva York, NY: Harper & Row, 1968), p. 9.

6. «Ludwig II: The Swan King and His Castles», The German Way & More.com, acceso 27 junio 2009, www.german-way.com/ludwig.html.

7. C. S. Lewis, *The Problem of Pain*, en *The Complete C. S. Lewis Signature Classics* (Nueva York, NY: HarperOne, 2002), pp. 639–640 [*El problema del dolor* (Madrid: Rialp, 2010)].

8. Otto Friedrich, «Part 2: Down but Not Out», *Time*, 2 diciembre 1991, http://content.time.com/time/magazine/article/0,9171,974392,00.html.

9. Edward T. Imperato, ed., *General MacArthur Speeches and Reports 1908–1964* (Nashville, TN: Turner Publishing Company, 2000), p. 126.

10. William Barclay, *The Gospel of John*, *Vol. 2* (Filadelfia, PA: Westminster Press, 1975), p. 157 [*Juan* (Buenos Aires: La Aurora, 1973-74)].

11. «Press Conference Transcript: U.S. Religious Landscape Survey», Pew Research Center, 23 junio 2008, https://www.pewforum.org/2008/06/23/us-religious-landscape-survey-report-ii/, y «Many Americans Say Other Faiths Can Lead to Eternal Life», Pew Research Center, 18 diciembre 2008, https://www.pewforum.org/2008/12/18/many-americans-say-other-faiths-can-lead-to-eternal-life/.

12. «Christianity Today Poll», *Christianity Today*, 27 marzo 2009, www.christianitytoday.com/ct/features/poll.html.

13. Ruthanna Metzgar, «It's Not in the Book!», Eternal Perspective Ministries, 29 marzo 2010, https://www.epm.org/resources/2010/Mar/29/Its-Not-in-the-Book/.

14. Mark Twain, editorial en *Hartford Courant*, 1897. Ver también Ralph Keyes, *The Quote Verifier* (Nueva York, NY: Macmillan Publishers, 2006), p. 243.

Capítulo 2: Mantén la compasión

1. «An All-Star True Story, The Ami Ortiz 'Uvdah Interview' Channel 8 (Israel)», 2 marzo 2009. Transcripción en www.amiortiz.org/.

2. «Leah's Updates», *The Ami Ortiz Story*, acceso 9 junio 2009, https://
www.amiortiz.org/leah-s-updates.

3. «Starbucks Customers Pay It Forward 109 Times», *KCRA.
com*, Sacramento, CA, 24 noviembre 2008, www.kcra.com/cnn-
news/18052349/detail.html.

4. Albert Henry Smyth, ed., «To Benjamin Webb», *The Writings of
Benjamin Franklin: 1783–1788* (Nueva York, NY: The Macmillan
Company, 1907), p. 197.

5. Philip Yancey, «A Surefire Investment», *Christianity Today*, 3
febrero 2009, www.christianitytoday.com/ct/2009/january/29.80.
html.

6. Shannon Ethridge, «Why Didn't He Hate Me?», *Campus
Life IGNITE*, febrero 2008, www.christianitytoday.com/
cl/2008/001/10.44.html.

7. Henry Wadsworth Longfellow, *The Prose Works of Henry Wadsworth
Longfellow* (Nueva York, NY: Houghton, Mifflin and Company,
1890), p. 405.

8. Henri J. M. Nouwen, *The Way of the Heart* (Nueva York, NY:
HarperOne, 1991), p. 34 [*El camino del corazón: soledad, silencio,
oración* (Madrid: Narcea, 1986)].

9. Paul L. Maier, *Eusebius: The Church History* (Grand Rapids, MI:
Kregel Publications, 1999), p. 269.

10. C. S. Lewis, *Mere Christianity* en *The Complete C. S. Lewis
Signature Classics* (Nueva York, NY: HarperOne, 2002), pp.
110–111 [*Mero cristianismo* (Nueva York, NY: Rayo, 2006)].

11. Joel C. Rosenberg, *Inside the Revolution* (Carol Stream, IL: Tyndale
House Publishers, 2009), pp. 363–368 [*Dentro de la revolución: cómo
los partidarios del yihad, de Jefferson y de Jesús luchan para dominar el
Medio Oriente y transformar el mundo* (Carol Stream, IL: Tyndale
House Publishers, 2009)].

12. Allan Luks y Peggy Payne, *The Healing Power of Doing Good*
(Lincoln, NE: iUniverse.com, Inc., 2001), pp. 105–106.

13. *Christian History & Biography Magazine*, núm. 82, primavera 2004,
p. 13.

14. Roy Anthony Borges, «Love Your Enemies: One Prisoner's Story of Risky Obedience», *Discipleship Journal*, núm. 107, pp. 42–43.

Capítulo 3: Mantén una actitud constructiva

1. Cathy Lynn Crossman, «An inaugural first: Obama acknowledges 'non-believers'», *USA Today*, 22 enero 2009, https://usatoday30.usatoday.com/news/religion/2009-01-20-obama-non-believers_N.htm.

2. Stephen Ambrose, *Citizen Soldiers: The U. S. Army from the Normandy Beaches to the Bulge to the Surrender of Germany* (Nueva York, NY: Simon & Schuster, 1998), pp. 471–472.

3. «Kurt Vonnegut's Rules for Writing a Poem», Improv Encyclopedia, acceso 28 junio 2009, http://improvencyclopedia. org/references/Kurt_Vonnegut's_Rules_for_Writing_a_Poem.html.

4. Erwin Raphael McManus, *An Unstoppable Force: Daring to Become the Church God Had in Mind* (Loveland, CO: Group Publishing, 2000), pp. 29–31.

5. Nicole Johnson, *The Invisible Woman: When Only God Sees* (Nashville, TN: Thomas Nelson, 2005), pp. 31, 41, *passim*.

6. Jonathan Edwards, *The Works of Jonathan Edwards, Vol. I*, acceso 28 junio 2009, www.ccel.org/ccel/edwards/works1.ix.iv. html?highlight=mysticism#highlight.

7. «Survey Describes the Spiritual Gifts That Christians Say They Have», Barna.org, 9 febrero 2009, https://www.barna.com/research/survey-describes-the-spiritual-gifts-that-christians-say-they-have/.

8. Dr. Robert McNeish, «Lessons from the Geese», Northminster Presbyterian Church, Reisterstown, MD, 1972, acceso 28 junio 2009, suewidemark.com/lessonsgeese.htm.

Capítulo 4: Mantén la motivación

1. Compilado de https://www.weremember.vt.edu/biographies/librescu.html y «Holocaust survivor sacrificed himself to save students», ABC News (Australia), https://www.abc.net.au/news/2007-04-18/holocaust-survivor-sacrificed-himself-to-save/2244740.

2. Geoffrey T. Bull, *When Iron Gates Yield* (Londres: Pickering & Inglis, 1976), pp. 199–223.

3. Reuters Staff, «Rio 2016 Price Tag Rises to $13.2 Billion», Reuters, 14 junio 2017, https://www.reuters.com/article/us-olympics-brazil-cost/rio-2016-price-tag-rises-to-13–2-billion-idUSKBN19539C.

4. R. C. Sproul, *Knowing Scripture* (Downers Grove, IL: InterVarsity Press, 2009), p. 31 [*Cómo estudiar e interpretar la Biblia* (Miami, FL: Logoi, 1981)].

5. Louis A. Barbieri Jr., *First and Second Peter* (Chicago, IL: Moody Press, 1998), p. 97 [*Primera y Segunda Pedro* (Grand Rapids, MI: Portavoz, 1981)].

6. Sabina Wurmbrand, transcrito por su nieta, Andrea Wurmbrand, «In God's Beauty Parlor», acceso 28 junio 2009 transcripción members.cox.net/wurmbrand/godsbeautyparlor.html. Ver también Todd Nettleton, «Sabina Wurmbrand», *Banner of Truth Trust*, «In The News», acceso 28 junio 2009, www.banneroftruth.org/pages/news/2000/08/sabina_wurmbrand.php.

Capítulo 5: Mantén la conexión

1. «Google search finds missing child», BBC.Com News, 9 enero 2009, news.bbc.co.uk/2/hi/technology/7820984.stm. Ver también George Barnes y Danielle Williamson, «Athol woman and granddaughter found in Virginia», *Telegram & Gazette* (Worcester, MA), 7 enero 2009, www.telegram.com/article/20090107/NEWS/901070289/1116.

2. Michael Paulson, «Here's the church, but where are the people?», *The Boston Globe*, 15 junio 2008, www.boston.com/news/local/articles/2008/06/15/heres_the_church_but_where_are_the_people/.

3. «Southern Baptists and Catholics join US church decline trend», *Ekklesia*, acceso 2 marzo 2009, http://old.ekklesia.co.uk/node/8828.

4. «In U.S., Decline of Christianity Continues at Rapid Pace», Pew Research Center, 17 octubre

2019, https://www.pewforum.org/2019/10/17/
in-u-s-decline-of-christianity-continues-at-rapid-pace/.

5. Robert D. Putnam, *Bowling Alone: The Collapse and Revival of American Community* (Nueva York, NY: Simon & Schuster, 2001), p. 72.

6. Charles Colson, *Being the Body* (Nashville, TN: Thomas Nelson, 2003), p. 19.

7. Paul Vitello, «Bad Times Draw Bigger Crowds to Churches», *New York Times*, 14 diciembre 2008, www.nytimes.com/2008/12/14/nyregion/14churches.html.

8. Leonard Sweet, *11: Indispensable Relationships You Can't Be Without* (Colorado Springs, CO: David C. Cook, 2008), p. 23.

9. Ed Bahler y Bill Coucenour, «Created to Connect», *Your Church*, enero/febrero 2009, p. 56.

10. Personal Lecture Notes: «The Trinity», Dr. Russell Moore, Southern Seminary.

11. Nina Ellison, *Mama John: The Lifelong Missionary Service of Mary Saunders* (Birmingham, AL: New Hope, 1996), p. 8.

12. Joel C. Rosenberg, *Inside the Revolution* (Carol Stream, IL: Tyndale House Publishers, 2009), p. 417 [*Dentro de la revolución: cómo los partidarios del yihad, de Jefferson y de Jesús luchan para dominar el Medio Oriente y transformar el mundo* (Carol Stream, IL: Tyndale House Publishers, 2009)].

13. Dave Anderson, «At Last, Jackson Is "The Straw That Stirs the Drink"», *New York Times*, 30 junio 1980, www.nytimes.com/specials/baseball/yankees/nyy-rotb-jackson.html.

14. Alvin J. Schmidt, *How Christianity Changed the World* (Grand Rapids, MI: Zondervan Publishing, 2001, 2004), pp. 157–158.

15. Phillip Yancey, *Reaching for the Invisible God* (Grand Rapids, MI: Zondervan Publishing, 2000), p. 170 [*Alcanzando al Dios invisible* (Editorial Vida, 1990)].

16. Ted W. Engstrom, *The Fine Art of Friendship* (Nashville, TN: Thomas Nelson, 1985), pp. 131–132.

17. Clive Anderson, *Travel with CH Spurgeon: In the Footsteps of the Prince of Preachers* (Epson, UK: Day One Publications, 2002), p. 16.

18. Robert J. Morgan, *Nelson's Complete Book of Stories, Illustrations and Quotes* (Nashville, TN: Thomas Nelson, 2000), p. 127.

19. «Go to Church», *The Lutheran Pioneer*, mayo 1907, St. Louis: Evangelical Lutheran Synodical Conference, mayo 1907.

Capítulo 6: Mantén el foco

1. Raja Abdulrahim y Jessica Garrison, «Friends speak up for L.A. journalists held by N. Korea», *Los Angeles Times*, 11 junio 2009, https://www.latimes.com/archives/la-xpm-2009-jun-11-me-korea-ling-lee11-story.html.

2. Jae-Soon Chang y Kwang-tae Kim, «NKorea steps up rhetoric amid nuclear crisis», Yahoo! News, 9 junio 2009, www.news.yahoo.com/s/ap/20090609/ap_on_re_as/as_koreas_nuclear.

3. «Fax Threaten VOM Project», Persecution Blog, 11 junio 2009, www.persecutionblog.com/.

4. «World Watch 2009», Open Doors, enero 2009, www.opendoorsusa.org/content/view/432/.

5. «North Korean Christians Question Regime's Claims», Religion News Blog, 27 abril 2009, www.religionnewsblog.com/23425.

6. *Ibid.*

7. James Hill y Jaime Hennessey, «Kevin Everett: "He Is a Tiger"», *ABC News*, 31 enero 2008, abcnews.go.com/Health/story?id=4216671&page=1.

8. R. G. Bratcher y E. A. Nida, *A Handbook on Paul's Letters to the Colossians and to Philemon*. Publicada originalmente como *A Translator's Handbook on Paul's Letters to the Colossians and to Philemon: Helps for Translators*. UBS handbook series (74) (Nueva York, NY: United Bible Societies, 1977).

9. John Phillips, *Exploring Colossians and Philemon: An Expository Commentary* (Grand Rapids, MI: Kregel Publications, 2002), pp. 159, 163.

10. Vance Havner, *Vance Havner Quotebook*, Denis J. Hester, comp. (Grand Rapids, MI: Baker Book House, 1986), p. 29.

11. *The Ante Nicene Fathers, Volume 1: Apostolic Fathers*, «The Epistle of Mathetes to Diognetus», capítulo 2.

12. «Oath of Allegiance for Naturalized Citizens», Thought Co., acceso 28 junio 2009, immigration.about.com/od/uscitizenship/a/AllegianceOath.htm.

13. Bratcher y Nida, *A Handbook on Paul's Letters*.

14. Bob Laurent, *Watchman Nee: Man of Suffering* (Uhrichsville, OH: Barbour Publishing, Inc, s. f.), pp. 67–68.

15. Charles Spurgeon, «Death and Its Sentence Abolished», 4 octubre 1883, https://www.spurgeon.org/resource-library/sermons/death-and-its-sentence-abolished/#flipbook/.

16. Charles Swindoll, *The Tale of the Tardy Oxcart* (Nashville, TN: Word Publishing, 1998), p. 77.

17. John Ortberg, *Faith and Doubt* (Grand Rapids, MI: Zondervan Publishing, 2008), pp. 84–85 [*La fe y la duda* (Miami, FL: Vida, 2008)].

18. Robert J. Morgan, *From This Verse* (Nashville, TN: Thomas Nelson, 1998), entrega del 4 de julio. Ver también Richard S. Greene, «Where Will the Money Come From?», *Decision Magazine*, mayo 1997, pp. 32–33.

19. Geoffrey Thomas, *Reading the Bible* (Carlisle, PA: The Banner of Truth Trust, 1995), p. 10.

20. Rebecca K. Grosenbach, «A Holy Pursuit», Navigators.org, 1 marzo 2009, www.navigators.org/us/view/one-to-one_mr/2009/mar09/items/inside-story.

21. Jerry Bridges, *Trusting God* (Colorado Springs, CO: NavPress, 2008), pp. 5–7, 14, 16 [*Confiando en Dios: aunque la vida duela* (Bogotá: CLC, 2011)].

22. Helen H. Lemmel, «Turn Your Eyes upon Jesus», 1922, Cyberhymnal, acceso 28 junio 2009, www.cyberhymnal.org/htm/t/u/turnyour.htm.

23. Randy Alcorn, *The Treasure Principle* (Sisters, OR: Multnomah Press, 2001), pp. 42–43 [*El principio del tesoro: descubra el secreto del dador alegre* (Miami, FL: Unilit, 2015)].

24. *Ibid.*
25. Viktor E. Frankl, *Man's Searching for Meaning* (Boston, MA: Beacon Press, 1992), pp. 48–52 [*El hombre en busca de sentido* (Barcelona: Herder, 2020)].
26. G. Campbell Morgan, «The Fixed Heart in the Day of Frightfulness» en *The Shadow of Grace—The Life and Meditations of G. Campbell Morgan*, compilado y editado por Richard Morgan, Howard Morgan y John Morgan (Grand Rapids, MI: Baker Books, 2007), p. 76.

Capítulo 7: Mantén la confianza

1. Beth Moore, *Voices of the Faithful* (Nashville, TN: Thomas Nelson, 2005), pp. 39–40 [*Voces de los fieles* (Texas: Mundo Hispano, 2006)].
2. «Titanic Memorandum», National Archives and Record Administration: American Originals, acceso 28 junio 2009, www.archives.gov/exhibits/american_originals/titanic.html.
3. Thomas Watson, «A Body of Divinity», Puritanism Today, acceso 28 junio 2009, puritanismtoday.wordpress.com/theologians-preaching-and%20-%20preachers/.
4. Contado por M. R. De Haan, MD, Precept Austin, acceso 28 junio 2009, www.preceptaustin.org/2_timothy_42.htm.
5. Rob Suggs, *It Came from Beneath the Pew* (Downers Grove, IL: InterVarsity Press, 1989).
6. J. Sidlow Baxter, *The Master Theme of the Bible, Part One: The Doctrine of the Lamb* (Wheaton, IL: Tyndale House Publishers, Inc., 1985), p. 19.
7. Arthur T. Pierson, *Many Infallible Proofs: The Evidences of Christianity, Volume One* (Grand Rapids, MI: Zondervan Publishing, 1886), p. 90.
8. Jill Morgan, *A Man of the Word: Life of G. Campbell Morgan* (Grand Rapids, MI: Baker Book House, 1972), pp. 38–41.
9. Henry F. Schaefer III, *Science and Christianity: Conflict or Coherence?* (Athens, GA: The University of Georgia Press, 2003), *passim.*

10. John Steinbeck, *Travels with Charley: In Search of America* (Nueva York, NY: Penguin Classics, 1997), pp. 60–61 [*Viajes con Charley: en busca de América* (Barcelona: Península, 2008)].

11. R. Kent Hughes, *Luke: That You May Know the Truth* (Wheaton, IL: Crossway Books, 1998), pp. 145–149.

12. Amy Carmichael, *Edges of His Ways* (Fort Washington, PA: Christian Literature Crusade, 1998), p. 41.

13. Corrie Ten Boom con Elizabeth y John Sherrill, *The Hiding Place* (Nueva York, NY: Bantam Books, 1974), pp. 130, 134–135 [*El refugio secreto* (Madrid: Palabra D.L., 2015)].

14. Ibid., p. 194.

Capítulo 8: Mantén la consistencia

1. «Couple: County Trying to Stop Home Bible Studies», 10 News, acceso 28 junio 2009, www.10news.com/news/19562217/detail.html.

2. Rob Suggs, *Top Dawg: Mark Richt and the Revival of Georgia Football* (Nashville, TN: Thomas Nelson, 2008), p. 5.

3. V. Raymond Edman, *They Found the Secret* (Grand Rapids, MI: Zondervan Publishing, 1960), pp. 19–20 [*Descubrieron el secreto: veinte vidas transformadas que revelan la influencia de la eternidad* (Barcelona: Andamio, 2018)].

4. Eugene Peterson, *A Long Obedience in the Same Direction: Discipleship in an Instant Society* (Downers Grove, IL: InterVarsity Press, 1980) [*Una obediencia larga en la misma dirección: el discipulado en una sociedad instantánea* (Miami, FL: Patmos, 2005)].

5. El dibujante Rob Portlock en *Leadership*, Vol. 13, núm. 3.

6. Marjorie Howard, «Consistently Caring», *Tufts Journal*, enero 2008, tuftsjournal.tufts.edu/archive/2008/january/corner/index.shtml.

7. Danielle Bean, «Amazing Adoption Story», *Faith and Family Live!*, 13 noviembre 2008, ver vídeo en www.faithandfamilylive.com/blog/amazing_adoption_story.

8. Omar El Akkad, «This Is Your Brain on Religion», *Globe and Mail*, 5 marzo 2009. Puede comprarse el artículo entero en GlobeandMail.

com. Ver también Jenny Green, «Religious brains more calm in face of anxiety: study», *Calgary Herald*, 4 marzo 2009, www.calgaryherald. com/Life/Religious+brains+more+calm+face+anxiety+study/1354346/ story.html.

9. Dorothy Fields, «Pick Yourself Up», acceso 1 julio 2009, lyricsplayground.com/alpha/songs/p/pickyourselfup.shtml.

10. Frank Houghton, *Amy Carmichael of Dohnavur* (Londres: S.P.C.K., 1959, distribuido por Christian Literature Crusade, Fort Washington, PA, 1959), pp. 115, 357 y *passim*.

11. Charles Swindoll, *Rise and Shine* (Portland, OR: Multnomah Press, 1989), p. 169 [*La esposa de Cristo* (Deerfield, FL: Unilit, 1994)].

12. «Man refuses to drive "no God" bus», BBC News/UK, 16 enero 2009, news.bbc.co.uk/2/hi/uk_news/england/hampshire/7832647. stm. Ver también Martin Hodgson, «Christian driver refuses to board bus carrying atheist slogan», *The Guardian*, 17 enero 2009, www.guardian.co.uk/world/2009/jan/17/atheist-bus-campaign.

Capítulo 9: Mantén el compromiso

1. Duncan Greenberg y Tatiana Serafin, «Up in Smoke», *Forbes*, 30 marzo 2009, www.forbes.com/forbes/2009/0330/076-up-in-smoke.html.

2. *Ibid.*

3. Carter Doughtery, «Town Mourns Typical Businessman Who Took Atypical Risks», *New York Times*, acceso 28 junio 2009, www. nytimes.com/2009/01/13/business/worldbusiness/13merckle. html?_r=1&ref=business.

4. William Boston, «Financial Casualty: Why Merckle Killed Himself», *Time*, 6 enero 2009, http://content.time.com/time/ business/article/0,8599,1870007,00.html.

5. Doughtery, «Town Mourns Typical Businessman».

6. Timothy Martin y Kevin Helliker, «Real-Estate Executive Found Dead in Apparent Suicide», *Wall Street Journal*, 7 enero 2009, online.wsj.com/article/SB123127267562558295.html.

7. Jayne O'Donnell, «"Deaths of Despair": Coronavirus Pandemic Could Push Suicide, Drug Deaths as High as 150k, Study Says»,

USA Today, 8 mayo 2020, https://www.usatoday.com/story/news/ health/2020/05/08/coronavirus-pandemic-boosts-suicide-alcohol- drug-death-predictions/3081706001/.

8. «Buffett Says Five Years for Economy to Recover», *Sydney Morning Herald*, 19 marzo 2009, https://www.smh.com.au/business/buffett- says-five-years-till-economy-recovers-20090310-8th2.html.

9. Robert J. Morgan, *Nelson's Complete Book of Stories, Illustrations & Quotes* (Nashville, TN: Thomas Nelson, 2000), pp. 600–601.

10. «William Carey: Father of modern Protestant missions», *Christianity Today*, 8 agosto 2008, www.christianitytoday.com/ ch/131christians/missionaries/carey.html.

11. Eugene Myers Harrison, «Adoniram Judson», acceso 28 junio 2009, www.reformedreader.org/rbb/judson/ajbio.htm.

12. Robert Stuart MacArthur, *Quick Truths in Quaint Texts: Second Series* (Filadelfia, PA: American Baptist Publication Society, 1870), p. 172.

13. Don Aycock, *Living by the Fruit of the Spirit* (Grand Rapids, MI: Kregel Publications, 1999), p. 54.

14. Hamilton Smith, ed., *Gleanings from the Past, Vol. 3* (Londres: Central Bible Truth Depot, 1915), acceso 28 junio 2009, www. stempublishing.com/authors/smith/WATSON.html.

15. Robert J. Morgan, *Moments for Families with Prodigals* (Colorado Springs, CO: NavPress, 2003), p. 101.

16. 16. «Christians' Views on the Return of Christ», Pew Research Center, acceso 9 abril 2009, pewresearch.org/pubs/1187/ poll-christians-jesus-second-coming-timing.

17. Charles Wentworth Upham, *The Life of General Washington, First President of the United States, Vol. II* (Londres: National Illustrated Library, 1852), p. 181.

18. «Seed Germination», Washington State University, acceso 28 junio 2009, gardening.wsu.edu/library/vege004/vege004.htm.

19. Alfred Edersheim, *The Life and Times of Jesus the Messiah* (Hendrickson Publishers, Inc., 1993), pp. 119–120 [*La vida y los tiempos de Jesus el Mesías* (Barcelona: CLIE, 1989)].

20. Kevin Miller, «The End of the World As We Know It», *Preaching Today*, acceso 28 junio 2009, https://www. preachingtoday.com/sermons/sermons/2009/february/ endoftheworldasweknowit.html.

21. Stephen Charnock, *The Existence and Attributes of God* (Grand Rapids, MI: Baker Books, 1996; publicado originalmente en 1853), pp. 278, 279, 281.

22. David Dunlap, «Eternity of God», *Bible & Life Bible Teaching Newsletter*, 1 enero 2000, http://bibleandlife.org/wp-content/ uploads/2020/09/bibleandlife_2000_1.htm.

23. Charles B. Williams, *The New Testament: A Translation in the Language of the People* (Boston, MA: Bruce Humphries Inc.,1937).

24. Linda Derby, *Life's Sticky Wick: Finding God's Strength in Weakness* (Bloomington, IN: Xlibris, 2010), p. 20.

25. W. E. Sangster, *The Pure in Heart*, citado en William Sykes, ed., *The Eternal Vision—The Ultimate Collection of Spiritual Quotations* (Peabody, MA: Hendrickson Publishers, 2002), p. 315.

26. Craig Brian Larson, ed., *Perfect Illustrations for Every Topic and Occasion, Preaching Today.com* (Wheaton, IL: Tyndale House Publishers, 2002), p. 97.

Capítulo 10: Mantén la convicción

1. Colette Shade, «Survivalists Are Using Pinterest to Prepare for the Apocalypse», *The Atlantic*, 15 mayo 2014, https:// www.theatlantic.com/technology/archive/2014/05/ prepping-for-the-apocalypse-on-pinterest/370937/.

2. Ryan Herman, «Ready for the apocalypse!», *MailOnline*, 23 marzo 2013, https://www.dailymail.co.uk/home/moslive/article-2296472/ Apocalypse-ready-Are-families-stocking-end-civilisation-crackpots-simply-canny-survivors.html.

3. *ABC News*, acceso 28 junio 2009, abcnews.go.com/GMA/ LastLecture.

4. «The Iowa Band», *Wikipedia*, acceso 10 abril 2009, en.wikipedia. org/wiki/Iowa_Band.

5. Charles Spurgeon, «A Bright Light in Deep Shades», *The Metropolitan Tabernacle Pulpit*, Vol. XVIII (Londres: Passmore & Alabaster, 1873), p. 270.

6. Henry Richard, *Letters and Essays on Wales* (1884) Archivo/Textos de internet, acceso 28 junio 2009, www.archive.org/stream/lettersessaysonw00richiala/lettersessaysonw00richiala_djvu.txt.

7. A. W. Tozer, «Causes of a Dozing Church», *Tozer Devotional*, The Alliance, acceso 28 junio 2009, https://www.cmalliance.org/devotions/tozer?id=328.

8. Vance Havner, *In Times Like These* (Old Tappan, NJ: Fleming H., Revell Company, 1969), p. 29, citado en David Jeremiah, *What in the World Is Going On?* (Nashville, TN: Thomas Nelson, 2008), p. 232 [*¿Qué le pasa al mundo?: 10 señales proféticas que no puede pasar por alto* (Nashville, TN: Grupo Nelson, 2015)].

9. Tozer, «Causes of a Dozing Church».

10. Michael Brooks, «Space storm alert: 90 seconds from catastrophe», New Scientist.com, 23 marzo 2009, www.newscientist.com/article/mg20127001.300-space-storm-alert-90-seconds-from-catastrophe.html?full=true.

11. «A Super Solar Flare», NASA.gov, 6 mayo 2008, https://science.nasa.gov/science-news/science-at-nasa/2008/06may_carringtonflare.

12. Charles Haddon Spurgeon, *The Metropolitan Tabernacle Pulpit: Sermons Preached and Revised*, Vol. XXIV (Londres: Passmore & Alabaster, 1879), p. 657.

13. Alexander Maclaren, *The Gospel According to St. John* (Nueva York, NY: A. C. Armstrong and Son, 1908), p. 228.

14. James Montgomery, «Forever with the Lord», *Poet's Portfolio*, 1835, 28 junio 2009, www.nethymnal.org/htm/f/w/fwithlor.htm.

15. John Phillips, *Experiencing Romans* (Chicago, IL: Moody Press, 1969), p. 231.

16. «Most American Christians Do Not Believe that Satan or the Holy Spirit Exist», Barna Research, 13 abril 2009, https://www.barna.com/research/

most-american-christians-do-not-believe-that-satan-or-the-holy-spirit-exist/.

17. A. W. Tozer, *The Pursuit of God* (Rockville, MD: 2008), páginas introductorias [*La búsqueda de Dios* (Lake Mary, FL: Casa Creación, 2013)].

18. Ray Stedman, *From Guilt to Glory, Volume 2* (Waco, TX: Word Publishing, 1978), p. 136.

19. David McCullough, *Truman* (Nueva York, NY: Simon & Schuster, 1992), p. 435.

20. Dr. Manny Alvarez, «Porn Addiction: Why Americans Are in More Danger than Ever», Fox News, 16 enero 2019, https://www.foxnews.com/health/porn-addiction-why-americans-are-in-more-danger-than-ever.

21. Mona Charen, «'Tis the Season for Porn», *National Review Online*, 19 diciembre 2008, https://www.nationalreview.com/2008/12/tis-season-porn-mona-charen/.

22. Ray Stedman, *Expository Studies in I Corinthians: The Deep Things of God* (Waco, TX: Word Books, 1981), pp. 130–131.

23. «Memorable Quotes for *Saving Private Ryan*», 28 junio 2009, www.imdb.com/title/tt0120815/quotes.